"双高"建设校企合作双元开发
高等职业教育交通运输类技能型人才培养实用教材

桥梁施工与BIM技术应用

主　编　饶　彬　刘东霞　何俊宏
副主编　石熠林
主　审　姚　辉

西南交通大学出版社
·成　都·

图书在版编目（CIP）数据

桥梁施工与 BIM 技术应用 / 饶彬，刘东霞，何俊宏主编. -- 成都：西南交通大学出版社，2024.10. --（"双高"建设校企合作双元开发新形态信息化教材）（高等职业教育交通运输类技能型人才培养实用教材）.
ISBN 978-7-5774-0094-5

Ⅰ. U445-39

中国国家版本馆 CIP 数据核字第 20244B0P86 号

Qiaoliang Shigong yu BIM Jishu Yingyong
桥梁施工与 BIM 技术应用

主　编 / 饶　彬　刘东霞　何俊宏	策划编辑 / 罗在伟
	责任编辑 / 王同晓
	助理编辑 / 赵思琪
	封面设计 / GT 工作室

西南交通大学出版社出版发行
（四川省成都市金牛区二环路北一段 111 号西南交通大学创新大厦 21 楼　610031）
营销部电话：028-87600564　　028-87600533
网址：http://www.xnjdcbs.com
印刷：四川森林印务有限责任公司

成品尺寸　185 mm×260 mm
印张　20.25　　字数　504 千
版次　2024 年 10 月第 1 版　　印次　2024 年 10 月第 1 次
书号　ISBN 978-7-5774-0094-5
定价　58.00 元

课件咨询电话：028-81435775
图书如有印装质量问题　本社负责退换
版权所有　盗版必究　举报电话：028-87600562

前言 PREFACE

党的二十大报告提出，坚持把发展经济的着力点放在实体经济上，推进新型工业化，加快建设制造强国、质量强国、航天强国、交通强国、网络强国、数字中国。实施产业基础再造工程和重大技术装备攻关工程，支持专精特新企业发展，推动制造业高端化、智能化、绿色化发展……加快发展方式绿色转型。推动经济社会发展绿色化、低碳化是实现高质量发展的关键环节。加快推动产业结构、能源结构、交通运输结构等调整优化。

桥梁在现代交通系统中不可或缺，在交通体系建设的过程中，需要大量桥梁施工方面的技能型人才。目前，这一领域的高级技能型人才缺口较大，因此培养生产一线的高级应用型技能人才成为高等职业教育的目标。为了适应目前高职院校"三教改革"对教材的需求，本新形态信息化教材应运而生。

本教材以项目任务的形式编写，对桥梁构造与施工进行较全面、系统的描述，内容包括九个项目、三十七个任务，同时配套大量数字化资源。本书内容涵盖目前常见桥梁施工工艺，包括明挖扩大基础、人工挖孔桩、钻孔灌注桩、悬臂施工、转体施工等。本教材旨在结合职业知识与技术技能，具有针对性和操作性。引入案例及实操训练，在培养学生技术技能及职业能力的同时，进一步提升学生吃苦耐劳、精益求精的工匠精神。

本书由重庆交通职业学院路桥与建筑学院饶彬、刘东霞、何俊宏担任主编，由石熠林担任副主编。饶彬负责项目二、项目三、项目四、项目六、项目七、项目八的编写，刘东霞负责项目五的编写，石熠林负责项目一的编写，何俊宏负责项目九的编写。全书由饶彬负责统稿，由重庆市铁路（集团）有限公司姚辉负责任务评价标准的制定与全书的审核。

本书视频由重庆交通职业学院路桥与建筑学院饶彬、刘东霞、刘宝顺、詹微微负责完成录制。

在编写过程中，编者参阅了大量的文献资料，在此向有关参考资料的作者们致以诚挚的敬意。

由于编者学术水平和实践经验有限，书中难免存在疏漏及不足之处，恳请广大读者和同行提出宝贵的意见与建议。

编 者
2024 年 3 月

课程简介

目录 CONTENTS

项目一　认识桥梁

任务一　认识各种桥梁 …………………………………………………………… 001
任务二　认识桥梁相关专业术语 ………………………………………………… 010
任务三　认识桥梁主要施工工艺 ………………………………………………… 013
任务四　认识桥梁主要施工设备 ………………………………………………… 021

项目二　桥梁基础施工

任务一　明挖扩大基础施工 ……………………………………………………… 029
任务二　人工挖孔桩基础施工 …………………………………………………… 035
任务三　钻孔灌注桩基础施工 …………………………………………………… 044

项目三　桥墩与桥台施工

任务一　桥墩及盖梁施工 ………………………………………………………… 053
任务二　桥台台身施工及台背回填 ……………………………………………… 060

项目四　简支梁桥上部构造施工

任务一　预制场建设及T梁预制 ………………………………………………… 067
任务二　T梁安装 ………………………………………………………………… 079
任务三　桥面系施工 ……………………………………………………………… 083

项目五　连续刚构桥施工

任务一　连续刚构桥施工准备 …………………………………………………… 097
任务二　连续刚构桥钢栈桥施工 ………………………………………………… 105
任务三　连续刚构桥桥墩施工 …………………………………………………… 113
任务四　连续刚构桥悬臂挂篮施工 ……………………………………………… 123
任务五　连续刚构桥边跨现浇和中跨合龙段施工 ……………………………… 143
任务六　连续刚构桥桥面系及附属工程施工 …………………………………… 150

项目六　拱桥上部构造施工

任务一　承台及拱座施工 160
任务二　缆索吊装系统施工 167
任务三　拱箱放样、拱架制作与吊装 178
任务四　拱箱现浇施工 187
任务五　拱上建筑施工 192

项目七　斜拉桥施工

任务一　主梁施工 204
任务二　主索施工 212

项目八　悬索桥施工

任务一　锚碇施工 223
任务二　索塔施工 232
任务三　索鞍安装 241
任务四　猫道设计与施工 247
任务五　主缆索股架设 254
任务六　索夹与吊索安装 267
任务七　缆索吊装系统 274
任务八　钢桁梁安装 279

项目九　BIM 技术应用

任务一　桩基 BIM 建模 290
任务二　承台 BIM 建模 297
任务三　桥墩 BIM 建模 301
任务四　箱梁 BIM 建模 307

参考文献 317

项目一　认识桥梁

学习导航

认识桥梁是深入学习桥梁专业知识的前提。认识桥梁包括认识各种桥梁类型、桥梁的主要专业术语、桥梁主要施工工艺、桥梁施工需用到的主要设备。

知识目标

（1）掌握桥梁按受力体系的分类。
（2）掌握梁桥的基本组成和专业术语。
（3）了解桥梁的施工方法。
（4）了解桥梁施工过程使用的机具。

能力目标

根据不同的桥梁类型选取正确的施工方法，明确需要使用的施工机具。

素养目标

（1）培养学生对桥梁的学习兴趣。
（2）培养学生团结协作的精神，可以互相帮助、共同学习、共同达成目标。
（3）培养学生吃苦耐劳、勇于开拓、积极进取的精神。

任务一　认识各种桥梁

【任务认知】

任务描述

桥梁经过几千年的发展，种类繁多，根据不同的方法可以分为不同的桥梁类型。在对桥梁进行深入学习之前，要了解桥梁的分类方法，掌握桥梁基本的类型。

桥梁的类型

课时计划

本任务课时分配见表1.1.1。

表1.1.1　课时分配

任务内容	参考课时		教学重点
	理论	合计	
认识各种桥型	2	2	按受力体系分类

【理论知识】

桥梁可按照受力体系、用途、大小规模和建桥材料等进行分类。考虑到桥梁生命周期中建设、运营、维护等关键阶段，故桥梁分类中最主要的是按照受力体系进行分类。

1. 按照受力体系分类

桥梁有梁、拱、索三大基本体系，其中梁桥以受弯为主，拱桥以受压为主，悬索桥以受拉为主。另外，上述三大基本体系桥梁进行相互组合，可派生出在受力上也具有组合特征的多种桥型，如刚架桥和斜拉桥等。下面对各种桥梁体系的主要特点分别进行阐述。

1）梁式桥

梁式桥是一种在竖向荷载作用下无水平反力的结构，如图1.1.1所示，由于外力（恒载和活载）的作用方向与承重结构的轴线接近垂直，因而与同样跨径的其他结构体系相比，梁桥内产生的弯矩最大，通常需用抗弯、抗拉能力强的材料（钢、配筋混凝土、钢-混凝土组合结构等）来建造。对于中、小跨径桥梁，目前在公路上应用最广的是标准跨径的钢筋混凝土简支梁桥，施工方法有预制装配和现浇两种。这种梁桥的结构简单、施工方便，简支梁对地基承载力的要求也不高，其常用跨径在25 m以下；当跨径较大时，需采用预应力混凝土简支梁桥，但跨度一般不超过50 m。梁桥按梁的结构形式分为简支梁桥、悬臂梁桥、连续梁桥，分别如图1.1.2～图1.1.4所示。

图1.1.1　梁式桥

图1.1.2　简支梁桥

图 1.1.3　悬臂梁桥　　　　　　　　　图 1.1.4　连续梁桥

2）拱式桥

拱式桥的主要承重结构是拱圈或拱肋（拱圈截面设计成分离形式时称为拱肋）。拱圈在竖向荷载作用下，桥墩或桥台将承受水平推力，如图 1.1.5 所示。同时，根据作用力和反作用力原理，墩台向拱圈（或拱肋）提供一对水平反力，这种水平反力将大大抵消拱圈（或拱肋）竖向荷载所引起的弯矩。因此，与同跨径的梁相比，拱的弯矩和变形都要小得多。鉴于拱桥的承重结构以受压为主，通常可用抗压能力强的圬工材料（如砖、石、混凝土）或钢筋混凝土等来建造。拱桥不仅跨越能力很大，而且外形酷似彩虹，造型十分美观。在条件许可的情况下，修建拱桥往往是经济合理的，一般在跨径 500 m 以内均可作为比选方案。

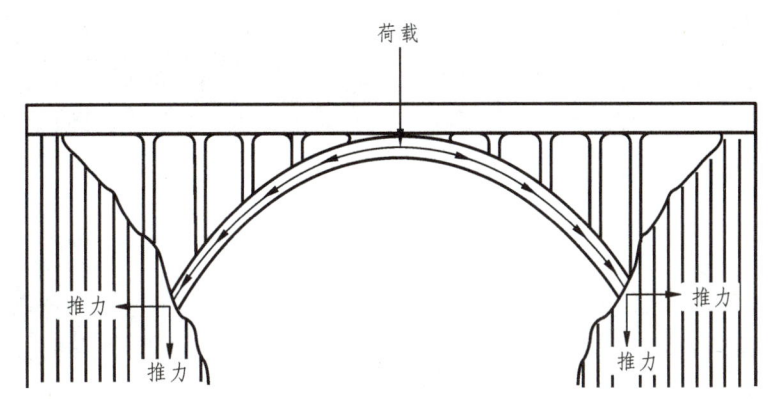

图 1.1.5　拱桥受力示意

应当注意，为了确保拱桥的安全，下部结构和地基（特别是桥台）必须能承受很大的水平推力（系杆拱桥除外）。此外，与梁式桥不同，由于拱圈（或拱肋）在合龙前自身不能维持平衡，因而拱桥在施工过程中的难度和危险性要远大于梁式桥。对于特大跨度的拱桥，也可建造钢桥或钢-混凝土组合截面的拱桥，让自重较轻但强度很高的钢拱首先合龙并承担施工荷载，这样，其施工的难度和风险就可降低。

在地基条件不适合修建具有很大推力的拱桥的情况下，也可建造水平推力由受拉系杆来承受的系杆拱桥。系杆可由预应力混凝土或高强钢筋做成，如图 1.1.6 所示。近年来发展了一种"飞燕式"三跨自锚式微小推力拱桥，如图 1.1.7 所示，即在边跨的两端施加强大的水平预加力。通过边跨梁传至拱脚，以抵消主跨拱脚处巨大的水平推力。

按照行车道处于主拱圈的不同位置，拱桥分为上承式拱、中承式拱和下承式拱三种，分别如图 1.1.8～图 1.1.10 所示。"承"代表承受车辆荷载的位置，即行车道位置，"上、中、下"分别代表车道位置位于主拱圈的上部、中部和下部。

图 1.1.6　系杆拱桥

图 1.1.7　"飞燕式"拱桥

图 1.1.8　上承式拱桥

图 1.1.9　中承式拱桥

图 1.1.10　下承式拱桥

3）刚构（架）桥

刚构桥的主要承重结构是梁（或板）与立柱（或竖墙）整体结合在一起的刚架结构，梁和柱的连接处具有很大的刚性，以承担负弯矩的作用。图 1.1.11 所示的门式刚构（架）桥，在竖向荷载作用下，柱脚处具有水平反力，梁部主要受弯，但弯矩值较同跨径的简支梁小，梁内还有轴压力，因而其受力状态介于梁桥与拱桥之间，刚架桥跨中的建筑高度就可做得较小。但普通钢筋混凝土修建的刚架桥在梁柱刚结构处较易产生裂缝，需在该处多配钢筋。另外，门式刚架桥在温度变化时，内部易产生较大的附加内力。

图 1.1.11　门式刚架桥

图 1.1.12 所示的 T 形刚构桥（带挂孔的或不带挂孔的）是修建较大跨径混凝土桥梁曾采用的桥型，属静定或低次超静定结构。对于这种桥型，由于 T 形刚构桥长悬臂处于一种不受约束的自由变形状态，在车辆荷载作用下，悬臂内的弯、扭应力均较大，因而各个方向均易产生裂缝。另外，由于混凝土徐变会使悬臂端产生一定的下挠，从而在悬臂端部和挂梁的结合处形成一个折角，这样不仅损坏了伸缩缝，而且车辆在此跳车，会给悬臂附加冲击力，不利于行车，对桥梁受力也不利。目前这种桥型已较少采用。

图 1.1.12　T 形钢构桥

图 1.1.13 所示的连续刚构桥，属于多次超静定结构，在设计中一般应减小墩柱顶端的水平抗推刚度，使得在温度变化下结构内不致产生较大的附加内力。对于很长的桥，为了降低这种附加内力，往往在两侧的一个或数个边跨上设置滑动支座，从而形成刚构-连续组合体系桥型。

当跨越陡峭河岸和深谷时，修建斜腿式刚构桥往往既经济合理，又造型轻巧美观，如图 1.1.14 所示。由于斜腿墩柱置于岸坡上，有较大斜角，中跨梁内的轴压力也很大，因而斜腿刚构桥的跨越能力比门式刚构桥要大得多，但斜腿的施工难度较直腿大些。

图 1.1.13　连续刚构桥　　　　　　　　图 1.1.14　斜腿刚构桥

刚构桥一般均需承受正负弯矩的交替作用，横截面宜采用箱形截面。连续刚构桥主梁受力与连续梁相近，横截面形式与尺寸也与连续梁基本相同。

4）斜拉桥

斜拉桥由塔柱、主梁和斜拉索组成，如图 1.1.15 所示。它的基本受力特点是：受拉的拉索将主梁多点吊起，并将主梁的恒载和车辆等其他荷载传至塔柱，再通过塔柱基础传至地基。塔柱基本上以受压为主。跨度较大的主梁就像一条多点弹性支承（吊起）的连续梁一样工作，从而使主梁内的弯矩大大减小。由于同时受到斜拉索水平分力的作用，主梁截面的基本受力特征是偏心受压构件。斜拉桥属高次超静定结构，主梁所受弯矩大小与斜拉索的初张力密切相关，存在着一定最优的索力分布，使主梁在各种状态下的弯矩（或应力）最小。

图 1.1.15　斜拉桥

斜拉桥斜索的组成、布置塔柱的形式及主梁的截面形状是多种多样的，主梁的截面形状与拉索的布置情况要相互配合。我国常用高强平行钢丝或钢绞线等制成斜拉索，斜拉索按施工工艺有工厂预制（成品索）和现场制作两种。我国 20 世纪 80 年代末到 90 年代初修建的斜拉桥中，斜拉索大多采用现场制作的方法。由于现场制作环境不利，不确定因素较多，加上施工技术不够成熟，拉索在使用 7~8 年后，索内高强钢材均出现了不同程度的锈蚀现象，影响了大桥的安全。目前常用的平行钢丝斜拉索完全在工厂内制成，在钢丝束上包一层高密度的黑色聚乙烯（HDPE）外套进行防护，还可用彩色高密度聚乙烯制成彩色索。除防锈外，斜拉索的疲劳和 PE 套的老化是两个需认真对待的问题。

常用的斜拉桥是三跨双塔式结构，但独塔双跨形式也常见，如图 1.1.16 所示。其具体形式及布置的选择应根据河流、地形、通航、美观等要求加以论证确定。

在桥横向上，斜拉索一般按双索面布置，如图 1.1.17 所示，也有采用中央布置的单索面结构，如图 1.1.18 所示。

图 1.1.16　独塔斜拉桥

图 1.1.17　双索面斜拉桥　　　　　　图 1.1.18　单索面斜拉桥

5）悬索桥

悬索桥（也称吊桥）是用悬挂在塔架上的强大缆索作为主要承重结构，如图 1.1.19 所示。在桥面系竖向荷载作用下，通过吊杆使缆索承受很大的拉力，缆索锚于悬索桥两端的锚碇结构中，为了承受巨大的缆索拉力，锚碇结构需做得很大（重力式锚碇），或者依靠天然完整的岩体来承受水平拉力（隧道式锚）。缆索传至锚碇的拉力可分解为垂直和水平两个分力，因而悬索桥也是具有水平反力（拉力）的结构。现代悬索桥广泛采用高强度的钢丝成股编制形成钢缆，以充分发挥其优良的抗拉性能。悬索桥的承载系统包括缆索、塔柱和锚碇三部分，因此结构自重较轻，能够跨越任何其他桥型无法达到的特大跨度。悬索桥的另一特点是受力简单明了，成卷的钢缆易于运输，在将缆索架设完成后，便形成了一个强大稳定的结构支承系统，施工过程中的风险相对较小。

具有锚碇结构的悬索桥可称为地锚式悬索桥，悬索桥的另一种形式是自锚式悬索桥，即取消锚碇，将缆索直接锚固在加劲梁上。此时缆索水平分力由加劲梁承受，竖向分力则由梁端配重相平衡。

自锚式悬索桥需采用"先梁后缆"的施工方式，施工风险较大。另外，加劲梁在巨大的轴向压力作用下，为满足稳定和应力要求，用钢量较大，因而，自锚式悬索桥只能用于跨径不大的情形。

图 1.1.19　悬索桥

2. 桥梁的其他分类简述

除了上述按受力特点分成不同的结构体系外，人们还习惯按桥梁的用途、大小规模和建桥材料等其他方面对桥梁进行分类：

（1）按用途，桥梁可分为公路桥、铁路桥、公铁两用桥、农桥（机耕道桥）、人行桥、水运桥（渡槽）、管线桥等。

（2）按全长和跨径，桥梁可分为特大桥、大桥、中桥、小桥和涵洞，具体见表1.1.2。

表 1.1.2　桥梁按跨径分类

桥梁分类	多孔跨径总长 L/m	单孔跨径 L_0/m
特大桥	$L \geqslant 1\ 000$	$L_0 \geqslant 150$
大桥	$100 \leqslant L < 1\ 000$	$40 \leqslant L_0 < 150$
中桥	$30 < L < 100$	$20 \leqslant L_0 < 40$
小桥	$8 \leqslant L \leqslant 30$	$5 \leqslant L_0 < 20$
涵洞	\<5	

（3）按主要承重结构所用的材料，桥梁可分为圬工（包括砖、石、混凝土）桥、钢筋混凝土桥、预应力混凝土桥、钢桥、钢-混凝土组合桥和木桥等。木材易腐，且资源有限，一般不用于永久性桥梁。

（4）按跨越障碍的性质，桥梁可分为跨河桥、跨海桥、跨线桥、立交桥和高架桥等。

（5）按桥跨结构的平面布置，桥梁可分为正交桥、斜交桥和弯桥。

（6）按上部结构的行车道位置，桥梁可分为上承式桥、中承式桥和下承式桥。

（7）按照桥梁的可移动性，桥梁可分为固定桥和活动桥。其中，活动桥包括开启桥、升降桥、旋转桥和浮桥等。

【知识应用】

从多角度判断桥型，并进行阐述，评分标准见表 1.1.3。

表 1.1.3 评分标准

序号	实训内容	配分	评分标准	扣分	得分
1	点名，作业人数	10	小组点名，根据考勤情况打分。若缺勤，则得分为零		
2	分组讨论并阐述观点	90	观点阐述无误，得分为观点正确率×90分基础分，计算结果保留至小数点后两位		
			合计		

【综合评价】

综合评价见表 1.1.4。

表 1.1.4 综合评价

任务名称		班级	
课次		组别	

模块	评价内容	配分	得分
知识	按力学特性分类	10	
	按跨径分类	10	
技能	通过外形判断	20	
	主要力学特性	20	
素质	数据分析能力	5	
	信息检索能力	5	
	综合分析能力	5	
	学习态度	5	
	专注力	5	
	动手能力	5	
	团队合作参与度	5	
	职业素养	5	

本任务综合评分	
前任务综合评分	
同比增长幅度/%	
备注	

任务二　认识桥梁相关专业术语

【任务认知】

任务描述

桥梁专业术语是指桥梁相关的规范性名称。在对各桥型的分类有基本判断后，还应掌握桥梁的主要专业术语，以便于进一步学习桥梁知识。

桥梁的基本组成

课时计划

本任务课时分配见表 1.2.1。

表 1.2.1　课时分配

任务内容	参考课时		教学重点
	理论	合计	
桥梁专业术语	1	1	桥梁主要专业术语

【理论知识】

桥梁总体布置如图 1.2.1 所示，拱桥的基本组成如图 1.2.2 所示。

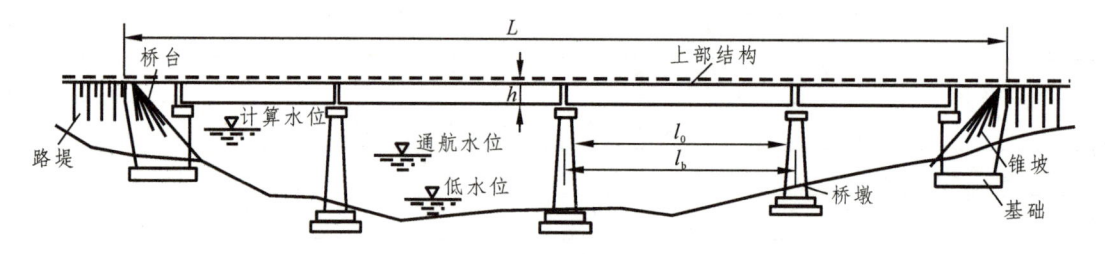

图 1.2.1　桥梁总体布置

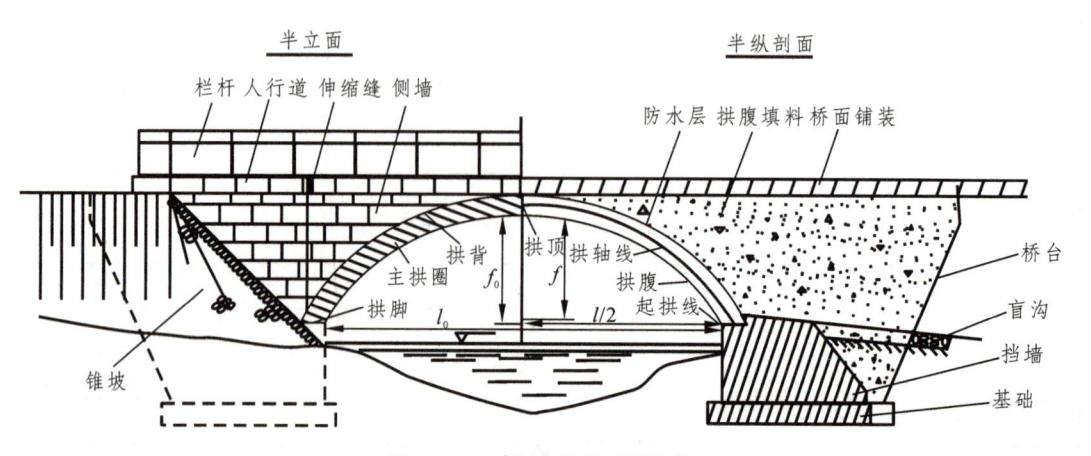

图 1.2.2　拱桥的基本组成

（1）上部结构（又称桥跨结构）：是在线路中断时跨越障碍的主要承重结构，是桥梁支座以上（无铰拱起拱线或刚架主梁底线以上）桥跨结构的总称。

（2）下部结构（包括桥墩、桥台、基础）：支承桥跨结构并将其永久作用和车辆荷载等传至地基的建筑物。

（3）桥墩和桥台：支承上部结构并将其传来的永久作用和车辆荷载等传至基础的结构物。桥台设在桥梁两端，桥墩则在两桥台之间。桥墩的作用是支承桥跨结构，而桥台除了起支承桥跨结构的作用之外，还要与路堤衔接，抵抗路堤土压力并防止路堤滑塌。

（4）基础：桥墩和桥台底部的部分。基础承担了从桥墩和桥台传来的全部荷载，并将荷载传至地基。这些荷载包括竖向荷载以及地震、船舶撞击墩身等引起的水平荷载。基础往往深埋于地下或水下地基中。对于深水基础，其在桥梁施工中是难度较大的一个部分，也是确保桥梁安全的关键之一。

（5）支座：设在墩（台）顶，用于支承上部结构的传力装置，以确保结构的受力明确。支座不仅要传递很大的荷载，而且要保证上部结构按设计要求能产生一定的变位。

（6）附属设施：桥面系、伸缩装置、桥梁与路堤衔接处的桥头搭板、锥坡等。

（7）设计洪水位：桥梁设计中按规定的设计洪水频率计算所得的高水位称为设计洪水位。

（8）低水位：枯水期的最低水位。

（9）高水位：洪水期的最高水位。

（10）通航水位：在各级航道中，能保证船舶正常航行的水位。

（11）净跨径（L_0）：对于梁桥，是指设计洪水位上相邻两个桥墩或桥墩与桥台之间的净距离；对于拱桥，是指两拱脚截面最低点之间的水平距离。

（12）总跨径：多孔桥梁中各孔净跨径之和，也称桥梁孔径，它反映了桥下宣泄洪水的能力。

（13）计算跨径（l）：对于有支座的桥梁，是指桥跨结构相邻两个支座中心的距离；对于拱桥，是指相邻两拱脚截面形心点之间的水平距离。

（14）标准跨径（l_b）：对于梁桥，是指两相邻桥墩中心线之间的距离，或桥墩中心线至桥台台背前缘之间的距离；对于拱桥，是指净跨径。

（15）桥梁全长（L）：对于有桥台的桥梁，是指桥梁两端两个桥台的侧墙或八字墙后端点之间的距离；对于无桥台的桥梁，是指桥面系行车道的全长。

（16）建筑高度：桥上行车路面（或轨顶）高程至桥跨结构最下缘之间的距离。

（17）桥下净空高度：设计洪水位或通航水位至桥跨结构最下缘之间的距离。

（18）桥梁高度：桥面与低水位之间的高差或为桥面与桥下线路路面之间的高差。

（19）净矢高（f_0）：从拱顶截面下缘至相邻两拱脚截面下缘最低点连线的垂直距离。

（20）计算矢高（f）：从拱顶截面形心至相邻两拱脚截面形心连线的垂直距离。

（21）矢跨比（f/l）：拱桥中拱圈（或拱肋）的计算矢高与计算跨径之比，亦称拱矢度。它是反映拱桥受力特性的一个重要指标。

【知识应用】

结合国内已建成的桥梁理解相关专业术语，并进行阐述，评分标准见表1.2.2。

表 1.2.2　评分标准

序号	实训内容	配分	评分标准	扣分	得分
1	点名，作业人数	10	小组点名，根据考勤情况打分。若缺勤，则得分为零		
2	分组讨论并阐述观点	90	观点阐述无误，得分为观点正确率×90分基础分，计算结果保留至小数点后两位		
		合计			

【综合评价】

综合评价见表1.2.3。

表 1.2.3　综合评价

任务名称		班级	
课次		组别	

模块	评价内容	配分	得　分
知识	桥梁专业术语名词解释	10	
	识别桥梁各组成部分	10	
技能	根据实践掌握专业术语	40	
素质	数据分析能力	5	
	信息检索能力	5	
	综合分析能力	5	
	学习态度	5	
	专注力	5	
	动手能力	5	
	团队合作参与度	5	
	职业素养	5	

本任务综合评分	
前任务综合评分	
同比增长幅度/%	
备注	

任务三 认识桥梁主要施工工艺

【任务认知】

任务描述

不同的桥型、地形地貌、地质情况、施工条件，桥梁的施工工艺不同，本任务主要了解桥梁主要施工工艺，为后续深入学习桥梁施工相关知识做准备。

课时计划

本任务课时分配见表 1.3.1。

表 1.3.1 课时分配

任务内容	参考课时 理论	参考课时 合计	教学重点
桥梁专业术语	2	2	上部结构、下部结构、施工工艺

【理论知识】

1. 桥梁基础施工

1）扩大基础（图 1.3.1）

扩大基础又称为明挖扩大基础或浅基础，是指将墩（台）及上部结构传来的荷载通过其直接传递至较浅的支承地基的一种基础形式。一般采用明挖基坑的方法进行施工。扩大基础的施工顺序是先开挖基坑，对基底进行处理（当地基的承载力不满足设计要求时，需对地基进行加固），然后砌筑圬工或立模、绑扎钢筋、浇筑混凝土。其中，开挖基坑是施工中的一项主要工作，而在开挖过程中，必须解决挡土与止水、排水的问题。

2）桩基础（图 1.3.2）

桩是深入土层的柱类构件，其作用是将作用于桩顶以上的荷载传递到土体中的较深处，以承受较大的荷载。按成桩方法分类，桩分为沉入桩、灌注桩、大直径桩。

（1）沉入桩是指将预制桩用锤击打或振动法沉入地层至设计要求高程。

（2）灌注桩是在现场采用机械（或人工）将地层钻挖成预定孔径和深度的孔后，将制作成一定形状的钢筋骨架放入孔内，然后在孔内灌入流动性的水下混凝土而形成桩基。水下混凝土多采用垂直导管法灌注。

（3）直径为 2.5 m 以上的桩可称为大直径桩，目前最大桩径已达 6 m。近年来，大直径桩在桥梁基础中得到广泛应用，其结构形式也越来越多样化，除实心桩外，还发展了空心桩。施工方法上有钻孔灌注法、预制桩壳钻孔埋置法等。根据桩的受力特点，大直径桩多做成变截面的形式。大直径桩与普通桩在施工上的区别主要反映在钻机选型、钻孔泥浆及施工工艺等方面。

图 1.3.1　扩大基础　　　　　　　　　图 1.3.2　桩基础

3）沉井基础（图 1.3.3）

沉井基础是一种断面和刚度均比桩大得多的筒状结构，施工时在现场重复交替进行构筑和开挖井内土方，使之沉落到预定的地基上。在岸滩或浅水中建造沉井时，可采用筑岛法施工；在深水中建造沉井时，则可采用浮式沉井法，即先将沉井浮运至预定位置，再进行下沉施工。

4）管柱基础（图 1.3.4）

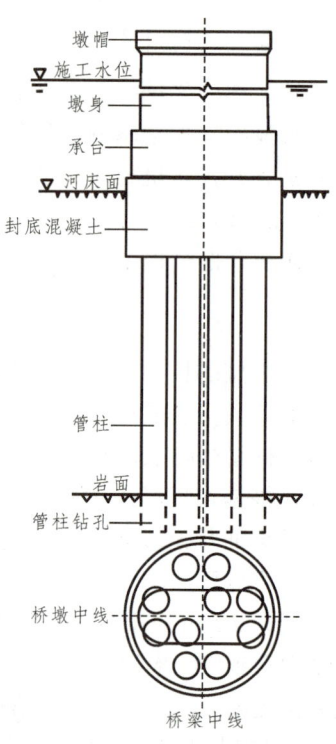

管柱基础因其施工的方法和工艺相对来说较复杂，所需的机械设备也较多，一般的桥梁极少采用这种形式的基础，仅当桥址处的水文地质条件十分复杂，应用一般的基础施工方法不能奏效时，方可采用这种基础形式。因此，对于大型的深水或海中基础，特别是深水岩面不平、流速大的地方采用管柱基础是比较适宜的。

图 1.3.3　沉井基础　　　　　　　　　图 1.3.4　管柱基础

管柱基础的施工一般包括：管柱预制、围笼拼装、浮运和下沉定位、下沉管柱；在管柱底基岩上钻孔；在管柱内安放钢筋笼并灌注水下混凝土等。管柱有钢筋混凝土、预应力钢筋混凝土和钢管三种。

2. 桥梁承台及桥墩（台）身施工

1）承台

承台一般设置在位于旱地或近河水面的桥梁基础中，以加强各桩基础的共同受力。承台的施工方法与扩大基础的施工方法类似，可采用明挖基坑、挡板围堰或开挖基坑等施工方法。

对深水中的承台，可供选择的施工方法通常有钢板桩围堰、钢管桩围堰、双壁钢围堰及套箱围堰等。不论何种围堰，其目的都是止水，实现承台的干处施工。钢板桩和钢管桩围堰实际上是同一类型的围堰形式，只不过所用材料不同。双壁钢围堰通常是将桩基和承台的施工一并考虑，在桩顶设钻孔平台，桩基施工结束后拆除平台，在围堰内进行承台施工。套箱多采用钢材制作，分有底和无底两种类型，根据受力情况不同又可设计成单壁或双壁。桥梁承台施工如图 1.3.5 所示。

图 1.3.5 桥梁承台施工

2）墩（台）身

墩（台）身的施工方法根据其结构形式的不同而不同。对结构形式较简单、高度不大的中、小桥墩（台）身，通常采取传统的方法，即立模（一次或几次）现浇施工。但对高墩及斜拉桥、悬索桥的索塔，则有较多可供选择的方法，而施工方法的多样化主要反映为模板结构的不同。近年来，滑升模板、爬升模板和翻升模板等在高墩及索塔上应用较多，其共同的特点是将墩身分成若干节段，自下而上逐段施工。

采用滑升模板（简称滑模）施工，对结构物外形尺寸的控制较准确，施工进度平衡、安全，机械化程度较高。但因多采用液压装置实现滑升，成本较高，所需的机具设备较多。爬升模板（简称爬模）一般要在模板外侧设置爬架。因此，这种模板相对而言，需耗用较多的材料，且需设专门用于提升模板的起吊设备。

高墩的施工，应根据现场的实际情况，进行综合比较后再选择适宜的施工方案。在中、小桥中，有时考虑就地取材，有时采用石砌墩（台）身。其施工工艺虽较简单，但必须严格控制砌石工程的质量。

低矮桥墩施工如图 1.3.6 所示，高墩施工如图 1.3.7 所示。

图 1.3.6　低矮桥墩施工　　　　　　　　　图 1.3.7　高墩施工

3. 桥梁上部结构施工

桥梁上部结构的形式是多种多样的，其施工方法的种类也较多，但除一些比较特殊的施工方法外，大致可分为整体施工法和节段施工法两大类。现将常用的一些施工方法的特点和适用性分述如下。

1）整体施工法

整体施工法包括在支架上就地浇筑法、预制装配法和整孔架设法。整体施工法的主要特点，可以按照桥梁结构设计的体系，在结构的伸缩装置之间整体施工。当起重能力受到限制时，可在桥的横向按照原结构图式分割为预制梁，架设后装配成整体。因此，对于整体施工的桥梁，在施工中无体系转换的问题。

（1）就地浇筑法（图 1.3.8）。

就地浇筑法是指在桥跨间设置支架、安装模板、绑扎钢筋、现场浇筑混凝土的施工方法。它适用于旱地上的钢筋混凝土和预应力混凝土中、小跨径连续梁桥的施工，特别适用于变宽度的异形桥、斜桥、弯桥等复杂桥梁的施工。支架按其构造的不同可分为满布式、柱式、梁式和梁柱式几种类型，所用材料有门式支架、扣件式支架、碗扣式支架、贝雷桁片、万能杆件及各种型钢组合构件等。在这种施工方法中，支架虽为临时结构，但施工中需承受梁体的大部分恒重，因此必须有足够的强度和刚度，同时支架的地基要可靠，必要时须对地基进行加固处理。就地浇筑法施工的特点是梁的整体性好，施工平稳、可靠，不需要大型起吊设备，施工中无体系转换的问题。但其施工需要大量施工支架，并需要有较大的施工场地。

图 1.3.8　箱梁就地浇筑施工

（2）预制装配法（图1.3.9）。

预制构件安装的方法很多，所需的架设机具设备不同，施工时应依据施工实际情况合理选择。不管哪一种安装方法都是先在工厂或运输方便的桥址附近设置预制场进行预制，然后预制梁采用一定的架设方法进行安装，最后横桥向连成整体。一般用于钢筋混凝土和预应力混凝土简支板、梁桥的施工，且跨径不超过50 m。

（3）整孔架设法（图1.3.10）。

使用超大型的起吊、运输设备将一孔预制梁整体架设安装，目前只有利用驳船和浮吊在深水的大江湖泊和海湾上建桥时采用整孔架设法。此方法代表中、小跨径梁桥施工发展方向，随着桥梁施工技术的发展和施工设备的更新，将会不断地扩大它的应用范围。

图1.3.9　预制装配施工　　　　图1.3.10　整孔架设施工

2）节段施工法

节段施工法是近50年来在预应力混凝土梁桥中发展起来的施工方法。其中，发展最早、应用较广，且广为人知的是悬臂施工法。它不需要在河中搭设支架，采用对称悬臂施工建造大跨径预应力混凝土梁桥。施工方法的变革促进了桥梁结构体系和桥梁跨径的发展，对于中等跨径的多跨连续梁桥，可以使用一套机具设备，选用逐孔架设法和移动模架法，做到简便、迅速地连续施工，或采用分段预制、分段顶推的顶推法施工。因此，节段施工具有各种不同的方法，在预应力混凝土梁桥施工中得到了广泛的应用。

采用节段施工的共同特点是，梁体分节段进行，经过若干施工过程后，形成设计的结构体系，故一般施工过程中的体系转换问题使得施工阶段的受力状态与运营状态不一致。同时，不同的施工方法也会影响到结构的构造和内力，施工中需要的机具、设备、劳动力和施工组织与管理、工期也不相同，应根据桥梁的设计施工要求选择安全、可靠、经济合理的施工方法。

（1）悬臂施工法。

悬臂施工是从桥墩上的0号块主梁开始沿墩两侧对称、均匀地浇筑梁段的悬浇施工或将预制节段对称悬拼施工。悬臂施工法主要的施工特点和适用条件是：桥墩在施工中承受负弯矩，也承受施工中不对称弯矩，宜在T形刚构、连续梁、斜拉桥等运营状态与施工内力状态相接近的桥中采用；对于非墩梁固结的预应力混凝土悬臂梁桥、连续梁桥，在施工中应采取墩梁临时固结措施，相邻悬臂对接后解除固结进行施工中的体系转换；可采用的机具、设备种类很多，就挂篮而言，有桁架式、斜拉式、后支点锚固无平衡重及前支点等形式，应根据实际情况选用；悬臂施工法不用或少用支架，其不影响通航或桥下陆路交通，宜在高墩、深谷、深水大跨桥中采用。悬臂浇筑施工简便，结构整体性好，可不断调整施工位置，常在跨径大于 100 m 的大桥或特大桥上选用（图 1.3.11）。悬臂拼装施工（图 1.3.12）进度快，上下部结构平行作业，施工精度要求较高，可在跨径小于 100 m 的大中桥中采用。悬臂施工是大跨度预应力混凝土梁桥节段施工法首先考虑的方案。

图 1.3.11　悬臂浇筑施工　　　　　　　图 1.3.12　悬臂拼装施工

（2）逐孔施工法。

逐孔施工使用一套支架，模板设备从桥的一端逐孔施工，直到对岸。其施工方法可以归结为以下三类：第一类是预制梁的逐孔安装，它相当于预制装配施工；第二类是用临时支承组拼预制节段逐孔施工，此类施工安全、可靠，施工速度快；第三类是逐孔现浇施工，它仅用一孔梁的支架、模板周转使用，施工费用低，但工期较长。

（3）移动模架施工法（图 1.3.13）。

移动模架施工是逐孔施工中的浇筑施工法，它相当于一个现场的桥梁预制工厂。移动模架施工法主要的施工特点和适用条件是：施工时地面无须搭支架，不影响通航或桥下陆路交通，施工安全可靠；施工环境好，质量易保证，模架可重复使用；机械化、自动化程度高，上下部结构平行作业，缩短工期；施工中接头可根据施工条件设在桥梁受力较小的部位；一次性设备投资较大，施工技术操作较复杂；宜应用在跨径小于 50 m 的中小经济跨径的长桥上。

（4）顶推施工法（图 1.3.14）。

顶推施工是在桥纵向桥台后设预制场，分节段预制，并用纵向预应力筋将预制节段与施工完的梁体连为整体，然后通过水平和竖向千斤顶交替施力，将梁体向前推出预制场地，继续在预制场预制下一节段，循环作业直到施工完成。顶推施工法主要的施工特点和适用条件是：施工阶段内力与运营阶段相差较大，施工中应采取相应的临时措施减小施工内力；由于采用顶推作业，因此宜在等截面的连续桥梁上使用；顶推施工的常用跨径为 60 ~ 80 m，且有预制条件的场地为最优的施工方案。

图 1.3.13　移动模架施工　　　　　　　图 1.3.14　顶推施工

4. 其他施工方法

1）转体施工法

转体施工法多用于拱桥的施工，也可用于斜拉桥和刚构桥。转体施工法是指在岸边或桥塔两侧设立支架（或利用地形）预制半跨桥梁的上部结构，然后借助上下转轴和施加适当的扭转力使两岸半跨桥梁上部结构向桥跨转动，同时用风缆控制其转速，最后就位合龙。这种施工方法最适用于峡谷、水深流急、通航河道和跨线桥等地形，具有工艺简单、操作安全、所需设备少、成本低、速度快等特点。转体施工法又分平转和竖转两种施工方法，施工中又分为有平衡重和无平衡重两种方式。拱桥和斜拉桥转体施工如图 1.3.15、图 1.3.16 所示。

图 1.3.15　拱桥转体施工

图 1.3.16　斜拉桥转体施工

2）劲性骨架法

劲性骨架法是指以钢骨架作为拱圈的劲性拱架，采用现浇混凝土包裹骨架，最后形成钢骨混凝土拱桥，如图 1.3.17 所示，国外称为"米兰拱"。骨架可采用型钢或钢管等材料制作。

3）缆索吊装施工

缆索吊装是通过缆索系统把预制构件吊装成桥梁的方法。缆索吊装系统按其工作性质可分为主索、工作索、塔架及锚固装置四个基本组成部分。其中，工作索包括起重索、牵引索和扣索等。缆索吊装的工作原理是利用主缆承受吊重和作为跑车的运行轨道，主索跑车上的起重装置和牵引装置将构件吊起、升降、运输和安装，如图 1.3.18 所示。

图 1.3.17　劲性骨架施工

图 1.3.18　缆索吊装施工

【知识应用】

结合国内已建成的桥梁理解相关专业术语，并进行阐述，评分标准见表1.3.2。

表1.3.2 评分标准

序号	实训内容	配分	评分标准	扣分	得分
1	点名，作业人数	10	小组点名，根据考勤情况打分。若缺勤，则得分为零		
2	分组讨论并阐述观点	90	观点阐述无误，得分为观点正确率×90分基础分，计算结果保留至小数点后两位		
	合计				

【综合评价】

综合评价见表1.3.3。

表1.3.3 综合评价

任务名称		班级	
课次		组别	

模块	评价内容	配分	得分
知识	下部结构施工工艺	10	
	上部结构施工工艺	10	
技能	不同桥型的施工工艺	20	
	各施工工艺适用桥型及条件	20	
素质	数据分析能力	5	
	信息检索能力	5	
	综合分析能力	5	
	学习态度	5	
	专注力	5	
	动手能力	5	
	团队合作参与度	5	
	职业素养	5	

本任务综合评分	
前任务综合评分	
同比增长幅度/%	
备注	

任务四　认识桥梁主要施工设备

【任务认知】

任务描述

桥梁施工过程中，需要用到各种施工设备，通过本任务学习，可对主要的桥梁施工设备有基本的认知。

课时计划

本任务课时分配见表1.4.1。

表 1.4.1　课时分配

任务内容	参考课时		教学重点
	理论	合计	
桥梁主要施工设备	2	2	了解主要施工设备及作用

【理论知识】

1. 基础施工机械

1）振动打桩机

振动打桩机也称振动沉桩机（图1.4.1）。它具有若干对偏心轮，每对偏心轮都按相反方向高速同步转动，所产生的离心力在水平方向相互抵消，在铅垂方向则叠加，从而产生铅垂方向上的激振力。振动打桩机有电动与液压两种，振动力1~5 MN不等。在桥梁的管柱或管桩基础中广泛使用。

2）冲击式打桩机

冲击式打桩机（图1.4.2）使用单打或复打的蒸汽锤，柴油打桩机因不需配用锅炉或空气压缩机，锤重可达6~8 t，目前甚至有15 t的。

3）灌注桩钻孔机

灌注桩钻孔机（图1.4.3）除用于钻孔灌注桩外，还可为管柱在基岩上钻孔锚固，有旋转、冲击和冲抓等形式，还有将钻机置于钻孔中的潜水式钻机。各式钻机可用电动或液压作动力。一般土中钻孔多用旋转钻机配以旋转式钻头；在砾石中钻孔多用冲击式或冲抓式钻机；在基岩上钻孔可用冲击式钻机或用配牙轮钻头的旋转钻机。

4）吸泥机

使用钻孔灌注桩施工时，吸泥机（图1.4.4）将管外水流挟泥沙、碎石吸入管内，并沿管上升，从上口排出。它适用于围堰、沉井或管柱内排除泥沙。中国南京长江大桥修建沉井基础时，曾以高压射水冲碎基岩，用直径0.42 m的吸泥机将重达150 kg的条状块石排出。

图 1.4.1　振动打桩机

图 1.4.2　冲击式打桩机

图 1.4.3　灌注桩钻孔机

图 1.4.4　吸泥机

5）自升式水上平台

将带有立柱的特制平台（即船体）浮运到工地，其柱脚插入水底地层，平台可沿立柱升降，并能在不同的高程处固定在立柱上。这种自升式水上平台（图 1.4.5）不仅能为各种基础作业在水面上提供场地，还可能为上部结构的架设提供支承点。

6）各式专用作业船

水上吊船（或称浮吊）不仅可用于基础作业，而且还可用于上部结构的架设，吊重 50 t 至 3 000 t 不等，有打桩及拔桩船、混凝土搅拌船、发电机组船、浮运基础导向船等，在特大桥工地也常需配用，如图 1.4.6 所示。

图 1.4.5　自升式水上平台

图 1.4.6　桥梁施工作业船

2. 墩台施工机械

（1）就地现浇混凝土墩台所用机械与一般混凝土结构施工所用相同，常用模板、支架等进行施工。

（2）高桥墩现多使用滑动模板、爬升模板、翻升模板等。

（3）搅拌混凝土可在搅拌船或设在岸上的混凝土工厂（见混凝土制备设备）中进行。

（4）提升可用塔架、卷扬机、塔式或缆索起重机进行。

（5）拼装式混凝土墩台所需的起重机，应连同基础及上部结构的拼装施工统一选用。

墩台施工机械如图 1.4.7～1.4.13 所示。

图 1.4.7　普通钢筋混凝土桥墩模板和支架

图 1.4.8　滑动模板

图 1.4.9　爬升模板

图 1.4.10　翻升模板

图 1.4.11　搅拌船

图 1.4.12　卷扬机

图 1.4.13 桥墩施工中的塔吊

3. 上部结构施工常用设备

整体就地浇筑法施工时主要使用支架、模板。支架按其构造不同可分为满布式、柱式、梁式和梁柱式几种类型，所用材料有门式支架、扣件式支架、碗扣式支架、贝雷桁片、万能杆件及各种型钢组合构件等，如图 1.4.14~图 1.4.19 所示。

图 1.4.14 满布式支架

图 1.4.15 柱式支架

图 1.4.16 梁式支架

图 1.4.17 梁柱式支架

图 1.4.18　碗口式支架　　　　　　　　图 1.4.19　贝雷桁片支架

　　整体预制拼装法施工时，预制梁从预制场至施工现场的运输常用大型平板车、驳船、火车运至施工现场。而预制梁运至现场后，常用龙门轨道运输、平车轨道运输、平板汽车运输，也可采用纵向滚移法运输。预制梁的安装阶段，浅水区按照可采用龙门吊机、汽车吊机及履带吊机安装，水中梁跨常采用穿巷吊机、浮吊或架桥机。使用的设备如图 1.4.20～图 1.4.26 所示。

　　节段现浇施工中，支架现浇法所用到的施工设备与就地浇筑法相同。悬臂浇筑施工最常用的施工工具为挂篮。节段预制拼装施工时，常使用沿梁移动的动臂式起重机。顶推法施工主要使用千斤顶和导梁。使用的设备如图 1.4.27～图 1.4.30 所示。

图 1.4.20　大型平板车　　　　　　　　图 1.4.21　龙门吊机

图 1.4.22　汽车吊机　　　　　　　　　图 1.4.23　履带吊机

图 1.4.24　穿巷吊机　　　　　　　　图 1.4.25　浮吊船

图 1.4.26　运架一体架桥机

图 1.4.27　菱形挂篮　　　　　　　　图 1.4.28　动臂式起重机

图 1.4.29　顶推式千斤顶　　　　　　图 1.4.30　顶推施工导梁

【知识应用】

结合国内已建成的桥梁认识相关设备，并进行阐述，评分标准见表1.4.2。

表1.4.2　评分标准

序号	实训内容	配分	评分标准	扣分	得分
1	点名，作业人数	10	小组点名，根据考勤情况打分。若缺勤，则得分为零		
2	分组讨论并阐述观点	90	观点阐述无误，得分为观点正确率×90分基础分，计算结果保留至小数点后两位		
	合计				

【综合评价】

综合评价见表1.4.3。

表1.4.3　综合评价

任务名称		班级	
课次		组别	

模块	评价内容	配分	得　分
知识	下部结构施工设备	10	
	上部结构施工设备	10	
技能	施工设备的具体作用	20	
	施工设备工作原理	20	
素质	数据分析能力	5	
	信息检索能力	5	
	综合分析能力	5	
	学习态度	5	
	专注力	5	
	动手能力	5	
	团队合作参与度	5	
	职业素养	5	

本任务综合评分	
前任务综合评分	
同比增长幅度/%	
备注	

桥梁见证历史

洛阳桥（图 1.4.31），又称万安桥，桥梁全长 834 m，宽 7 m，是位于福建省泉州市的一座桥梁，是古代"四大名桥"之一。洛阳桥北起蔡襄路、昭阳路、江城路交会口，上跨洛阳江出海口，南至桥南街、堤岸路交会口，是中国著名的跨海梁式大石桥。洛阳桥是北宋泉州太守蔡襄主持修建的，从皇佑五年（1053 年）至嘉祐四年（1059 年），前后历七年之久，耗银一千四百万两，才建成这座跨江接海的大石桥。

当年蔡襄修建洛阳桥时，面临的第一个问题便是洛阳江的水流湍急，传统的修建桥梁基础的方式根本无法适用于这一江海交汇处的复杂水文条件。造桥的工匠与蔡襄商讨之后，决定采用全新的"筏形基础"，基础设计成船头形状，两头尖，以分水势，减小浪涛对桥墩的冲击。这种"筏形基础法"直到近代才被西方的桥梁设计师认识，洛阳桥的建造技术领先了近千年。

图 1.4.31　洛阳桥

项目二　桥梁基础施工

学习导航

桥梁下部构造与地基接触的部分称为基础，其作用是承受上部结构传来的全部荷载，并把它们和下部结构荷载传递给地基。基础要有足够的强度、刚度和整体稳定性，使其不产生过大的水平变位或不均匀沉降。按构造不同，基础类型可分为明挖扩大基础、桩基础、沉井基础和沉箱基础。

知识目标

（1）掌握基础的构造。
（2）掌握基础的施工技术。
（3）熟悉基础的施工组织管理。
（4）了解基础施工的前沿技术。

能力目标

（1）学会基础的施工组织管理。
（2）学会相关图纸文件的编制。

素养目标

（1）培养学生规范意识，能遵守国家法律法规、国家和行业的相关规范，作风严谨。
（2）培养学生团结协作精神，可以互相帮助、共同学习、共同达成目标。
（3）培养学生坚持原则，坚守底线以及质量安全红线的意识。

任务一　明挖扩大基础施工

【任务认知】

任务描述

明挖扩大基础施工的工程量大，持续时间长，对周围环境影响大，同时受地下水的威胁，其施工方案的选择、各种安全管理措施、质量管理措施、环保措施的制定以及整个施工组织管理都会对全桥的工期以及成本、质量产生重大影响。

课时计划

本任务课时分配见表 2.1.1。

表 2.1.1 课时分配

任务内容	参考课时			教学重点
	理论	实践	合计	
明挖扩大基础	1	1	2	边坡支护、地下水排除

【理论知识】

对刚性扩大基础的施工，一般均采用明挖，根据开挖深度、边坡土质、渗水情况及施工场地、开挖方式等条件选择适当的施工方法。

1. 施工前准备

（1）认真阅读施工图纸，领会设计意图，对工程数量进行复核计算。
（2）制订施工方案，编制施工组织计划。
（3）准备好基础施工所需的设备、材料、相应配套设施。
（4）建立工程质量保证体系，制定完善的安全技术措施，进行质量、安全技术交底。

2. 测量放线

填写基础单项工程书面开工申请报告，经监理工程师批准后方可开工。

以监理工程师签认的导线点为基准点，用全站仪放样。准确放出基础开挖线后，经监理工程师复核无误后，用经纬仪引出控制桩。

3. 基坑开挖

表层覆土和强风化岩石采用挖掘机开挖。土方通过 5 t 自卸汽车运至弃土场。

对于中风化岩层，人工用水磨钻机钻孔，沿坑壁形成断缝，然后进行爆破，用挖掘机出渣，通过自卸汽车运至场外。

当基坑挖至更深处，挖掘机无法到达时，出渣采用人工装渣，吊车吊至基坑外，除部分用于基坑回填以外，其余挖方用自卸汽车运至场外，直至设计标高，人工检平。

基坑顶面应设置防止地面水流入基坑的设施，基坑顶有动荷载时，坑顶边与动荷载间应留有不小于 1 m 宽的护道。如动荷载过大，宜增宽护道。对于工程地质和水文地质不良的情况，应采取加固措施。

基坑坑壁坡度不易稳定并受地下水影响，或放坡开挖场地受到限制，或放坡开挖工程量大时，应根据设计要求进行支护。设计无要求时，施工单位应结合实际情况选择适宜的支护方案。

对于无支护加固的坑壁，基坑尺寸应满足施工要求。当基坑为渗水的土质基底，坑底尺寸应根据排水要求（包括排水沟、集水井、排水管网等）和基础模板设计所需基坑大小而定。一般基底应比基础的平面尺寸增宽 0.5～1.0 m。当不设模板时，可按基础底的尺寸开挖基坑。

基坑坑壁坡度应按地质条件、基坑深度、施工方法等情况确定。当为无水基坑且土层构造均匀时，基坑坑壁坡度可按表 2.1.2 确定。

表 2.1.2　基坑坑壁坡度

坑壁土类	坑壁坡度		
	坡顶无荷载	坡顶有静荷载	坡顶有动荷载
砂类土	1∶1	1∶2.5	1∶1.5
卵石、砾类土	1∶0.75	1∶1	1∶1.25
粉质土、黏质土	1∶0.33	1∶0.5	1∶0.75
极软岩	1∶0.25	1∶0.33	1∶0.67
软质岩	1∶0	1∶0.1	1∶0.25
硬质岩	1∶0	1∶0	1∶0

如土的湿度有可能使坑壁不稳定而引起坍塌时，基坑坑壁坡度应缓于该湿度下的天然坡度。

当基坑有地下水时，地下水位以上部分可以放坡开挖；地下水位以下部分，若土质易坍塌或水位在基坑底以上较深，应加固开挖。

在开挖前应对桥轴线位置、平面尺寸及地面标高进行复核测量。基坑开挖采用机械为主人工为辅的方法。当基坑中遇有岩石须爆破时，应控制火药用量，以松动爆破为主，严禁超量爆破。爆破后用人工检平基底的方法整修基坑。基坑开挖尺寸应保证满足设计图纸的要求，特别是开挖岩石的部分，既不能缩小，也不能过于扩大。对周边的松动石块尽数清除。基坑开挖过程中有渗水时，则将基坑内积水汇集到一角的集水坑，用抽水机抽出。开挖时应严格控制基底设计标高，发现基底承载力满足不了设计要求时，须报告监理工程师和设计单位，作出设计变更后，才能继续施工。如有超挖，应用基础的同质材料填筑。基坑开挖完成后，立即检测基底承载力和量测是否符合嵌岩深度要求，并报监理工程师批准后，方可进行基础施工。明挖基础检查项目见表 2.1.3。

表 2.1.3　明挖基础检查项目

项次	检查项目		规定值或允许偏差	检查方法
1	混凝土强度/MPa		在标准允许范围内	按《公路桥涵施工技术规范》（JTG/T 3650—2020）的要求进行检查
2	平面尺寸/mm		±50	用尺量长、宽各 3 处
3	基础底面高程/mm	土质	±50	用水准仪测量 5 点
		石质	+50，-200	
4	基础顶面高程/mm		±30	用水准仪测量 5 点
5	轴线偏位/mm		25	用全站仪测量纵、横向各 2 点

4. 基础混凝土施工

基地承载力和开挖尺寸检验合格并经监理工程师同意后，即可进行基坑清理（图 2.1.1）和基础混凝土施工。

基础采用大面定型钢模板。模板的制作根据模板设计进行，做到拼缝严密。使用前，在模板与混凝土的接触面上涂刷隔离剂。

清扫基层，放好轴线、模板边线，水平控制标高，模板底口用水泥砂浆找平，预埋好地锚并检查、校正。

把预先制作好的模板按顺序就位后固定（图2.1.2），安装基础模板的纵横龙骨及支撑体系。

图2.1.1　基坑清理 　　　　　　　　　图2.1.2　基础模板安装

将模内清理干净，封闭清理口，基础模板底部外侧与垫层接口处用水泥砂浆封口。

采用预拌混凝土，用搅拌车运输，并按有关规定制作混凝土试件，进行强度检查。指定专人填写混凝土施工记录，详细记录原材料质量、混凝土的配合比、坍落度、拌和质量、混凝土的浇筑和振捣方法、浇筑进度和浇筑过程出现的问题等，以备检查。

分层浇筑、振捣混凝土，每层厚度不大于30 cm。采用插入式振动棒振捣，振捣时，振动棒垂直插入，快入慢出，插入下层混凝土5~10 cm，其移动间距不大于振动棒作用半径的1.5倍。振捣时插点均匀，成行或交错式前进，以免过振或漏振，振棒振动时间为20~30 s。每一次振动完毕后，边振动边缓慢拔出振动棒。振捣时，注意不碰松模板或使钢筋移位。桥台基础混凝土吊运、振捣如图2.1.3所示。

待混凝土终凝后，开始洒水养护，混凝土的洒水养护时间为7 d以上，每天洒水次数视环境湿度与温度控制，洒水以能保证混凝土表面处于湿润状态为宜。同时将基础顶与墩柱接触面混凝土拉毛，混凝土的抗压强度达到拆模要求时即可拆除模板。拆模时避免重撬硬砸，以免损伤混凝土面。桥台基础混凝土养护、凿毛如图2.1.4所示。

图2.1.3　桥台基础混凝土吊运、振捣 　　　图2.1.4　桥台基础混凝土养护、凿毛

【知识应用】

收集基坑开挖事故案例，分析桥梁基坑开挖质量、安全管理要点，并进行阐述，评分标准见表2.1.4。

表 2.1.4　评分标准

序号	实训内容	配分	评分标准	扣分	得分
1	点名，作业人数	10	小组点名，根据考勤情况打分。若缺勤，则得分为零		
2	分组讨论并阐述观点	90	观点阐述无误，得分为观点正确率×90分基础分，计算结果保留至小数点后两位		
	合计				

【综合评价】

综合评价见表 2.1.5。

表 2.1.5　综合评价

任务名称		班级	
课次		组别	

模块	评价内容	配分	得　分
知识	基坑地表水和地下水的危害	10	
	基坑边坡支护方法	10	
技能	准备工作	15	
	现场管理	15	
	管理文件编制	10	
素质	数据分析能力	5	
	信息检索能力	5	
	综合分析能力	5	
	学习态度	5	
	专注力	5	
	动手能力	5	
	团队合作参与度	5	
	职业素养	5	

本任务综合评分	
前任务综合评分	
同比增长幅度/%	
备注	

【知识拓展】

明挖扩大基础质量控制要点及验收办法如下。

1. 基本要求

（1）所用的水泥、砂、石、水外掺剂及混合材料的质量和规格必须符合有关规范的要求，按规定的配合比施工。

（2）不得出现露筋和空洞现象。

（3）基础的地基承载力必须满足设计要求。

（4）严禁超挖回填虚土。

2. 实测项目

扩大基础实测项目见表 2.1.6。

表 2.1.6　扩大基础实测项目

项次	检查项目		规定值或允许偏差	检查方法和频率	权值
1	砂浆强度/MPa		在标准允许范围内	按《公路工程质量检验评定标准 第一册 土建工程》（JTG F80/1—2017）附录 D 检查	3
2	平面尺寸/mm		±50	尺量：长、宽各检查 3 处	2
3	基础底面高程/mm	土质	±50	水准仪：测量 5~8 点	2
		石质	+50，-200		
4	基础顶面高程/mm		±30	水准仪：测量 5~8 点	1
5	轴线偏位/mm		25	全站仪或经纬仪：纵、横各检查 2 点	2

3. 外观鉴定

混凝土表面平整无明显施工接缝。不符合要求时扣 1~3 分。

任务二 人工挖孔桩基础施工

【任务认知】

任务描述

人工挖孔桩是指用人工配合小型机械设备挖孔，现场浇筑钢筋混凝土的桩基础。人工挖孔桩一般直径较粗，最细的也在 800 mm 以上。其优点是能适合不同的地形，特别是机械设备无法达到的地方；缺点是效率较低、安全风险较大。

人工挖孔桩施工

课时计划

本任务课时分配见表 2.2.1。

表 2.2.1　课时分配

任务内容	参考课时			教学重点
	理论	实践	合计	
人工挖孔桩基础	2	1	3	孔壁支护、地下水排除

【理论知识】

对人工挖孔桩基础的施工，一般均采用人工配合小型机械设备进行开挖施工，根据开挖深度、孔壁土质、渗水情况及施工场地等条件选择适当的开挖方式。人工挖孔桩基础施工主要有平整场地、桩孔放样、桩孔开挖、桩孔检验、桩基钢筋制作与安装、桩孔混凝土浇筑与养护、分项工程验收等。

1. 施工前准备

（1）认真阅读施工图纸，领会设计意图，对工程数量进行复核计算。
（2）制定施工方案，编制施工组织计划。
（3）准备好基础施工所需的设备、材料、相应配套设施。
（4）建立工程质量保证体系，制定完善的安全技术措施，进行质量、安全技术交底。

2. 平整场地与桩孔放线

填写人工挖孔桩基础单项工程书面开工申请报告，经监理工程师批准后方可开工。

平整场地、清除杂物、夯打密实。桩位处地面应高出原地面 50 cm 左右，场地四周开挖排水沟，防止地表水流入孔内，如图 2.2.1 所示。

进行施工放样，施工队配合测量班按设计图纸定出孔位，经检查无误后，由施工队埋设十字护桩。十字护桩必须用砂浆或混凝土进行加固保护，以备开挖过程中对桩位进行检验。

图 2.2.1　桩孔周围平整场地

3. 桩孔开挖

首先在桩孔周围用人工水磨钻机钻一圈直径为 13 cm、深度不超过 50 cm 的小孔，中间部分用风镐开挖。对于较硬的岩石，可在沿桩孔中心用水磨钻机钻孔的方式钻出宽度为 13 cm 的十字缝，然后用劈石器对桩孔内岩石破裂。注意：在挖孔过程中，不必将孔壁修成光面，要使孔壁稍有凹凸不平，以增大桩的摩擦力。桩孔开挖如图 2.2.2～图 2.2.4 所示。

图 2.2.2　桩孔开挖　　　　　　　　图 2.2.3　人工挖孔

图 2.2.4　人工挖孔提升架

对于岩层、较坚硬密实土层，不透水，开挖后短期不会坍孔的，可不设护壁，其他土质情况下，必须施作护壁，保持孔壁稳定，以确保安全。护壁拟采用现浇模注混凝土护壁，混凝土标号与桩身设计标号相同。第一节混凝土护壁（原地面以下 1 m）径向厚度为 20 cm，宜高出地面 20～30 cm，使其成为井口围圈，以阻挡井上土石及其他物体滚入井下伤人，并且便于挡水和定位。护壁混凝土如图 2.2.5 所示。

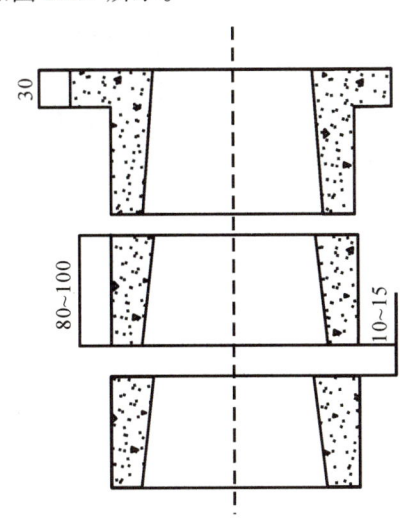

图 2.2.5　护壁混凝土（单位：cm）

对于其他土层，每挖掘 0.8～1.0 m 深时，立模灌注混凝土护壁，平均厚度为 15 cm。两节护壁之间留 10～15 cm 的空隙，以便混凝土的灌注施工。

混凝土搅拌应采用滚筒搅拌机拌制，坍落度宜为 14 cm 左右。模板不需光滑平整，以利于与桩体混凝土的联结。为了进一步提高桩身混凝土与护壁的黏结，也为了混凝土入模方便，护壁方式可采用喇叭错台状护壁。

护壁混凝土的施工，采取自制的钢模板。钢模板面板的厚度不得小于 3 mm，浇筑混凝土时拆上节，支下节，自上而下周转使用。模板间用 U 形卡连接，上下设两道 6～8 号槽钢圈顶紧。钢圈由两半圆圈组成，用螺栓连接，不另设支撑，以便浇筑混凝土和下节挖土。

4. 桩基钢筋制作吊装

可根据现场情况，采用钢筋在工厂里制作，运输至现场吊装的方式，也可以采用在钢筋场制作，现场焊接、安装的方式进行施工，如图 2.2.6、图 2.2.7 所示。

对于较短的桩基，钢筋笼宜制作成整体，一次吊装就位。对于孔深较大的桩基，钢筋笼需要现场焊接的，钢筋笼分段长度不宜小于 18 m，以减小现场焊接工作量。现场焊接须采用单面帮条焊接。

制作时，按设计尺寸做好加强箍筋，标出主筋的位置。把主筋摆放在平整的工作平台上，并标出加强筋的位置。焊接时，使加强筋上任一主筋的标记对准主筋中部的加强筋标记，扶正加强筋，并用木制直角板校正加强筋与主筋的垂直度，然后点焊。在一根主筋上焊好全部加强筋后，用机具或人工转动骨架，将其余主筋逐根照上述方法焊好，然后吊起骨架搁于支架上，套入盘筋，按设计位置布置好螺旋筋并绑扎在主筋上，点焊牢固。

图 2.2.6　钢筋现场制作　　　　　　　　图 2.2.7　制作桩基钢筋

钢筋笼主筋接头按要求采用直螺纹连接或双面搭接焊，每一截面上接头数量不超过 50%，加强箍筋与主筋连接全部焊接。钢筋笼的材料、加工、接头和安装应符合要求。钢筋骨架的保护层厚度可用焊接钢筋"耳朵"或转动混凝土垫块设置密度按竖向每隔 2 m 设一道，每一道沿圆周布置 8 个。

钢筋笼骨架安装采用汽车吊，为了保证骨架起吊时不变形，对于长骨架，起吊前应在加强骨架内焊接三角支撑，以加强其刚度。采用两点吊装时，第一吊点设在骨架的下部，第二点设在骨架长度的中点到上三分点之间。对于较长的骨架，可采取分段制作，分段吊装，然后第一次吊装后固定在桩孔孔口处，吊运安装第二次骨架与之对口焊连接，然后下放骨架再次固定在孔口处，如此循环完成长骨架的安装。骨架安装完成后并在孔口牢固定位，以免在灌注混凝土过程中发生浮笼现象。钢筋安装如图 2.2.8～图 2.2.12 所示。

严格控制好骨架的垂直度和保护层，其安装质量应符合相关规定。挖孔桩钢筋骨架允许偏差见表 2.2.2。

图 2.2.8　现场组装钢筋笼　　　　　　　　图 2.2.9　钢筋笼入孔

038

图 2.2.10　钢筋笼点焊加强箍筋　　　　图 2.2.11　钢筋笼安装结束

图 2.2.12　安装就位的钢筋笼

表 2.2.2　挖孔桩钢筋检验评定

序号	项目	允许偏差
1	钢筋骨架在承台底以下长度	±100 mm
2	钢筋骨架直径	±10 mm
3	主钢筋间距	±10 mm
4	加强筋间距	±20 mm
5	箍筋间距或螺旋筋间距	±20 mm
6	钢筋骨架垂直度	骨架长度1%

5. 桩基混凝土施工

在灌注混凝土前应对孔径、孔深、孔型全部检查并报监理工程师，经检验合格后方可灌注混凝土。

混凝土从拌和站，通过罐车运输至桩基现场，通过溜槽和串筒将混凝土输送至孔底口，必要时应设置减速装置，以防止混凝土发生离析现象，最后采用插入式振捣器振捣，如图2.2.13～图2.2.18所示。

图 2.2.13　安装溜槽

图 2.2.14　起吊串筒

图 2.2.15　安装料斗

图 2.2.16　安装输送泵管道

图 2.2.17　现场拌和混凝土通过溜槽运输

图 2.2.18　混凝土进入桩孔

灌注前事先拼装好操作支架平台，从悬挂串筒到混凝土分层浇筑，分层厚度控制在 30～45 cm。振捣采用插入式振动器，由中心向周边扩散进行振捣，其振捣位置、深度、速度等应符合要求，振动时做到快插慢拔，以均匀减少混凝土表面气泡。对每一个振动部位，以振动到该部位混凝土密实为止，即混凝土不再冒出气泡。

为保证桩基混凝土质量，桩孔混凝土浇筑结束后，人工舀出桩孔混凝土浮浆和部分集料含量少的表层混凝土，待混凝土达到设计强度后，进行下一道工序施工前，人工凿除桩基混凝土表层混凝土，如图 2.2.19、图 2.2.20 所示。

图 2.2.19　人工舀出桩孔表层浮浆　　　　图 2.2.20　桩基表层混凝土已被凿除

【知识应用】

收集人工挖孔安全事故案例，分析桥梁人工挖孔桩安全管理要点，并进行阐述，评分标准见表 2.2.3。

表 2.2.3　评分标准

序号	实训内容	配分	评分标准	扣分	得分
1	点名，作业人数	10	小组点名，根据考勤情况打分。若缺勤，则得分为零		
2	分组讨论并阐述观点	90	观点阐述无误，得分为观点正确率×90 分基础分，计算结果保留至小数点后两位		
合计					

【综合评价】

综合评价见表 2.2.4。

表 2.2.4 综合评价

任务名称		班级	
课次		组别	

模块	评价内容	配分	得分
知识	桩孔开挖安全管理	10	
	桩基混凝土质量控制	10	
技能	准备工作	15	
	现场管理	15	
	管理文件编制	10	
素质	数据分析能力	5	
	信息检索能力	5	
	综合分析能力	5	
	学习态度	5	
	专注力	5	
	动手能力	5	
	团队合作参与度	5	
	职业素养	5	

本任务综合评分	
前任务综合评分	
同比增长幅度/%	
备注	

【知识拓展】

桩基础质量控制要点及验收办法如下。

1. 基本要求

（1）桩身混凝土所用的水泥、砂、石、水、外掺剂及混合材料的质量和规格必须符合有关规范的要求，按规定的配合比施工。

（2）挖孔达到设计深度后，应及时对孔底进行处理，必须做到无松渣、淤泥等扰动软土层，使孔底情况满足设计要求。

（3）嵌入承台的锚固钢筋长度不得小于设计规范规定的最小锚固长度要求。

2. 实测项目

挖孔桩实测项目见表 2.2.5。

表 2.2.5　挖孔桩实测项目

项次	检查项目			规定值或允许偏差	检查方法和频率	权值
1	混凝土强度/MPa			在标准允许范围内	按《公路工程质量检验评定标准 第一册 土建工程》（JTG F80/1—2017）附录 D 检查	3
2	桩位/mm	群桩		100	全站仪或经纬仪，每桩检查	2
		排架桩	允许	50		
			极值	100		
3	孔深/m			不小于设计	测绳量，每桩测量	3
4	孔径/mm			不小于设计	探孔器，每桩测量	3
5	钻孔倾斜度/mm			0.5%桩长，且不大于200	垂线法，每桩检查	1
6	钢筋骨架底面高程/mm			±50	水准仪测骨架顶面高程后反算，每桩检查	1

3. 外观鉴定

（1）无破损检测桩的质量有缺陷，但经设计单位确认仍可用时，应扣 3 分。

（2）桩顶面应平整，桩柱连接处应平顺且无局部修补，不符合要求时扣 1~3 分。

任务三 钻孔灌注桩基础施工

【任务认知】

任务描述

任务三中的桩基础为西南地区的一座拱桥的桥台基础，大桥长 146.2 m，下部构造为桥台、桩基，上部构造为现浇混凝土拱桥。桥跨布置为 2×10 m（空心板）+90 m 上承式箱形拱桥（主桥）+2×10 m（空心板），主桥为上承式钢筋混凝土预制箱形拱桥，拱圈采用悬链线无绞拱，主拱圈由 5 片拱箱组成，拱箱高 1.8 m，净跨径 L_0=90 m，桥面全宽采用 9 m。

钻孔灌注桩是一种通过机械设备在地下钻孔然后浇筑桩基混凝土形成的桩基结构。其优点是能适合地下水丰富、地质条件恶劣的情况；缺点是对环境的污染较大，需要采用专门的措施进行处理。

课时计划

本任务课时分配见表 2.3.1。

表 2.3.1　课时分配

任务内容	参考课时 理论	参考课时 实践	参考课时 合计	教学重点
钻孔灌注桩基础	2	1	3	防止塌孔或其他事故

【理论知识】

对于河道上水流较大且急的情况，应采用筑路筑岛的方式从两岸各墩位处向江心填筑，填筑标高比枯水位高 1 m，然后冲孔灌注水下混凝土成桩，确保桩基施工进度及安全。桩基础全部采用商品混凝土。

1. 筑岛

筑岛施工方法如下。

1）施工准备

根据设计图桥梁平面位置施测出桥梁轴线及筑岛外边线，并打桩做好标记，防止筑岛方向偏移。为满足冲孔桩施工需要，筑岛尺寸应满足机械设备安装和操作的需要。

由于筑岛需要的砂卵石数量较大，施工前应与业主进行沟通，确定好土源（1 km 内），根据取料点布置好运料路线。

根据工程施工需要，组织 2 台挖掘机、1 台推土机、1 台压路机及 10 辆载重汽车等施工机械进场，购买直径为 0.8 m 的双壁波纹管 SN8，便于施工时及时安装。

2）筑岛方法及安全注意事项

桩基础施工需要从岸边筑岛到墩位，然后施工基础，回填道路从岸边向墩位铺筑（砂卵石运距为 1 km）。为减小泄洪通道的压力，墩与墩之间埋设两层直径为 0.8 m 的 HDPESN8 双壁波纹排水管，底层长度为 30 m，第二层长度为 24 m。石料由自卸汽车运输上堤，连续倾倒、抛投，路堤由推土机配合推料、平料，路堤堆石和过渡料填筑采用进占法，施工亦采用自卸汽车运料，推土机堤上平整，压路机碾压。

在过渡料填筑、碾压完成后，利用反铲修坡，人工局部整平，泄洪通道迎水面抛填大块石护坡。

在桥梁基础、墩身、盖梁施工完成后，采用后退法逐步拆除筑岛，以保证河道通畅，达到其泄洪能力。

在筑岛施工过程中，应禁止非施工人员进入施工区域，严禁在施工区域内游泳、嬉戏，派专人指挥车辆按要求卸料，防止车辆发生侧翻等安全事故。

由于是临水作业，须准备好救生衣、救生圈等救援设备。

3）筑岛工艺要求

（1）波纹管的埋设应根据河道实际情况进行布置。首先，在原河道填砂卵石，高出水面约 50 cm，便于人工操作和安装波纹管。原则上为每跨跨中设置两层波纹管（每层约 10 根，间距按 1 m 布置），埋设位置应避开桩基冲孔施工影响范围（4 m 以上），管道的埋设方向及坡度应与水流基本一致，管道埋设前应将底口用机械进行整平，使管道安装平顺。管道的接头应可靠连接，防止漏料堵塞管道。

（2）管道安装 4～5 排过后，用挖机对波纹管对称均衡地回填，填至波纹管上口高度约 0.2 m 高度后进行第二层波纹管的安装，安装好依次对称均衡地回填，并依次向前推进。施工过程中填土高出其上口 1.0 m 以上方能通过施工车辆，以保证波纹管不至于被压坏。

（3）为减小水流冲刷，迎水面与背水面有钢筋网石笼及麻袋装砂卵石护坡。在泄洪通道处，由于筑岛压缩河道，水流流速增大，冲刷严重，采用普通砂卵石填筑非常困难，改为采用大块块片石抛填防止冲刷。

2. 测量放线

填写钻孔灌注桩基础单项工程书面开工申请报告，经监理工程师批准后方可开工。

以监理工程师签认的导线点为基准点，用全站仪放样。

准确放出基础开挖线和桩孔护筒中心桩后，经监理工程师复核无误后，用经纬仪引出控制桩。

3. 冲击桩成孔成桩

冲击桩成孔成桩施工方法如下。

1）施工准备

对筑岛用压路机充分碾压，确保冲孔机械进场不受影响。

施测桩孔十字线，定出桩孔准确位置，测量桩孔地面、护筒顶高程，计算冲孔深度。

根据施测的桩孔位置安装好冲孔设备、泥浆泵，并在构筑物以外挖好沉渣池、泥浆池（5 m×5 m×2.5 m），如图2.3.1所示。购买好冲孔用的黏性土，冲孔用的黏性土选用不含砂的湿陷性黏性土。

井口及泥浆池周围须用钢管、木料等制成框架在周围加以围护，其高度应高出地面120 cm，防止人员意外摔入，引起安全事故。

2）冲孔方法及安全注意事项

三班制24 h连续作业，采取泥浆护壁冲孔施工工艺。桩基施工应完成一个桩孔就立即施工桩基钢筋并进行混凝土浇筑，防止桩孔放置时间太长发生塌孔、沉渣。

施工过程中，要做好桩孔及泥浆池等处的临边防护，防止人员坠井或坠坑等安全事故的发生。

图2.3.1　泥浆池

3）冲孔桩施工一般工艺要求

（1）埋设护筒。

在桩位上设置护筒导向架，埋设钢护筒，用以定位及保护孔口和提高孔内所存储的泥浆水头，防止坍孔。

采用直径为2.2 m的钢护筒，埋设应准确稳定，护筒中心与桩位中心的偏差不得大于50 mm。护筒顶高出地面高度30～50 cm。

（2）钻机就位、钻进。

钻机就位必须水平稳固，并使钻机中心对准护筒中心，其偏差应小于20 mm。在钻进过程中要经常检查钻机平台水平情况，发现倾斜应及时调整，保证孔垂直偏差不大于1%。

开工初期，施工人员应对现场地质深入了解，钻孔过程中不可急于求成，以免遇溶洞时漏浆而来不及处理，导致整体坍塌、钻机倾覆、锤头被埋住。

卡钻、掉钻的预防和处理：①在遇到探头石、落石、梅带孔、岩溶层的溶沟、溶槽或击穿溶洞顶板时，极易发生卡钻，此时应抛填片石，高频低程冲砸。如已发生卡钻，应仔细分析原因，不可妄动，以免造成越卡越紧或掉钻事故。当钻头可活动时，可上下提动钻头，并使钻头转动一个角度，反复尝试，有可能将锤头提出；或用吊车配合钻机，同时或交替提动，有可能将锤头提出。用小冲锤（以圆钢或钢轨焊接）在桩孔一侧冲击，并配合高压空气或高压水冲射，使卡点松动后提出钻头。必要时可试用水下爆破法，震松卡锤，吊车配合提出钻头。②掉钻的原因主要是大绳的老化破断或大绳与锤头连接不好，钻孔中应时常检查机具设备防止掉钻。掉钻后立即打捞，根据不同情况，采用适宜的打捞工具。

（3）泥浆护壁成孔。

冲孔的同时应在孔中注入泥浆护壁。在成孔过程中应经常测定泥浆密度。一般注入的泥浆密度宜控制在1.0～1.5，排出的泥浆密度宜为2.0～2.4，对易塌孔的土层排出的泥浆密度可增大至3.0～3.5。

（4）清孔。

当冲孔达到设计深度后应及时清孔，对稳定性差的孔壁宜用泥浆循环排渣清孔，对土质较好不易塌孔的孔壁，可用空气吸泥机清孔。

清孔分两次进行。第一次清孔是在钻到设计深度就立即开始，采用掏渣法结合换浆法清孔，不断置换泥浆，确认孔内泥浆稠度和孔度沉渣厚度基本符合要求后，即可进行吊放钢筋笼工作。第二次清孔是在下导管后，灌注混凝土前进行。可采用空压机向孔底吹高压风的方法清孔。清孔过程中必须及时补给足够水位使护筒内泥浆面保持稳定。清孔结束后，灌注混凝土前，泥浆性能指标与孔底沉渣厚度应符合以下规定：孔底 500 mm 以内泥浆相对密度应小于 2.5，黏度≤28 s，含沙率≤4%。

孔底沉渣厚度应满足柱桩≤50 mm。应特别注意第二次清孔结束与灌注混凝土开始这一段时间间隔，不得大于 30 min，否则重新清孔。

（5）钢筋笼制作及安装。

当钻孔完成经检查符合要求，方可进行混凝土浇筑。原则上是钻完一个封一个，但相邻钻孔作业不得影响已浇筑的桩基混凝土。

钢筋笼所用钢筋均在有资质的实验室实验合格后方可使用。钢筋笼在钢筋房配料制作，在桩孔旁分段绑扎、焊接成型，采用 40 t 吊机分段吊装就位，钢筋笼接头的接长应采用机械接头的方法接长，其检测应达到《钢筋机械连接技术规程》（JGJ 107—2016）的Ⅰ级要求。钢筋笼周围根据现场实际情况焊接耳环筋，以保证钢筋笼顶面标高。超声波检测管采用外径为 48 mm，壁厚 3.5 mm 的电焊钢管，均布于钢筋笼加强箍筋内，下端用钢板封底焊牢，浇筑混凝土前将其灌满清水，上口用塞子堵死。

钢筋笼搬运和吊装时，应防止变形。安装钢筋笼之前，要求钢筋笼尽可能对准桩孔中心，保持垂直缓慢沉入，避免碰撞孔壁，当笼长剩下约 1 m 时暂停下沉，将顶端锚固筋向四周均匀拨开，形成喇叭口，其直径约比护筒直径大 100 mm，继续缓慢下沉直至孔底，完成钢筋笼安装工序。此时，向四周张开的锚固筋顶撑孔口钢护筒及孔周土壁，钢筋笼对中（桩孔中心）情况一般良好。就位后在孔口牢固定位，以防止钢筋笼坠落或灌注混凝土时上浮。

（6）吊放导管、灌注水下混凝土。

桩基为水下混凝土浇筑，必须尽快一次浇筑成型。采用商品混凝土进行桩基水下混凝土浇筑。

灌注水下混凝土采用导管法施工，导管内径ϕ30，各节用法兰盘螺栓连接并加密封圈，导管应做严密性试验，防止灌桩过程中漏水造成断桩。导管用 25 t 吊车配合钻机进行吊放。

水下混凝土严格按照施工配合比进行配料，每盘混凝土砂石料均经过磅秤称量，用水量严格按照施工配合比进行，保证混凝土的强度、坍落度符合要求。

开始浇筑前，集料斗下口先用球塞堵住，从管子中用铁丝吊住。首盘混凝土应当经过计算，保证开管后管中混凝土排开水面，并使混凝土面高于导管底面。水下混凝土灌注应连续进行，不得中断（图 2.3.2）。在灌注混凝土过程中，要保证导管始终埋入混凝土 2~6 m，避免导管埋入过深导致导管堵塞或导管提出太快，导致将导管提出混凝土面时产生断桩。每根桩混凝土灌注的最终高程应比设计的桩顶标高高出 1 m，以保证破除桩头后，桩顶设计标高处的混凝土达到设计强度值。

图 2.3.2　灌注水下混凝土

为防止混凝土浇筑过程中钢筋骨架上浮,当灌注的混凝土顶面距钢筋骨架底部 1 m 左右时,应降低混凝土灌注速度。当混凝土拌和物上升到骨架底口 4 m 以上时,提升导管,使其底口高于骨架底部 2 m 以上,即可恢复正常灌注速度。

每根桩水下混凝土灌注的同时,在现场取样做两组混凝土强度标准试块。水下混凝土灌注完成,强度达到规范要求后,在监理工程师现场监督下,由有资质的检测单位对桩身质量进行检测,合格后方可进行下道工序的施工。

4. 凿除桩头

桩孔在浇筑水下混凝土时,为保证桩基混凝土质量,水下混凝土顶面应高出桩顶设计标高 1 m 左右。待桩基混凝土标高达到设计强度后,凿除桩头(图 2.3.3、图 2.3.4),以保证桩顶设计标高正确。

图 2.3.3　凿除桩头　　　　　　　　图 2.3.4　已凿好的桩头

【知识应用】

计算钻孔灌注桩浇筑水下混凝土时埋管深度，并进行阐述，评分标准见表2.3.2。

表2.3.2 评分标准

序号	实训内容	配分	评分标准	扣分	得分
1	点名，作业人数	10	小组点名，根据考勤情况打分。若缺勤，则得分为零		
2	分组讨论并阐述观点	90	观点阐述无误，得分为观点正确率×90分基础分，计算结果保留至小数点后两位		
			合计		

【综合评价】

综合评价见表2.3.3。

表2.3.3 综合评价

任务名称		班级	
课次		组别	

模块	评价内容	配分	得分
知识	钻孔灌注桩施工工艺	10	
	钻孔灌注桩质量控制	10	
技能	准备工作	15	
	现场管理	15	
	管理文件编制	10	
素质	数据分析能力	5	
	信息检索能力	5	
	综合分析能力	5	
	学习态度	5	
	专注力	5	
	动手能力	5	
	团队合作参与度	5	
	职业素养	5	

本任务综合评分	
前任务综合评分	
同比增长幅度/%	
备注	

【知识拓展】

桩基础质量控制要点及验收办法如下。

1. 基本要求

(1) 桩身混凝土所用的水泥、砂、石、水、外掺剂及混合材料的质量和规格必须符合有关规范的要求,按规定的配合比施工。

(2) 成孔后必须清孔,测量孔径、孔深、孔位和沉淀层厚度,确认满足设计或施工技术规范要求后,方可灌注水下混凝土。

(3) 水下混凝土应连续灌注,严禁有夹层和断桩。

(4) 嵌入承台的锚固钢筋长度不得低于设计规范规定的最小锚固长度要求。

(5) 应选择有代表性的桩用无破损法进行检测,重要工程或重要部位的桩宜逐根进行检测。设计有规定或无法确认桩的质量时,应采取钻取芯样法对桩进行检测。

(6) 凿除桩头预留混凝土后,桩顶应无残余的松散混凝土。

2. 实测项目

钻孔灌注桩实测项目见表2.3.4。

表2.3.4 钻孔灌注桩实测项目

项次	检查项目			规定值或允许偏差	检查方法和频率	权值
1	混凝土强度/MPa			在标准允许范围内	按《公路工程质量检验评定标准 第一册 土建工程》(JTG F80/1—2017)附录D检查	3
2	桩位/mm	群桩		100	全站仪或经纬仪,每桩检查	2
		排架桩	允许	50		
			极值	100		
3	孔深/m			不小于设计规定值	测绳量,每桩测量	3
4	孔径/mm			不小于设计规定值	探孔器,每桩测量	3
5	钻孔倾斜度/mm			1%桩长,且不大于500	用测壁(斜)仪或钻杆垂线法,每桩检查	1
6	沉淀厚度/mm	摩擦桩		设计规定,设计未规定时按施工规范要求	沉淀盒或标准测锤,每桩检查	2
		支承桩		不大于设计规定		
7	钢筋骨架底面高程/mm			±50	水准仪,测每桩骨架顶面高程后反算	1

3. 外观鉴定

(1) 无破损检测桩的质量有缺陷,但经设计单位确认仍可用时,应扣3分。

(2) 桩顶面应平整,桩柱连接处应平顺且无局部修补,不符合要求时扣1~3分。

桥梁见证历史

钱塘江大桥（图 2.3.5）位于西湖以南，六和塔附近钱塘江上，由中国桥梁专家茅以升主持全部结构设计，是中国自行设计、建造的第一座双层公铁两用桥。钱塘江大桥始建于 1934 年 8 月 8 日，分别于 1937 年 9 月 26 日和 11 月 17 日铁路桥、公路桥建成通车。1937 年 12 月 23 日为阻断侵华日军南下，由茅以升亲自下令炸毁，后于 1948 年 5 月成功修复，于 2006 年 5 月 25 日被列为中国第六批"全国重点文物保护单位"。

图 2.3.5　钱塘江大桥

项目三　桥墩与桥台施工

学习导航

桥墩和桥台是桥梁工程中两个重要的组成部分，它们的位置和功能各有不同。

桥墩是桥梁下部结构中的主要支撑物，用于支撑桥梁上部结构，并将桥梁荷载传递到地基。桥墩的形式多样，可以根据桥梁的形式和地形条件进行设计，由基础和墩身组成。

桥台是桥梁两端靠近路堤的端部，用于支撑桥梁上部结构并将桥梁重量传递到地基。桥台的主要作用是支撑桥梁并稳定路堤，同时还可以作为排水设施。桥台一般由台身、基础组成，台身则是桥台的主要受力部分。

知识目标

（1）掌握桥墩和桥台的构造。
（2）掌握桥墩和桥台的施工技术。
（3）熟悉桥墩和桥台的施工组织管理。
（4）了解桥墩和桥台施工的前沿技术。

能力目标

（1）学会桥墩和桥台的施工组织管理。
（2）学会相关图纸文件的编制。

素养目标

（1）培养学生刻苦学习精神，能专注听课、积极思考、独立完成作业。
（2）培养学生诚实守信品格，能遵守纪律、正确做事、做正确的事。
（3）培养学生工匠精神，养成"怀匠心、铸匠魂、守匠情、践匠行"精神，形成"匠意、匠思、匠智"意识。

任务一 桥墩及盖梁施工

【任务认知】

任务描述

桥墩及盖梁施工，工程量小，持续时间长，施工环节多、全部为高空作业、安全风险大，在施工中要着重加强施工组织管理。

课时计划

本任务课时分配见表3.1.1。

表3.1.1 课时分配

任务内容	参考课时			教学重点
	理论	实践	合计	
桥墩及盖梁施工	1	1	2	安全管理

【理论知识】

1. 桥墩施工

1）墩身施工工艺流程

定位放线→钢筋加工绑扎→模板加工安装→检查验收签证→混凝土浇筑→拆模养护→竣工验收。

2）墩身施工方法

（1）桩基完工待桩体混凝土强度达到设计强度的70%及以上且经桩质量检测合格后，凿去桩顶混有泥浆的混凝土，直到露出纯净混凝土面，并清理干净。

（2）整直桩顶预留搭接钢筋，准确测量放出墩柱中心线，并标于桩顶面上。

（3）脚手架搭设。为了方便墩柱钢筋的安装及提供浇筑混凝土的工作平台，须搭设墩柱施工平台。位于地面上的墩柱，对地面进行整平压实后进行脚手架的搭设工作，脚手架立杆下必须设置垫板或方木。脚手架采用双排回字形形式。

（4）绑扎桥墩钢筋（图3.1.1、图3.1.2）。墩柱钢筋事先在现场钢筋加工场加工成型（主筋采用直螺纹套筒连接），注意钢筋使用前要除锈。按设计图纸要求，墩柱钢筋与桩顶预留钢筋的搭接采用焊接形式。箍筋绑扎时，应在竖筋外侧绑一定数量的小块水泥砂浆垫块，以保证浇筑混凝土时墩柱钢筋的保护层厚度。

（5）墩柱模板的支立（图3.1.3）。为使墩柱模板有足够的强度和刚度，保证墩柱的外观质量，墩柱模板采用钢模，钢模面板采用6 mm厚钢板制作，模板要求内表面光滑、无锈，接头严密不漏浆。模板支立前，应在模板内侧涂一层脱模剂，脱模剂应采用同一品种，以保证混凝土表面色泽一致。然后根据放出的墩柱中心线及墩底标高支立模板至设计墩高。墩柱模板支立后应保证墩柱的设计尺寸及墩柱的竖向垂直度。为保证模板的竖向稳定性，在模板定位测量合格后，在钢模外侧拉3~4根风缆将模板固定，以防止浇筑混凝土时模板倾斜。模板与脚手架之间应相互独立，以免在脚手架上人工操作时引起模板变形。

图3.1.1　系梁及墩柱钢筋　　　　　　图3.1.2　系梁模板安装

图3.1.3　墩柱模板安装

吊车吊装模板一次完成，模型吊装完毕，经调整检查后，设置抗风绳，以防止模板移位。

（6）浇筑混凝土。墩柱混凝土采用预拌混凝土，由混凝土搅拌车运输。墩柱混凝土浇筑采用吊机提升灌注方案，混凝土运到现场后，要检查其塌落度及和易性，确保每车混凝土的质量。

在支架工作台面上准备好混凝土浇筑设备。浇筑混凝土前，应洒适量水以湿润桩顶混凝土面。混凝土浇筑采用串筒下落，混凝土自由落差不超过2 m。筒口出料每次堆积高度不宜超过0.5 m，人工入模内（配置低压钠灯），分层振捣混凝土，控制好每层的厚度。

施工时尽量减小暴露的工作面，防风、防晒、防雨等。混凝土灌注过程中，为降低混凝土内部温度，控制混凝土的入模温度在30 ℃以内（高温季节30 ℃以下，冬季5 ℃以上）。高温季节用凉棚或草袋盖，尽量避开阳光直射；在遇气温骤降的天气或寒冷季节浇筑混凝土后，应注意覆盖保温，加强养护。

（7）使用插入式振动棒振捣密实全部混凝土，密实的标准是混凝土停止下沉，不再冒出气泡，表面呈现平坦、泛浆。振动棒振捣钢筋部位混凝土时，不得触动钢筋，且应与侧模保持5~10 cm的距离。振捣新灌混凝土层时，应将振动头插入下层混凝土5 cm左右，使两层结合成一体。每次振捣完毕应边振动边缓慢拔出振动棒，不得将棒斜拔或横拔。严禁在停振后把棒拔出，以免造成混凝土中出现空洞。浇筑混凝土时，应同时派人检查和测量支架与模板的支立情况，如有变形、移位或沉陷等现象应及时纠正。

（8）当墩柱高度小于 15 m 时，混凝土的浇筑要求一次连续完成，如遇特殊情况需暂时中断时，中断时间不得超过 90 min。当墩柱高度大于 15 m 时，可两次进行，在第二次混凝土浇筑前，要对第一次混凝土顶面充分凿毛后才能进行。

（9）混凝土养护（图 3.1.4）。拆模后如不具备洒水养护条件，也可采用薄膜养护，但必须保证薄膜内有凝结水。

图 3.1.4　墩柱覆盖薄膜养护

2. 盖梁施工

1）盖梁施工工艺流程

定位放线→预埋钢棒支顶安装→底模安装→绑扎钢筋→侧模安装→浇筑混凝土→成型养护→拆侧模养护→支座安装→拆钢棒支顶。

2）盖梁施工方法

（1）定位放线。待墩柱完成并达到设计强度后，即可进行盖梁的施工。首先整直墩柱顶预留伸出的钢筋，对伸出的预留钢筋按设计要求形状成形。准确测量放出盖梁位置及梁底标高，并标于各墩顶面上。

（2）搭设盖梁支顶架（图 3.1.5）。本段双柱墩盖梁施工支顶方案采用在墩柱顶部预留孔洞，插入直径为 10 cm 的钢棒，利用钢棒的抗剪切力承受盖梁、模板及 I 字梁的自重。

图 3.1.5　盖梁支架及模板

（3）盖梁施工用模板采用定型钢模板，并另外订做一部分散件模板，增强对于盖梁尺寸局部变化的适用性。模板的安装采用汽车吊配合安装,为了减少模板接缝,增大模板的刚度,钢模板应尽量设计成大面积。钢模要求内表面光滑、平整,接头严密不漏浆。模板的设计、加工经验收合格后方可使用。模板支立前,应在模板内表面涂刷脱模剂,脱模剂应采用同一种品种,以保证混凝土表面色泽一致。

墩柱盖梁支架布置纵横梁(采用 I56b 工字钢),支架通过立柱上部采用钢棒与立柱连成整体,盖梁底模、侧模均采用厂制钢模。

(4)绑扎钢筋。盖梁钢筋事先在现场钢筋加工场加工成型。直径大于 20 mm 的钢筋采用机械连接。绑扎钢筋时,按施工图纸上箍筋的间距,在主筋上绑扎设计数量的箍筋。准确起吊、安放钢筋。伸入盖梁的墩柱钢筋如与盖梁主筋相碰,可适当调整墩柱钢筋。在盖梁钢筋底部及侧面绑一定数量的小块水泥砂浆垫块与模板隔开,以保证钢筋保护层厚度。测量放线应准确放出支座中心位置。按施工图纸绑扎好支座垫石预埋筋及防震挡块钢筋。

(5)混凝土浇筑。模板的支立及钢筋的绑扎经验收合格后,清除干净钢筋上污垢、焊渣与模内杂物及积水,在支架工作台面上准备好浇筑机械、设备,开始盖梁混凝土的浇筑。

盖梁混凝土采用预拌混凝土,由搅拌车运输,运至现场后,应先检验其坍落度与拌和均匀性,满足要求后方可使用。混凝土浇筑采用汽车吊配合人工浇筑方案。

浇筑混凝土前,应洒适量水湿润墩柱顶混凝土表面。盖梁梁体与防震挡块一并浇筑。梁体混凝土分 2~3 层浇筑,上一层混凝土在下一层混凝土初凝前浇筑。但混凝土的稠度应保证混凝土不从支承垫石预埋钢筋处溢出。

盖梁混凝土的浇筑要求一次连续完成,浇筑至盖梁梁体顶面设计标高后,将梁体顶面抹平。盖梁挡板待现浇梁完成后才进行施工。

待梁体混凝土强度达到设计要求时,即可开始立模浇筑垫石混凝土。测量放线,准确放出盖梁顶面支座中心位置。凿毛待浇垫石处盖梁顶面混凝土,冲洗干净后安装垫石模板。模板应能保证垫石的形状尺寸与设计要求的坡度。垫石混凝土标号比较大,采用小型振动棒或人工钢钎捣实。捣垫石混凝土时,应注意不要触动位移钢筋。要严格控制垫石的设计标高及表面平整度。

(6)拆模、养护。待盖梁混凝土终凝后,开始洒水养护(洒水以混凝土面层湿润即可,水质同搅拌用水)。待混凝土抗压强度达到 2.5 MPa 后,即可利用汽车吊配合人工拆除盖梁侧模,拆模时不得重撬、硬砸,以免损伤盖梁混凝土面层。待混凝土抗压强度达到设计强度的 85%以后,即可拆除底模板及支顶架系统,用作下一盖梁的施工。钢棒支顶的拆除利用吊机配合,具体施工步骤如下:

第一步:首先将 I 字梁吊稳,并将钢棒与 I 字梁固定。

第二步:拆除钢棒,将整套支顶系统沿墩柱缓慢放下。

第三步:转运支顶系统。

盖梁混凝土的洒水养护时间一般为 7 d,每天洒水次数视环境湿度与温度控制,洒水以能保证混凝土表面经常处于湿润状态为宜,必要时采用塑料薄膜覆盖养护。

【知识应用】

分组检查墩柱、盖梁平面位置、高程、尺寸及质量,并分析一些质量不合格的原因,并进行阐述,评分标准见表3.1.2。

表 3.1.2　评分标准

序号	实训内容	配分	评分标准	扣分	得分
1	点名,作业人数	10	小组点名,根据考勤情况打分。若缺勤,则得分为零		
2	分组讨论并阐述观点	90	观点阐述无误,得分为观点正确率×90分基础分,计算结果保留至小数点后两位		
	合计				

【综合评价】

综合评价见表3.1.3。

表 3.1.3　综合评价

任务名称		班级	
课次		组别	

模块	评价内容	配分	得分
知识	墩柱、盖梁施工工艺	10	
	高空作业安全管理	10	
技能	准备工作	15	
	现场管理	15	
	管理文件编制	10	
素质	数据分析能力	5	
	信息检索能力	5	
	综合分析能力	5	
	学习态度	5	
	专注力	5	
	动手能力	5	
	团队合作参与度	5	
	职业素养	5	

本任务综合评分	
前任务综合评分	
同比增长幅度/%	
备注	

【知识拓展】

桥墩质量控制要点及验收办法如下。

1. 混凝土墩身浇筑

1）基本要求

（1）混凝土所用的水泥、砂、石、水、外掺剂及混合材料的质量和规格，必须符合有关技术规范的要求，按规定的配合比施工。

（2）不得出现空洞和露筋现象。

2）柱或双壁墩身

柱或双壁墩身实测项目见表3.1.4。

表3.1.4 柱或双壁墩身实测项目

项次	检查项目	规定值或允许偏差	检查方法和频率	权值
1	混凝土强度/MPa	在标准允许范围内	按《公路工程质量检验评定标准 第一册 土建工程》（JTG F80/1—2017）附录D检查	3
2	相邻间距/mm	±20	尺或全站仪测量，检查顶、中、底3处	1
3	竖直度/mm	$0.3\%H$ 且不大于20	吊垂线或经纬仪，测量2点	2
4	柱（墩）顺高程/mm	±10	水准仪，测量3处	2
5	轴线偏位/mm	10	全站仪或经纬仪，纵、横各测量2点	2
6	断面尺寸/mm	±15	尺量，检查3个断面	1
7	节段间错台/mm	3	尺量，每节检查2~4处	1

注：H 为墩身或柱高度。

3）外观鉴定

（1）混凝土表面平整，施工缝平顺，棱角线平直，外露面色泽一致。不符合要求时扣1~3分。

（2）蜂窝麻面面积不得超过该面面积的0.5%，不符合要求时，每超过0.5%扣3分。深度超过1 cm的必须处理。

（3）混凝土表面出现非受力裂缝时扣1~3分，裂缝宽度超过设计规定或设计未规定时超过0.15 mm的必须处理。

（4）施工临时预埋件或其他临时设施未清除处理时扣1~2分。

2. 盖梁

1）基本要求

（1）混凝土所用的水泥、砂、石、水、外掺剂及混合材料的质量和规格必须符合有关技术规范的要求，按规定的配合比施工。

（2）不得出现露筋和空洞现象。

2）实测项目

墩、台帽或盖梁实测项目见表 3.1.5。

表 3.1.5 墩、台帽或盖梁实测项目

项次	检查项目	规定值或允许偏差	检查方法和频率	权值
1	混凝土强度/MPa	在标准允许范围内	按《公路工程质量检验评定标准 第一册 土建工程》（JTG F80/1—2017）附录 D 检查	3
2	断面尺寸/mm	±20	尺量，检查 3 个断面	2
3	轴线偏位/mm	10	全站仪或经纬仪，纵、横各测量 2 点	2
4	顶面高程/mm	±10	水准仪，检查 3~5 点	2
5	支座垫石预留位置/mm	10	尺量，每个	1

3）外观鉴定

（1）混凝土表面平整、光洁，棱角线平直。不符合要求时扣 1~3 分。

（2）墩、台帽和盖梁如出现蜂窝麻面，必须进行修整，并扣 1~4 分。

（3）墩、台帽和盖梁出现非受力裂缝时扣 1~3 分，裂缝宽度超过设计规定或设计未规定时超过 0.15 mm 的必须处理。

任务二　桥台台身施工及台背回填

【任务认知】

任务描述

桥台作为桥与路的过渡和衔接，一方面要满足桥梁承受荷载、变形小的要求，另一方面又要满足路基均匀沉降的要求。台身及台背回填质量严重影响到通车后车辆的运行质量。

桥台台背回填施工

课时计划

本任务课时分配见表 3.2.1。

表 3.2.1　课时分配

任务内容	参考课时 理论	参考课时 实践	参考课时 合计	教学重点
桥台台身施工及台背回填	1	1	2	台背回填

【理论知识】

1. 桥台基础基坑回填接缝处理

基础混凝土施工完成并达到强度后，按设计进行片石砌筑和人工分层夯实回填土施工。回填土质及密实度符合规范、规定要求。这样既保证锥坡填筑和浇筑桥台顶部时对地基的要求，又有利于施工安全。

桥台扩大基础施工完成后（混凝土强度达到80%及以上）方能进行基础四周回填，回填土方用人工或小型机具薄层夯实。每层填土压实厚度不大于15 cm。桥台扩大基础回填土方碾压时，应免碰撞基础结构对桥台扩大基础造成损伤。施工中严格控制压实度，保证填筑质量。

2. 接缝处理

桥台基础混凝土浇筑完成后，用全站仪放出台身边框线。待桥台基础混凝土强度达到施工规范规定的强度以后，在台身与基础的接触面人工凿毛（图 3.2.1），以便混凝土良好结合。

3. 台身、侧墙及台帽施工

根据台身高度，台身、侧墙施工根据高度不同，桥台分两次完成。台身采用大块组合钢模板，钢管架加固支撑。台身模板采用汽车吊进行吊装（图 3.2.2）。

图 3.2.1　桥台基础混凝土凿毛　　　　　图 3.2.2　台身模板安装

模板进场后，进行清理、打磨，以无污痕为标准，刷脱模剂，并用塑料薄膜进行覆盖。搭设支架时，在两个互相垂直的方向加以固定，支架支承在可靠的地基上。混凝土浇筑方案采用混凝土现场拌制、汽车吊机配合人工进行，具体操作和墩柱混凝土浇筑基本相同（图 3.2.3）。

待桥台混凝土终凝后，开始洒水养护（洒水以混凝土面层湿润即可），待混凝土强度达到设计要求拆模强度，即可拆除模板（图 3.2.4）。拆模时应避免重撬、硬砸，以免损伤混凝土面层。混凝土的洒水养护时间一般为 7 d，每天洒水次数视环境湿度与温度控制，洒水以能保证混凝土表面经常处于湿润状态为宜。

图 3.2.3　桥台浇筑　　　　　图 3.2.4　台身浇筑完成

4. 台背回填

采用砂砾石或碎砾石进行分层回填，回填断面底面为桥台基础（基础顶）位置，底宽基础外缘向外 2.0 m，上宽根据填方高度按 1∶1 的坡度进行控制，沿路线横向宽度为台身全宽，分层松铺厚度不大于 15 cm，靠近结构物 2 m 范围内不得采用大型机械进行碾压，可采用小型压实机械碾压，如蛙式打夯机、内燃打夯机进行压实。

台背回填应在台身强度达到设计强度的80%及以上时进行。基坑开挖坡面与路基土相结合的部位，应挖成阶梯状台阶，台阶宽度不得小于1 m，台阶高不得大于1 m，且应做成2%～4%的内倾斜坡。所有回填施工顺序必须两侧对称进行。

回填前清除基坑内泥浆、杂物。在回填压实施工中，使用压路机对称回填压实并保持结构物完好无损，对压路机压不到的地方采用小型机动夯具或经监理工程师同意的其他方法压实，直到监理工程师验收合格为止。

在台顶0.5 m范围内严禁采用大型机械压实。台背回填料应填至侧墙后，注意包边土厚度。

台背回填应分层填筑，每层松铺厚度不超过15 cm。为防止每层填筑厚度超厚和漏检，应在台背墙用油漆作上每层压实后的厚度记号并标明层次，以便施工易于控制。

台背回填压实度标准从基底至路床顶面均为96%。

现场施工员认真检查回填断面尺寸、回填材料及松铺厚度，检测按《公路土工试验规程》（JTG 3430—2020）重型击实法测定最大干密度与最佳含水量，并采用灌砂法测定密实度。

每层填筑均要求采用灌砂法进行压实度检测，检测频率每层每50 m²检测1点，不足50 m²至少检验1点（且应找薄弱处进行检测），每点都应合格，否则必须再压实。台背回填结束后报请监理进行验收。质量检测标准和方法见表3.2.2。

表3.2.2 台背回填检查项目

项次	检查项目	规定值或允许偏差	检查方法
1	压实度/%	96	按《公路工程质量检验评定标准 第一册 土建工程》（JTG F80/1—2017）附录B检查，靠台背后1 m以内左、中、右至少测3点且每50 m²（每压实层）至少检查1点

5. 桥台支座垫石（挡块）及支座安装

1）支座垫石施工

（1）钢筋预埋。

在帽梁骨架及模板吊装固定好后，由测量人员在帽梁骨架顶面测量放出台顶中心点及帽梁中心轴线方向前后控制点。该点可通过焊铁板的方式固定于钢筋骨架面上，然后由技术人员对每个垫石及挡块中心位置进行分中并预埋垫石及挡块钢筋。

（2）垫石及挡块区域凿毛。

待帽梁混凝土初凝后即对垫石及挡块区域混凝土表面进行凿毛，清除浮浆直至混凝土出露面集料分布均匀，浆体饱满基本无气泡，外观上判断混凝土强度能满足要求即可。

（3）钢筋修整。

帽梁浇筑完成后立即进行支座垫石及挡块混凝土浇筑的准备工作。在凿毛后，测量人员重新在帽梁混凝土顶面上将纵横轴线控制点测放出来，然后依据控制点分出各垫石及挡块的中心点。再根据中心点位置按设计图加设钢筋网片并用电焊等方式进行固定。同时，将原预埋钢筋上黏附的浆壳敲掉。

（4）模板安装。

待垫石及挡块钢筋修整绑扎好后，根据所分各中心点位，安装垫石及挡块模板。模板按垫石及挡块尺寸安装并固定牢固。

（5）混凝土浇筑。

垫石及挡块模板安装完成后，由测量人员对各垫石及挡块模板的平面位置及标高进行复测，满足设计及规范要求后，向监理工程师报验，检查合格即可进行混凝土浇筑。

混凝土浇筑前应将模板内杂物清理干净并将混凝土接触面湿润。混凝土通过吊车吊至帽梁顶，用振捣棒振捣密实。混凝土浇筑完成后，刮除顶面多余浮浆，并将混凝土表面整平，进行二次抹光压平。

2）板式橡胶支座的安装

橡胶支座应按设计图纸规定的位置和标高进行安装。安装前应对安装位置进行复测校核，符合要求后才能安装。

安装前将墩、台支座垫石处清理干净，用干硬性水泥砂浆抹平，并使其顶面标高符合设计要求。当墩、台两端标高不同，顺（横）桥向有纵坡时，支座安装应按设计规定进行安装。

在支座垫石上按设计图标出支座位置中心线，同时标出安装后梁板宽度的边线和中心线。在橡胶支座上也标出十字交叉线，将支座安装在支座垫石上，使支座中心线同垫石中心线相重合。其支座中心横桥向偏移不得大于 2 mm，顺桥向上偏移不得大于 10 mm。

为避免橡胶支座在安装梁板时发生位移，在支座下表面涂一层环氧树脂黏结于垫石表面上。环氧树脂按环氧树脂∶二脂∶乙二胺∶砂 = 100∶17∶8∶250 的配比进行施工。

支座安装的正确与否与支座的受力作用和使用寿命有直接的影响，如果支座安放不平整，造成支座局部承压，则支座在活动荷载作用下会产生转动、滑移，甚至脱落。为防止支座产生过多的剪切变形，支座安装宜避开中午温度最高的时间，以保证橡胶支座在低温或高温时偏离支座中心位置不会过大。

【知识应用】

分组测量检查桥台结构尺寸以及内部质量，分析造成质量事件的原因，并进行阐述。评分标准见表 3.2.3。

表 3.2.3 评分标准

序号	实训内容	配分	评分标准	扣分	得分
1	点名，作业人数	10	小组点名，根据考勤情况打分。若缺勤，则得分为零		
2	分组讨论并阐述观点	90	观点阐述无误，得分为观点正确率×90分基础分，计算结果保留至小数点后两位		
合计					

【综合评价】

综合评价见表3.2.4。

表3.2.4 综合评价

任务名称			班级	
课次			组别	
模块	评价内容		配分	得 分
知识	台后回填质量控制		10	
	桥台施工工艺		10	
技能	准备工作		15	
	现场管理		15	
	管理文件编制		10	
素质	数据分析能力		5	
	信息检索能力		5	
	综合分析能力		5	
	学习态度		5	
	专注力		5	
	动手能力		5	
	团队合作参与度		5	
	职业素养		5	
本任务综合评分				
前任务综合评分				
同比增长幅度/%				
备注				

【知识拓展】

1. 混凝土台身浇筑

1）基本要求

（1）混凝土所用的水泥、砂、石、水、外掺剂及混合材料的质量和规格，必须符合有关技术规范的要求，按规定的配合比施工。

（2）不得出现空洞和露筋现象。

2）实测项目

墩、台身实测项目见表 3.2.5。

表 3.2.5　墩、台身实测项目

项次	检查项目	规定值或允许偏差	检查方法和频率	权值
1	混凝土强度/MPa	在标准允许范围内	按《公路工程质量检验评定标准　第一册　土建工程》（JTG F80/1—2017）附录 D 检查	3
2	断面尺寸/mm	±20	尺量，检查 3 个断面	2
3	竖直度或斜度/mm	0.3% H 且不大于 20	吊垂线或经纬仪，测量 2 点	2
4	顶面高程/mm	±10	水准仪，测量 3 处	2
5	轴线偏位/mm	10	全站仪或经纬仪，纵、横各测量 2 点	2
6	节段间错台/mm	5	尺量，每节检查 4 处	1
7	大面积平整度/mm	5	2 m 直尺，检查竖直、水平两个方向，每 20 m² 测 1 处	1
8	预埋件位置/mm	10 或设计要求	尺量，每件	1

注：H 为墩、台身高度。

3）外观鉴定

（1）混凝土表面平整，施工缝平顺，棱角线平直，外露面色泽一致。不符合要求时扣 1～3 分。

（2）蜂窝麻面面积不得超过该面面积的 0.5%，不符合要求时，每超过 0.5% 扣 3 分。深度超过 1 cm 的必须处理。

（3）混凝土表面出现非受力裂缝时扣 1～3 分，裂缝宽度超过设计规定或设计未规定时超过 0.15 mm 的必须处理。

（4）施工临时预埋件或其他临时设施未清除处理时扣 1～2 分。

2. 台帽

1）基本要求

（1）混凝土所用的水泥、砂、石、水、外掺剂及混合材料的质量和规格必须符合有关技术规范的要求，按规定的配合比施工。

（2）不得出现露筋和空洞现象。

2）实测项目

墩、台帽或盖梁实测项目见表 3.2.6。

3）外观鉴定

（1）混凝土表面平整、光洁，棱角线平直。不符合要求时扣 1～3 分。

（2）墩、台帽和盖梁如出现蜂窝麻面，必须进行修整，并扣1~4分。

（3）墩、台帽和盖梁出现非受力裂缝时扣1~3分，裂缝宽度超过设计规定或设计未规定时超过0.15 mm必须处理。

表3.2.6　墩、台帽或盖梁实测项目

项次	检查项目	规定值或允许偏差	检查方法和频率	权值
1	混凝土强度/MPa	在标准允许范围内	按《公路工程质量检验评定标准 第一册 土建工程》（JTG F80/1—2017）附录D检查	3
2	断面尺寸/mm	±20	尺量，检查3个断面	2
3	轴线偏位/mm	10	全站仪或经纬仪，纵、横各测量2点	2
4	顶面高程/mm	±10	水准仪，检查3~5点	2
5	支座垫石预留位置/mm	10	尺量，每个	1

桥梁见证历史

鸭绿江大桥（图3.2.5）是连接中国和朝鲜的桥梁，它横跨两国界河鸭绿江，长589.23 m。鸭绿江作为一条界河，它不是以主航道为界，而是以这条河流的整个水面为界，西边是中国，东边是朝鲜。鸭绿江的入海口在黄海，干流全长近800 km。

它是一座历史的丰碑，历经抗美援朝战火的洗礼，铭记着中国和朝鲜人民用鲜血和生命凝成的伟大友谊。现在，在桥梁铁架上依然能清晰地看到残留的弹痕和众多弹孔。

图3.2.5　鸭绿江大桥

项目四 简支梁桥上部构造施工

学习导航

简支梁桥上部构造主要包括简支梁（T 梁或箱梁）的预制和安装，它是桥梁施工中最普遍、最常用的施工工艺。本项目以 T 梁为主，介绍其相关构造及施工技术。

知识目标

（1）掌握简支梁桥上部结构的构造。
（2）掌握简支梁桥上部结构的施工技术。
（3）熟悉简支梁桥上部结构的施工组织管理。
（4）了解简支梁桥上部结构施工的前沿技术。

能力目标

（1）学会简支梁桥上部结构的施工组织管理。
（2）学会相关图纸文件的编制。

素养目标

（1）培养学生规范意识，能遵守国家法律法规、国家和行业的相关规范，作风严谨。
（2）培养学生团结协作精神，可以互相帮助、共同学习、共同达成目标。
（3）培养学生劳动精神，吃苦耐劳，勇于开拓，积极进取的精神。

任务一 预制场建设及 T 梁预制

【任务认知】

任务描述

预制场虽属于临时工程，但其质量会严重影响 T 梁的质量和效率，因此在建设过程中必须加以重视。T 梁预制工序繁多，其安装又是高空作业，所以其质量管理和安全管理将是 T 梁施工的重点。

预制场建设及 T 梁预制

课时计划

本任务课时分配见表 4.1.1。

表 4.1.1 课时分配

任务内容	参考课时 理论	参考课时 实践	参考课时 合计	教学重点
预制场建设及 T 梁预制	1	1	2	T 梁预制

【理论知识】

预应力混凝土 T 梁设计跨径为 30 m。采用长线台座法集中预制,后张法活塞式灰浆泵真空压浆施工工艺,自制运梁平板车轨道运输,双导梁架桥机架梁。

1. 场地平整、硬化与排水设施形成

预制场地首先要进行平整,然后用压路机压实,压实度按不小于 90%控制,对于比较软弱达不到压实要求的部分,还要进行处理,如图 4.1.1、图 4.1.2 所示。

图 4.1.1 软弱部分处理　　图 4.1.2 预制场地碾压

场地全部采用 20 cm 水稳层+20 cm 厚 C25 混凝土结构硬化。钢筋加工搭设采用全封闭彩钢遮雨棚,同时布置完善、合理的排水系统。便道一侧设排水沟引至场地以外,以保证便道排水畅通,如图 4.1.3、图 4.1.4 所示。

图 4.1.3 预制场硬化　　图 4.1.4 预制场生产污水处理设施

2. 预制台座与存梁台座建设

首先填筑台尾路基，填筑至路面标高以下 1 m，然后用压路机对台座区域及存梁场区域的路基进行充分压实，压实度达到 95%及以上。然后对各个预制台座的梁端支点处以及贮梁场支点处开挖深 80 cm，宽超过支点作用区域 50 cm 的坑槽，中段开挖深 40 cm 的坑槽，然后浇筑 C20 号片石混凝土。台座地基形成后，放样设置台座，采用 C50 混凝土掺适量磨石浇筑。台座施工时应在支座吊装钢绳位置设置一活动板，在吊运 T 梁时抽出活动板，套上钢绳移运 T 梁。台座顶面按设计要求的二次抛物线设置反拱，其误差不得超过 2 mm。为保证梁板线形，应在底座边沿埋设 L50 角钢，混凝土强度达到 100%时用磨光机抛光，平整度≤1 mm，以保证梁板底面的平整光洁。经监理工程师检查验收后涂抹模板漆，以防止槽钢生锈。台座建好后在整个预制 T 梁区域浇筑一层 15 cm 厚 C15 混凝土，整个混凝土顶面平整度不得超过 10 mm（图 4.1.5）。

图 4.1.5 T 梁预制场台座及模板

3. 龙门吊布置

1）龙门吊基础

严格控制龙门吊基础标高，轨道纵向坡度不得大于 1.5%。基础混凝土预埋专用道钉螺栓，间距 1 m 对称布置。在混凝土面上定出钢轨位置，安装钢轨，根据气温情况预留轨缝为 4～6 mm，采用专用道钉将短轨固定在混凝土基座上，轨道连接采用专用鱼尾板连接。

2）龙门吊钢轨布设

放出两行平行钢轨，支垫平衡。

轨道满足以下要求：

① 接头间隙偏差：1～2 mm。
② 横移位移和高度偏差：≤1 mm。
③ 轨距偏差：轨道长度≤21 m 时，轨道中线间距误差≤±5 mm。
④ 轨道混凝土表面高低偏差＜15 mm。

两轨道端头安装终端限位装置和制动挡板，防止起重机脱轨事故的发生。

行走小车采用厂家定制，设计承重 80 t。轨道基础采用开挖扩大基础并浇筑 C20 片石混凝土。

4. 试吊

1）龙门吊拼装

严格按照产品说明按顺序安装，安装由专业技术人员完成，安装过程中由安全负责人现场指挥监督（图4.1.6）。

图 4.1.6　预制场龙门架形成

2）验收

试机前，全面检查电动机的转向是否符合要求，两支腿上的电机减速机转向是否相同。调整好刹车，检查各减速机的油量是否充足，各转动齿轮部位上加上润滑脂。对龙门吊各部进行一次全面检查，确认均安装稳固后试车，模拟龙门吊使用中的各个动作进行运行，跟踪检查，发现问题及时处理。处理无误后，试车运转。

（1）空载试验。

将小车和大车行走机构沿各自轨道行走数次，车轮无明显打滑现象，启动刹车正常可靠。小车架上的缓冲器与主梁上的碰头位置正确。

开动起升机构，空钩升降数次，观察钢丝绳走线是否正确，是否碰到其他构件。

把小车开到跨中，大车慢速沿轨道全长来回行走几次，检查启动、刹车情况，运行是否平衡。

（2）额定荷载试验。

空载试验完全可靠的前提下进行额定荷载试验。试吊进行垂直升降，共分以下3次进行：

① 起吊10 cm高，检查起重设备各部分有无异常情况后松下。

② 起吊50 cm高，落下30 cm，停5 min再落下。

③ 起吊1 m高，每松下20 cm后停3 min，共停4次后落下。

将重物吊起1.5 m高，电动葫芦运行全过程，检查电动葫芦走行机构制动情况。当电动葫芦走至横梁跨中时，测量跨中挠度，当梁落下后，再测量跨中挠度；当电动葫芦走至横梁悬臂最大位置，测量跨中和悬臂挠度，当梁落下后，再测量跨中挠度和悬臂挠度，测量3次，检查是否产生永久变形。

（3）110%额载的动载试验。

① 在额载试验完全可靠的前提下进行110%额载的动载试验。

②加 10%的额载重物在试吊梁上荷载均匀分布。

③试吊垂直升降一次，检查起升机构是否运行可靠及横梁跨中挠度或悬臂端挠度。

④将试吊重物起吊 1.5 m，电动葫芦在横梁上运行一个行程，观测横梁跨中挠度或悬臂挠度变化，检查是否有永久变形。

（4）125%额载的静载试验。

①在 110%额载的动载试验完全可靠的前提下进行 125%额载的静载试验。

②将两电动葫芦停上横梁跨中位置处，将试吊物起吊 1.5 m，观测横梁跨中挠度。

龙门吊首先由项目部组织技术、安全、操作等人员共同检查验收，再申报相关安全部门、驻地办、总监办进行验收签证，并取得相关部门有效的合格使用证件后投入使用。

5. 模板安装

1）模板制作

T 梁模板由面板、肋板和背楞组成，为了增大局部刚度和减小局部焊接变形，选择 5 mm 厚优质 A3 钢板作面板；为增大整体刚度，选用 12 号槽钢作背楞，组焊成整体框架。选用∠50 角钢作肋板。肋板必须满足面板的局部承压刚度。背楞和肋板所组成的刚性平面网格尺寸一般控制在 30 cm ×（40～50）cm。

2）模板安装

为防止漏浆，模板安装之前首先在台座槽钢两边粘贴 3 mm 厚泡沫或橡胶条，每块模板接缝处也粘贴，模板安装前应将表面的杂物清除干净，然后在钢模板上均匀涂抹一层脱模剂，并用干净毛巾将面板上多余油擦掉，以保持模板表面光洁，并放样确定横隔板位置。模板安装采用电动葫芦提升到位安装、支撑。为防止混凝土浇筑时模板变形，在底座、顶面用拉杆外加 PVC 塑料管或钢管外套连接。调整间距确保梁的垂直度、梁的长、宽、高，使之满足设计几何尺寸要求。

6. 钢筋制作安装

1）钢筋验收

按施工设计图进行钢筋计划组织进场，进场后的钢筋首先分规格，按规范规定频率对其进行抽样检查，符合要求后才允许使用。钢筋制作时首先将钢筋调直，清除污锈，按照设计图纸尺寸下料制作钢筋，所有制作好的钢筋应满足设计图纸及施工规范要求，并分类编号、挂牌、堆码。钢筋的加工、制作及验收如图 4.1.7～图 4.1.8 所示。

2）钢筋安装

采取在底座上直接安装肋板及横隔板钢筋的方式，顶板钢筋及预埋件在模板安装好后进行绑扎（图 4.1.9）及埋置，钢筋及预埋件应按设计图纸所要求的平面、立面位置准确无误地安装到位。

图 4.1.7　钢筋加工数控平台　　　　　图 4.1.8　梁肋钢筋验收

图 4.1.9　梁肋钢筋绑扎

7. 预应力管道安装

首先熟悉施工图纸,掌握各种型号束的长度(包括工作长度)、编号、根数等资料,并书面通知张拉组。在下料前应平整场地,用钢尺把需下料的长度标在地面上并复核,确保万无一失的前提下才能开始下料。采用砂轮切割机进行切割,每一束完成后,应用梳形板从一端往另一端理顺直,每 80 cm 用圆丝绑扎成捆,一端用黑胶布捆扎好便于穿束。制作好的束应挂牌、编号,并且堆码好,不要碾压、雨淋,保持束表面无锈和其他杂质。

预应力束的安装应待肋板钢筋就位后,边穿塑料波纹管边穿束,并且把每根波纹管接头用胶布包好,防止漏浆。按照设计图纸坐标用钢筋在变坡点或每隔 1 m 处上、下、左、右(或井型)点焊,将波纹管固定牢固。端头部位将预应力束锚下按照坐标用螺栓固定在端头板上,并在后面用钢筋撑牢,确保锚点位置不变位。预制梁钢筋制作及安装如图 4.1.10 所示,模板安装如图 4.1.11 所示。

图 4.1.10　预制梁钢筋制作及安装　　　　　图 4.1.11　模板安装

8. 混凝土浇筑、养护

钢筋绑扎完成，模板安装到位并经监理工程师签字认可即可进行混凝土灌注。混凝土灌注之前须对 T 梁混凝土进行专门的配合比设计及弹性模量测定。为加快底座周转，T 梁混凝土应加入适量的早强剂。混凝土进料通过微机配料及时控制进水量。混凝土搅拌时间必须大于 3 min。利用混凝土罐车从拌和站运至浇筑 T 梁处，再利用龙门架的电动葫芦横移吊至浇筑处。

T 梁混凝土入模须分层一次浇筑完成，T 梁混凝土浇筑共分三层，第一层到下马蹄，第二层到上马蹄，第三层为顶板，每层浇筑从梁板一端到另一端，且一、二、三层之间交叠施工，呈台阶状前进，最后在梁的另一端收尾。混凝土浇筑如图 4.1.12 所示。混凝土振捣利用 50 mm 插入式振动棒与模板外侧上安装的附着式振动器相结合完成，振动应注意使混凝土气泡充分排出，使其外观光洁。混凝土浇筑完成后要及时对梁板顶面进行拉毛，及时养护防止梁板开裂。冬季气温较低，为保证质量，用篷布覆盖顶面及四周进行蒸汽养护，如图 4.1.13 所示。混凝土凿毛如图 4.1.14 所示。

图 4.1.12　混凝土浇筑　　　　图 4.1.13　混凝土养护

图 4.1.14　混凝土凿毛

为保证梁板的内在和外观质量，施工中要注意以下几点：
（1）加强原材料控制，保证砂石、水泥等各项指标均符合要求。
（2）严格控制混凝土配制计量工作，每次混凝土施工时配合比挂牌，现场设专人负责。
（3）严格控制混凝土搅拌时间，保证所输出混凝土的和易性。
（4）控制好混凝土的坍落度，防止混凝土坍落度过大或过小，不利混凝土入模振捣。
（5）由经验丰富的混凝土工进行混凝土振捣，防止漏浆、过振或振捣不足，杜绝蜂窝、麻面现象。

（6）混凝土浇筑过程中注意振动棒的插入位置，确保不靠近预应力管道。

9. 张拉、压浆

张拉前对梁的外观尺寸、锚垫板位置及孔道内杂物等进行清理检查。混凝土强度达到设计张拉强度后，进行张拉。张拉顺序严格按设计规定的张拉顺序张拉钢绞线。张拉时应左右对称，最大不平衡束不超过一束。智能张拉如图4.1.15所示。

图 4.1.15　智能张拉

张拉时，两端千斤顶升降压、划线及测量伸长值等工作一致。张拉控制以张拉力和伸长值双向控制，以张拉力控制为主，伸长值为校核。当张拉控制应力达到稳定，并确认伸长、滑丝等合格后，方能进行锚固。锚固后用砂轮切割机切割多余长度。

张拉程序为：$0 \rightarrow 0.1\sigma_k$（作伸长量标记，$\sigma_k$为预应力筋的张拉控制应力）→设计值（持荷3 min，测伸长值）→锚固（张拉顶油压回0，测量总回缩量及夹片外露量）。

张拉全部完成后，在24 h内进行孔道压浆，以防止预应力筋锈蚀或松弛。压浆由一端压入，当另一端溢出的稀浆变成浓浆时，关闭出浆口继续压浆，保持1 min，关闭压浆阀，等水泥浆终凝后，再拆卸压浆阀，最后进行封锚及封端。

【知识应用】

分组检查箱梁结构尺寸，并用Revit 2020软件绘制，评分标准见表4.1.2。

表 4.1.2　评分标准

序号	实训内容	配分	评分标准	扣分	得分
1	点名，作业人数	10	小组点名，根据考勤情况打分。若缺勤，则得分为零		
2	分组讨论并阐述观点	90	观点阐述无误，得分为观点正确率×90分基础分，计算结果保留至小数点后两位		
			合计		

【综合评价】

综合评价见表 4.1.3。

表 4.1.3　综合评价

任务名称			班级	
课次			组别	
模块	评价内容		配分	得　分
知识	T 梁的构造		10	
	T 梁的质量控制要点		10	
技能	准备工作		15	
	现场管理		15	
	管理文件编制		10	
素质	数据分析能力		5	
	信息检索能力		5	
	综合分析能力		5	
	学习态度		5	
	专注力		5	
	动手能力		5	
	团队合作参与度		5	
	职业素养		5	
本任务综合评分				
前任务综合评分				
同比增长幅度/%				
备注				

【知识拓展】

1. 预制场选址

预制场尽量设置在距离起吊近并且方便运输梁的地方，并全面考虑桥跨与梁型布置、工期、架设时间和速度、地质状况等。预制场位置尽量与既有公路或施工便道相连，利于制梁设备和大量材料运输进场。同时方便用水、用电等配套设施建设。同时考虑防洪排涝，确保雨季施工安全。

吊装系统分为主吊和辅吊两大系统，主吊用于 T 梁的吊移和提升，辅吊用于 T 梁模板安拆、混凝土浇筑、张拉设备运输等。

2. 预制场场地规划

1）预制场整体规划

预制场设置 T 梁生产区、T 梁存放区、混凝土拌和区、钢筋加工区等五个功能区。

2）梁生产区规划

T 梁预制台座 7 座，并设置 16 个存梁台座。

T 梁顶板及底腹板钢筋绑扎胎具 3 个，设置钢筋原材料存放场 1 处，钢筋加工场 1 处，钢筋半成品存放场 1 处，配电房 1 处。

存梁台座枕梁设在不影响 T 梁吊装的位置。枕梁采用 C25 混凝土浇筑，存梁台座枕梁配设钢筋。存梁台座上部采用非刚性材料支垫。混凝土拌和区设置混凝土搅拌站 1 座，料棚 4 个，分备料区、待检区和合格区。

3）运梁通道

龙门架轨道直接通至存梁区，该处正处于龙门架下方，可以直接起吊。

4）拌和站

搅拌站主机出料容量按实际生产的 40%（考虑现场施工占用）计算，每小时搅拌主机能出 72 m^3，满足两片 T 梁同时施工需要。

5）砂石料场

设 4 个料棚，每个料棚分为备料区、待检区、已检区，场地处理采用换填 50 cm 厚碎砖+20 cm 厚 C20 混凝土，利用砖砌墙体作为隔仓，分类存放砂石料。

为保证砂、石含水率的稳定及检验合格后砂、石料不受污染，检验合格区与其他区隔离。

6）运输道路规划

在预制场西南侧修建一条道路与进场道路相接，作为砂石料、水泥、钢筋等主材进场道路，道路宽 7 m，采用 50 cm 厚碎砖层压实+25 cm 厚 C30 混凝土路面；预制场其他区域采用 15 cm 厚的 C20 混凝土进行硬化处理。

7）施工用水方案

梁场内施工用水从桥位下河流抽取，修建一座 20 m^3 蓄水池，并配备 5 m^3 压力罐一个。

生产用水供水管路从蓄水池铺设主管进入制梁区，再在主管路上接支管分别进入各单元。主供水管径采用 ϕ100 的钢管，以满足施工生产、生活用水的需要，主供水管路全部采用暗管供水，埋深不小于 1.5 m。

8）施工排水方案

全场设两条东西向排水沟，第一条为预制区制梁台座纵向汇集到存梁台位后，再横向排至场外。第二条为预制区钢筋存放加工绑扎区、警卫用房、预制区制梁台座汇集到存梁台位后，与第一条排水沟交汇再横向排至场外。所有生产及生活污水经处理后再排放到河流中，以减小对环境的污染。

9）施工用电方案

梁场施工用电以地方电为主，自发电为辅。结合梁场的地理位置、用电量及电源情况，项目部在梁场设置 600 kV·A 变压器一台，并备用 150 kW 的发电机 1 台。严格按照经总监办批复的临时用电方案进行施工。

预制梁场所有电缆均通过专用电缆沟敷设在地下，根据梁场不同区域的用电量大小，布置各种型号的配电柜。

场区内 T 梁预制实行 24 h 作业，因此夜间照明设施非常重要。在拌和站筒仓顶部设置镝灯，进行大范围照明；龙门吊和电动葫芦下部均有独立的照明系统，满足夜间施工作业要求。

10）模板

根据以往的施工经验，T 梁混凝土浇筑后，在常温下 24 h 后便可以拆除模板，满足工期要求。

11）养生措施

自动淋喷养生系统包括存水池、压力泵、压力存水罐、主出水管、支出水管、淋喷头，以及养生棚。场内水管预置在排水沟底部。养护管道布置时避免破坏，主管路埋置在纵向和横向排水沟底部；每排台座一端布置自动淋喷养生支管路，每个台座端部安装两个三通，作为淋喷管的接头。淋喷管采用塑料管，悬挂在梁板两侧的钢筋上。淋喷管上安装两排喷头，一排喷顶板一排喷侧面。喷头间距 0.4 m，确保梁片的每个部位均能养生到位。

12）钢筋绑扎胎具

根据工期需要，全场共设置 T 梁顶板及底腹板钢筋绑扎胎具 3 个。

3. T 梁质量控制要点及验收办法

1）基本要求

（1）所用的水泥、砂、石、水、外掺剂及混合材料的质量和规格必须符合有关规范的要求，按规定的配合比施工。

（2）梁（板）不得出现露筋和空洞现象。

（3）空心板采用胶囊施工时，应采取有效措施防止胶囊上浮。

（4）梁（板）在吊移出预制底座时，混凝土的强度不得低于设计所要求的吊装强度；梁（板）在安装时，支承结构（墩台、盖梁、垫石）的强度应符合设计要求。

（5）梁（板）安装前，墩、台支座垫板必须稳固。

（6）梁（板）就位后，梁两端支座应对位，梁（板）底与支座以及支座底与垫石顶须密贴，否则应重新安装。

（7）两梁（板）之间接缝填充材料的规格和强度应符合设计要求。

2）实测项目

梁（板）预制实测项目见表 4.1.4。

表 4.1.4　梁（板）预制实测项目

项次	检查项目			规定值或允许偏差	检查方法和频率	权值
1	混凝土强度/MPa			在标准允许范围内	按《公路工程质量检验评定标准 第一册 土建工程》（JTG F80/1—2017）附录 D 检查	3
2	梁（板）长度/mm			+15，-10	尺量，每梁（板）	1
3	宽度/mm	干接缝（梁翼缘、板）		±10	尺量，检查 3 处	1
		湿接缝（梁翼缘、板）		±20		
		箱梁	顶宽	±30		
			底宽	±20		
4	高度/mm	梁、板		±5	尺量，检查 2 处	1
		箱梁		+0，-5		
5	断面尺寸/mm	顶板厚		+5，-0	尺量，检查 3 个断面	2
		底板厚				
		腹板或梁肋				
6	平整度/mm			5	2 m 直尺，每侧面每梁长测 1 处	1
7	横系梁及预埋件位置/mm			5	尺量，每件	1

3）外观鉴定

（1）混凝土表面平整，色泽一致，无明显施工接缝。若不符合要求，扣 1~3 分。

（2）混凝土表面不得出现蜂窝麻面，如出现必须修整，并扣 1~4 分。

（3）混凝土表面出现非受力裂缝，扣 1~3 分。裂缝宽度超过设计规定或设计未规定时超过 0.15 mm 必须处理。

（4）封锚混凝土应密实、平整，不符合要求时扣 2~4 分。

（5）梁、板的填缝应平整密实，不符合要求时扣 1~3 分。

任务二　T梁安装

【任务认知】

任务描述

T梁预制完成后，经过运梁平车运至现场，通过架桥机进行安装。T梁安装既是高空作业，又是机械作业，因此其安全管理更要加以重视。

预制T梁安装

课时计划

本任务课时分配见表4.2.1。

表 4.2.1　课时分配

任务内容	参考课时			教学重点
	理论	实践	合计	
T梁安装	1	1	2	T梁安装安全管理

【理论知识】

1. T梁就位

梁板安装采用架桥机（图4.2.1）进行施工。在安装前，必须检查梁板的外形尺寸和预埋件位置，并检查墩台支承面的标高、平整度及横向坡度是否符合设计要求，否则应修凿平整。其误差不得大于设计图纸及规范要求。同时应在墩台上面准确放样，确定出每个支座中心的详细位置。支座中心线应尽可能与主梁中线重合，保证安装精度，水平位置偏差最大不得大于2 mm，同时要保证有足够的伸缩缝位置，并保证伸缩缝处各种预埋件的安装。支座安装前应全面检查支座产品合格书中有关技术性能指标，不符合设计要求的不能使用，同时应将支座支垫处和梁底清理干净。

图 4.2.1　架桥机

梁板在运移、吊装前除混凝土强度必须达到设计规定强度外，支点和吊点必须在设计文件要求的范围内，吊绳与梁的夹角要大于 60°，以避免钢绳张力过大而发生危险。安装梁时应先预制再吊装，编号应用红油漆在梁板端头标记，并注明左、右、边、中梁。待梁板混凝土达到设计要求强度后，即可使用架桥机安装梁板。

梁板具体吊装方法见如下：

（1）在桥面上利用吊车将架桥机拼装完成好后，将架桥机上部两起重小车并列置于架桥机前端托滚顶面，并一直保持在此位置，将两托滚支承于桥架前端下部轨道上。

（2）顶起桥架尾部，将转向车平面旋转至与纵向方向一致。

（3）将两根横移轨道一前一后各悬挂一节于桥架上，随架桥机一道过孔，待过孔完成后，再用起重小车把剩余轨道梁吊运过孔就位。

（4）铺好一条 2.5 m 轨距的路轨，要求误差不大于 5 mm，且两根钢轨受力点必须在 T 梁的梁肋上行走。

（5）将两导向托滚安放在桥墩台、梁头或桥墩支垫上，托住两桥架前端。

（6）收起升降支腿。

（7）将架桥机悬臂滑移 15 m 后再将运梁平车（载有一片 T 梁）与桥架尾部连接口连接好。

（8）以上工作完成后，由一人操作即可将架桥机悬挑过孔。

（9）当架桥机过孔到对面桥墩后，将前横移轨道落在桥墩上，垫好后降下支腿，将下横梁转向轮落在横移轨道上。

（10）解除配重梁，顶升架桥机后部，将后横移梁垫好，放置于桥架下，转向轮平面旋转，落在后横移轨道上。检查两横移轨道是否平行，空车在横移轨道上试车可行后，即可进入下道工序。

2. 湿接缝混凝土浇筑

湿接缝施工采用挂模施工，凿毛、冲洗翼缘接缝、安模、绑扎钢筋、浇混凝土、拉毛、养护。湿接缝混凝土强度达到设计强度后，采取适当压力扩散措施才能在其上运梁及通过其他施工荷载。

【知识应用】

分组讨论 T 梁安装安全管理要点，并进行阐述，评分标准见表 4.2.2。

表 4.2.2　评分标准

序号	实训内容	配分	评分标准	扣分	得分
1	点名，作业人数	10	小组点名，根据考勤情况打分。若缺勤，则得分为零		
2	分组讨论并阐述观点	90	观点阐述无误，得分为观点正确率×90 分基础分，计算结果保留至小数点后两位		
			合计		

【综合评价】

综合评价见表 4.2.3。

表 4.2.3　综合评价

任务名称		班级	
课次		组别	

模块	评价内容	配分	得　分
知识	T 梁安装施工工艺	10	
	T 梁安装安全管理	10	
技能	准备工作	15	
	现场管理	15	
	管理文件编制	10	
素质	数据分析能力	5	
	信息检索能力	5	
	综合分析能力	5	
	学习态度	5	
	专注力	5	
	动手能力	5	
	团队合作参与度	5	
	职业素养	5	

本任务综合评分	
前任务综合评分	
同比增长幅度/%	
备注	

【知识拓展】

T 梁安装质量控制要点及验收办法如下。

1. 基本要求

（1）所用的水泥、砂、石、水、外掺剂及混合材料的质量和规格必须符合有关规范的要求，并按规定的配合比施工。

（2）梁（板）不得出现露筋和空洞现象。

（3）空心板采用胶囊施工时，应采取有效措施防止胶囊上浮。

（4）梁（板）在吊移出预制底座时，混凝土的强度不得低于设计所要求的吊装强度；梁（板）在安装时，支承结构（墩台、盖梁、垫石）的强度应符合设计要求。

（5）梁（板）安装前，墩、台支座垫板必须稳固。

（6）梁（板）就位后，梁两端支座应对位，梁（板）底与支座以及支座底与垫石顶须密贴，否则应重新安装。

（7）两梁（板）之间接缝填充材料的规格和强度应符合设计要求。

2. 实测项目

梁（板）安装实测项目见表 4.2.4。

表 4.2.4　梁（板）安装实测项目

项次	检查项目		规定值或允许偏差	检查方法和频率	权值
1	支座中心偏位/mm	梁	5	尺量，每孔抽查 4~6 个支座	3
		板	10		
2	倾斜度		1.2%	吊垂线，每孔检查 3 片梁	2
3	梁（板）顶面纵向高程/mm		+8，-5	水准仪，抽查每孔 2 片，每片 3 点	2
4	相邻梁（板）顶面高差/mm		8	尺量，每相邻梁（板）	1

3. 外观鉴定

（1）混凝土表面平整，色泽一致，无明显施工接缝，不符合要求时扣 1~3 分。

（2）混凝土表面不得出现蜂窝麻面，不符合时必须修整，并扣 1~4 分。

（3）混凝土表面出现非受力裂缝，扣 1~3 分。裂缝宽度超过设计规定或设计未规定时超过 0.15 mm 的必须处理。

（4）封锚混凝土应密实、平整，不符合要求时扣 2~4 分。

（5）梁、板的填缝应平整密实，不符合要求时扣 1~3 分。

任务三 桥面系施工

【任务认知】

任务描述

桥面系施工主要包括桥面铺装、桥面防水、栏杆、伸缩缝的施工。桥面系对桥梁的排水、使用和寿命都起着重要的作用。

课时计划

本任务课时分配见表 4.3.1。

表 4.3.1 课时分配

任务内容	参考课时			教学重点
	理论	实践	合计	
桥面系施工	1	1	2	桥面防水

【理论知识】

1. 桥面铺装施工

桥面铺装施工的关键是控制桥面铺装顶面高程以及桥面铺装与底层混凝土的良好结合。因此，在浇筑 T 梁时，要求顶面应全面划毛，以保证顶面粗糙。

2. 施工准备工作

浇筑混凝土前，主梁顶面应清洗干净，按设计要求铺设桥面钢筋网。施工前，必须进行精确放样定位测量放线，根据施工图纸所提供的防撞栏杆人行道位置及标高和桥面坡度，用全站仪放出防撞栏杆底座灰线图，并标出各控制点的标高，以便装模和控制混凝土浇筑高度。

在气温稳定时（20 ℃ 左右）复测主梁顶面标高。布设 3 m×3 m 网格进行复测，形成顺桥向 5 列的测点。如果测得的铺装层的最小厚度不能满足设计要求，对于局部区域的，可以对原结构混凝土进行凿打；若是大面积区域的，则需调整设计标高，但应征得设计院和监理工程师的同意。

3. 桥面钢筋网片绑扎

钢筋在钢筋加工场预先绑扎完成，再用车或者塔吊吊至施工现场，施工时要求横平竖直，间距准确。

4. 模板安装

为保证桥面的平整度，采用分幅施工方法，分 2 幅浇筑。用槽钢作模板，钢筋绑扎好后，利用冲击钻打眼埋设钢筋来固定槽钢，要控制好槽钢的线形及高程。

5. 桥面沥青混凝土施工

在沥青混凝土桥面施工中，存在下承层桥面混凝土的标高不符合要求、凹凸不平、平整度差等问题，且很容易将这些问题传递给上面的沥青混凝土面层，造成平整度和厚度不符合要求。桥面伸缩缝较多，若伸缩缝处理不好，伸缩缝的凹凸也有可能传递到伸缩缝之外的沥青混凝土路面，出现平整度不合格。桥面施工的安全性要求必须限制压路机的振压，避免对桥梁造成损坏，但这样就可能出现压实度不符合要求等问题。

桥面沥青混合料设计为：中面层为 AC-20C 中粒式沥青混凝土，厚度为 5 cm；上面层为 SMA-20 中粒式沥青混凝土，厚度为 4 cm。

1）下承层准备

（1）拉坡。

在桥面施工之前，首先对桥面进行全面检测，引桥按每 5 m 一个断面，主桥按现浇时每个节块一个断面，每个断面检测 3 个点。若检测结果为引桥实测标高与理论标高基本吻合，个别超限，则进行局部处理，不进行拉坡。若主桥的实测标高与理论标高偏差较大，且偏差的点数较多，为满足桥面沥青铺装层厚度和行车舒适性的要求，在不增加自重的情况下，对桥面标高进行局部调整。在原设计基础上，可通过调整坡率进行调整。

（2）伸缩缝的处理。

在铺筑沥青中面层前，对全桥伸缩缝的预留槽进行处理。方法为：先用人工掏净预留槽内的杂物，用加工的木条填塞缝隙，然后用碎石回填距桥面 10 cm 处，再用中间面层混合料回填到高出桥面 5 mm 左右处，用双钢轮压路机碾压密实。在每个结构层铺筑之前，需对伸缩缝进行检查，若有局部凹陷甚至塌陷的地方，用 6 m 直尺进行检查，画出不合格的地方，人工切除后，重新用沥青混合料回填碾压。

（3）桥面防水黏结层的施工。

必须将原桥面（含搭板）上的缝隙处的泥土、水泥浮浆、油污等清除干净，用斧式、凿式小钢凿凿除尖锐实物，磨掉钢筋头，凿平明显凹凸不平和强度不高的混凝土。然后用滚筒式电动钢丝刷全面清刷桥面，再用高压森林灭火吹风机全桥面吹扫浮尘。

桥面防水黏层采用桥面专用防水黏层涂料，按两遍喷涂。第一遍涂刷的稠度稍小一些，使其具有一定的渗透性，第二遍则稍稠些。应在每一遍喷涂表面干后进行，且喷涂前应再次使用高压森林灭火吹风机吹走灰尘。严格控制喷涂层的总厚度（0.5～0.6 mm）和均匀厚度，不得有流淌、油梗。

（4）找平层施工。

用八轮平整度仪进行全桥检查，引桥标准差平均值为 2.41 mm，标准差最大值为 2.81 mm，标准差最小值为 1.93 mm，主桥标准差平均值为 3.69 mm，标准差最大值为 4.06 mm，标准差最小值为 3.21 mm。

施工方面投入的主要机械设备见表4.3.2。

表4.3.2　主要机械设备

序号	名称	单位	数量
1	间歇式沥青混合料搅拌设备	台	1
2	摊铺机	台	2
3	装载机	台	6
4	自卸运输车	辆	18
5	双钢轮压路机	台	3
6	双钢轮双振压路机	台	1
7	胶轮压路机	台	1
8	小型铣刨机	台	1
9	切割机	台	1

2）沥青混合料的拌制

根据目标配合比拌和机进行生产配合比设计，确定矿料的生产配合比和相应的最佳沥青用量。同时对按生产配合比拌制的沥青混合料的各项性能指标进行检测，要求符合各项指标。按生产配合比设计确定的矿料级配及沥青用量拌制沥青混合料，进行试拌、试铺和混合料性能试验，验证其适应性。

分别对拌和机进行冷拌、热拌和温度的重新标定，确保拌和机计量系统的准确性。

通过沥青的黏湿关系确定沥青混合料的施工温度，即以黏度（0.17±0.02）Pa·s时的等黏温度作为拌和温度，以（0.28±0.03）Pa·s等黏温度作为压实温度进行控制。改性沥青的加热温度不应超过175 ℃，集料的加热温度要达到200 ℃或通过试拌确定，改性沥青的混合料出厂温度不应超过190 ℃。

拌和时间以沥青混合料搅拌均匀、所有矿料颗粒全部裹覆沥青为宜，并通过试拌确定。一般情况下，每缸拌和时间宜为35～50 s（设计充盈率为55%～65%时），其中干拌时间不得少于5 s。

分别设专职沥青料的拌制盯岗和混合料的检验盯岗，在拌和生产的过程中，随时注意监控各项仪表数据，观察各类机械的工作状态和出厂混合料的颜色形态，发现异常应及时进行调整。

3）沥青混合料的运输

沥青混合料的运输能力，应较拌和能力有所富余，保证连续进行的摊铺机前有适当数量的车辆等候卸车。开始摊铺时，现场待卸车辆不宜少于5 辆，尽量采用大吨位运输车。大吨位运输车具有更好的可靠性。

运料车在出料口装料时，按照前、后、中顺序往返挪动车位，不得堆高，以减少粗细集料离析。为此，在车道旁边设固定鲜明的标志，便于司机控制车位。

为了防止混合料运输车在桥上掉头而对桥面混凝土的破坏，每隔500 m在桥面设置一运输车接头处，长度为30 m左右，铺垫2层麻袋，麻袋宽度在30 cm以上。

为了尽量降低运输车荷载对路面平整度、厚度、高程等的影响，施工时除卸料车在摊铺机在同一跨外，其余等待卸料车辆不允许与摊铺机在同一跨等候摊铺。主桥施工时等待卸料的车不允许与摊铺机在同一联内。

4）沥青混合料的摊铺

桥面铺装的中面层采用在两侧防撞墙上挂支架并放钢绞线作为高程控制导线。2台摊铺机成梯队作业进行摊铺，前后两台摊铺机宜相隔10 m、20 m。两台摊铺机的熨平板的宽度不应相差过大，并相互重叠 5~10 cm。桥面铺装的上面层采用1台摊铺机全部铺筑，用平衡梁滑橇和摊铺机自身的功能控制，使厚度、横坡度和平整度达到要求。

沥青混合料必须匀速、连续不断地摊铺，尤其表面施工更为严格，中面层的摊铺厚度速度控制在 2.5~3 m/min，上面层的摊铺厚度速度控制在 2.1~2.5 m/min，严禁根据摊铺机前料车多少灵活控制摊铺速度。

为了防止共振对桥梁的破坏，对摊铺机、压路机的振动频率进行明确规定和登记，且必须严格执行。在高频低幅的原则下，所有机械不允许采用相同频率，至少差别在 3 Hz。另外每一跨内，压路机不允许超过两台。

在铺筑的过程中，适当提高熨平板和夯锤的振动频率，以提高铺筑层的初始压实度，减小初始时产生的推移。当然，若震动频率提得太高，使摊铺机的负荷太大，摊铺机容易损坏，振捣频率一般控制在 5 Hz 左右较合适。

5）沥青混合料的碾压

根据沥青混合料的类型结合初压、复压、终压的不同作用，综合采用表4.3.3 所示的压路机组合。

表 4.3.3　压路机组合和遍数

碾压流程	压路机类型	型号	碾压遍数	碾压速度/（m/min）
初压	双驱钢轮压路机	HD130	1	静压，2~3
复压	双钢轮压路机	HD130	1	碾压，3~4.5
	双钢轮双振路机	YZC30	2	碾压，3~5
	胶轮压路机	XP261	1	4~6
终压	双钢轮压路机	HD130	1	静压，4~6

初压选用双驱动钢轮压路机进行静压，以 2.5 km/h 慢速、稳定、均匀地碾压。

复压采用双驱双振双钢轮压路机配轮胎压路机，紧接初压之后进行碾压。双钢轮压路机的振动频率为 35~50 Hz，振幅为 0.6~0.8 mm，轮胎压路机的轮胎气压不得小于 0.5 MPa，相邻碾压带应重叠 1/3~1/2 的碾压轮宽度。对于上面层沥青混合料，在其不稳定温度区（93~115 ℃）以上压实。

终压采用双钢轮压路机紧接在复压后进行，达到无施工裂纹、无碾压痕迹的目的。振动压路机必须先行驶后起振、先停振后行驶。

6. 防撞栏杆安装

1) 施工工艺流程

定位放线→支外侧模板→钢筋及预埋件制作与安装→支内侧模板→浇筑混凝土→养护、拆模。

2) 主要施工方法

（1）模板及其支撑。

为保证防撞栏外观质量，防撞栏模板采用大块定型钢模板。钢模板事先进行设计，请专业厂家制作，并按设计要求严格验收。

为保证防撞墙混凝土表面平整光洁，面板接缝焊接处用砂轮打磨平整，安装时采用对拉螺杆连接，确保模板安装稳定，浇筑混凝土时不发生胀模和移位现象。模板底垫一层高标号的砂浆抹平，以严格控制模板标高，使护栏浇筑后线形美观，无明显的下垂和拱起。经监理工程师检查验收后进行混凝土浇筑。

（2）钢筋制作与安装。

调整已预埋的防撞栏主筋。安装水平纵向分布筋。安装并固定预埋件，确保预埋件位置准确。在钢筋外侧绑扎砂浆垫块，以保证保护层的厚度。

（3）浇筑防撞栏混凝土。

采用预制场现场拌制的混凝土，由搅拌车运输，用汽车吊配合浇筑，采用插入式振捣器振捣。混凝土的搅拌同预制梁。浇筑前，派专人对每车混凝土进行质量检验，包括坍落度、离析情况等，满足要求后才能投入使用，并预备试件以作强度检查。

采用水平分层连续浇筑法浇筑防撞栏混凝土，由专人统一指挥。用较慢速度浇筑，并用插入式振动器振捣密实，振动点间距不大于 50 cm。插入式振动器难以插入的个别部位，应用小铁条伸入补插。

防撞栏混凝土不应出现蜂窝、麻面，外表应平整、光洁、美观。

（4）混凝土养护。

混凝土终凝后，以麻袋覆盖并浇水养护，浇水次数以保持混凝土湿润状态为宜，养护时间为 7 d 以上。

护栏的检查项目见表 4.3.4。

表 4.3.4　护栏的检查项目

项次	检查项目	规定值或允许偏差	检查方法和频率
1	混凝土强度/MPa	在标准允许范围内	按《公路工程质量检验评定标准 第一册 土建工程》(JTG F80/1—2017) 附录 D 检查
2	平面偏位/mm	4	100 m 检查 3 处
3	断面尺寸/mm	±5	每 100 m 用尺量 3 个断面
4	竖直度/mm	4	每 100 m 用垂线检查 3 处
5	预埋件位置/mm	5	尺量，每件

注：当护栏长度小于 100 m 时，按长度 100 m 进行检查。

3）排水系统的安装

桥面排水系统要求能快速排出桥面的雨水，减小水流对行驶车辆的影响。排水系统要求外观简洁，桥面部分不影响行车。施工步骤如下：

（1）在桥面板施工时按设计要求预留泄水管安装孔，孔的尺寸要与落水管的尺寸一致，孔壁垂直。施工员要认真检查进水孔的尺寸，发现有不符合设计尺寸的要尽快凿除修整。

（2）按设计图，在墩柱施工时准确预置U形螺栓固定装置。U形螺栓固定装置的螺纹部分要用油纸包住，保护好螺纹。

（3）泄水管下料要准确，要保证弯头部分的尺寸，避免弯头部分发生翘曲。

（4）进水口栅栏应比桥面铺装略低（低1~2 cm），以利桥面收水。下端按设计要求和地面排水沟接顺。

7. 伸缩缝安装

1）准备工作

（1）铺筑桥面混凝土前（浇筑梁端混凝土时），按设计要求预留伸缩缝槽口，并埋设伸缩缝联结锚固钢筋。

（2）在伸缩缝预留槽底部梁缝上铺垫盖板（钢板或方木均可），并在预留槽口内填实砂石料，用麻袋装填。

（3）桥面混凝土浇筑要保持连续作业，在伸缩缝处不得停机，并要严格控制该范围内浇筑层表面的纵横向平整度，以免影响伸缩缝的安装与使用质量。

伸缩缝处桥面铺装如图4.3.1所示。

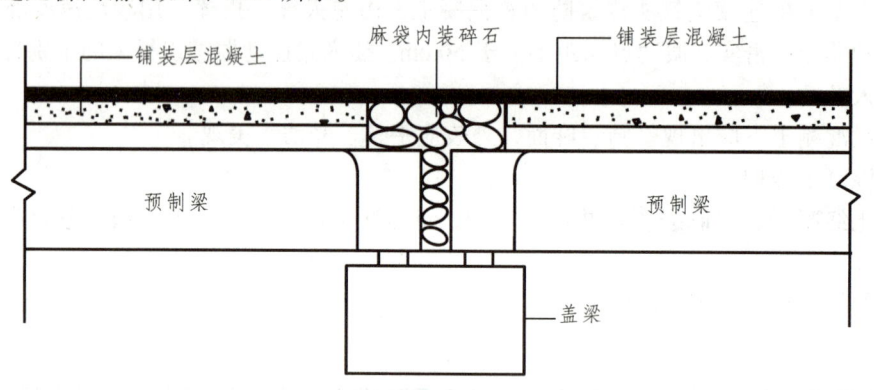

图4.3.1 伸缩缝处桥面铺装

2）切缝

（1）桥面混凝土施工完毕后，必须立即在伸缩缝中心位置处将桥面混凝土凿开，沟宽5~10 cm，以保证空心板能够自由伸缩。

（2）待桥面混凝土养护成型后，放出伸缩缝中线，量出伸缩缝水泥混凝土铺筑层边线，并据此画切割标线。

（3）用混凝土切缝机按标线位置切割桥面混凝土层，为保证切缝顺直，切缝机必须走专用轨道（图4.3.2）。

3）破除及清理伸缩缝范围内的混凝土及杂物

（1）用空压机配合人工清除切割线范围内的桥面混凝土及梁体端部多余的水泥混凝土和砂石、铺垫盖板等。破除厚度必须保证伸缩缝两侧待浇筑的混凝土厚度大于 10 cm，操作时要确保桥面混凝土断面的边角整齐。

（2）破除工作要彻底，严禁梁端之间连接混凝土。破除的各种杂物清理干净后，再用空压机吹走碎屑及尘土，然后用水车彻底冲洗。

图 4.3.2　切缝

4）伸缩缝安装及位置调整

（1）梁缝清洗完毕，人工配合吊车将"伸缩缝"多点吊装入位，然后用钢支架吊住伸缩缝，调整伸缩缝槽口处的预埋钢筋，使伸缩缝能够顺利就位。伸缩缝运至工地后，应选择平稳的场地存放，并进行适当覆盖，且不得碰撞，不得产生弯曲变形。施工时做好安全防护，吊装前应检查合格。

（2）伸缩缝的平面位置调整。横向位置调整应在其就位过程中完成，纵向位置调整采用拉线的办法。对单元伸缩缝，拉线应从 V 形橡胶条上口穿过，控制拉线两端与伸缩缝中心位置重合，防止伸缩缝左右扭偏。

（3）伸缩缝的平面位置调整正确后，在支撑架上用导链把伸缩缝吊起来，在梁端缝隙内填聚乙烯泡沫板，其高度应与伸缩缝底面高程齐平，并与预埋钢筋联结固定。伸缩缝底部 V 形橡胶条下面应用聚乙烯泡沫板填堵。

（4）将伸缩缝放回预留槽内，并检测平面位置是否正确，然后用支撑架上的导链调整高程，用 3 m 直尺沿横桥向控制伸缩缝顶面高程（测点沿横桥向每 2 m 各一个）。测点高程比伸缩缝两侧的沥青混凝土铺筑层低 1 mm 为宜。

（5）伸缩缝平面位置及高程调整正确后，用两台电焊机由中间向两端将伸缩缝的一侧与纵向预埋钢筋点焊定位。如果位置、高程有变化宜采取边调边焊。每个焊缝长度不小于 5 cm。点焊完毕后再加焊，点焊间距不小于 1 m 为宜。

（6）焊完一侧后，用气割解除锁定，并根据下列公式调整伸缩缝上口宽度 b。

$$b = 0.000\,1 \times L/2\,(T_{最高} - T_{安}) + 1.0 \tag{4.3.1}$$

式中：b——伸缩缝上口安装宽度，cm；

L——相邻两联梁长的平均值，cm；

$T_{最高}$——伸缩缝使用地区设计最高温度；

$T_{安}$——点焊伸缩缝与桥面预埋钢筋时的大气温度。

（7）上口宽度的调整需自制一种专用夹具，此夹具一侧可卡住伸缩缝的固定边，一侧顶丝能推动伸缩缝的活动边。上口宽度调整正确后，将活动边与锚固筋点焊固定，质量要求同上。

（8）全部点焊完毕后，应仔细检查梁缝及 V 形橡胶内填堵的聚乙烯泡沫板是否紧密，如有孔隙或烧坏，则应重新填塞紧密，以防浇筑混凝土进入伸缩缝底部的橡胶缝中及梁端缝隙中，导致空心板不能自由伸缩而损坏。

【知识应用】

分组检测桥面铺装、伸缩缝、栏杆质量，分析桥面系质量控制要点，并进行阐述，评分标准见表 4.3.5。

表 4.3.5 评分标准

序号	实训内容	配分	评分标准	扣分	得分
1	点名，作业人数	10	小组点名，根据考勤情况打分。若缺勤，则得分为零		
2	分组讨论并阐述观点	90	观点阐述无误，得分为观点正确率×90分基础分，计算结果保留至小数点后两位		
			合计		

【综合评价】

综合评价见表 4.3.6。

表 4.3.6 综合评价

任务名称			班级	
课次			组别	

模块	评价内容	配分	得分
知识	桥面铺装质量控制要点	10	
	伸缩缝、栏杆质量控制要点	10	
技能	准备工作	15	
	现场管理	15	
	管理文件编制	10	
素质	数据分析能力	5	
	信息检索能力	5	
	综合分析能力	5	
	学习态度	5	
	专注力	5	
	动手能力	5	
	团队合作参与度	5	
	职业素养	5	

本任务综合评分	
前任务综合评分	
同比增长幅度/%	
备注	

【知识拓展】

1. 桥面防水层

1）基本要求

（1）防水材料的规格和性能必须符合设计要求，防水层至少应有不低于桥面沥青混凝土铺装层使用年限的寿命，并能适应动荷载及混凝土桥面开裂时不损坏的特点。

（2）在喷涂防水涂料前，混凝土表面应清除垃圾、杂物、油污与浮浆，并保持干净和干燥。

（3）喷涂应严格按规定的工艺施工。

（4）防水层的抗渗性应符合设计要求，必要时应现场做抗渗试验。

（5）预计在涂料表面干燥前会下雨，则不应施工。施工过程中，严禁踩踏未干的防水层。防水层干燥后，可行驶10 t以下汽车，但不得在其上急转弯或急刹车。

2）实测项目

防水层实测项目见表4.3.7。

表 4.3.7　防水层实测项目

项次	检查项目	规定值或允许偏差	检查方法和频率	权值
1	防水涂膜厚度/mm	不小于设计要求	测厚仪，每200 m² 测4点或按材料用量推算	1
2	防水层与混凝土黏结力/MPa	不小于沥青混凝土与水泥混凝土黏结力，且≥1.5	拉拔仪，每200 m² 测4点	1

3）外观鉴定

（1）防水涂料应喷涂整个混凝土表面，如有遗漏，必须进行处理，并扣1~3分。

（2）防水层应表面平整、无空鼓、脱落、翘边等缺陷。不符合要求时必须进行处理，并扣3~5分。

2. 桥面铺装

1）基本要求

（1）水泥混凝土桥面的基本要求同水泥混凝土路面，沥青混凝土桥面的基本要求同沥青混凝土路面。

（2）桥面泄水孔进水口的布置应有利于桥面和渗入水的排除，其数量不得少于设计要求，出水口不得使水直接冲刷桥体。

2）实测项目

桥面铺装实测项目见表4.3.8。
复合桥面水泥混凝土铺装实测项目见表4.3.9。

表4.3.8 桥面铺装实测项目

项次	检查项目			规定值或允许偏差		检查方法和频率	权值
1	强度或压实度			在标准允许范围内		按《公路工程质量检验评定标准 第一册 土建工程》（JTG F80/1—2017）附录 B 或 D 检查	3
2	厚度/mm			+10，-5		对比桥面浇筑前后标高进行检查，每100 m 测 5 处	2
3	平整度	高速、一级公路	IRI/（m/km）	沥青混凝土 2.5	水泥混凝土 3.0	平整度仪，全桥每车道连续检测，每 100 m 计算 IRI 或 a	2
			a/mm	1.5	1.8		
		其他公路	IRI/（m/km）	4.2			
			a/mm	2.5			
		最大间隙 h/mm		5		3 m 直尺，每 100 m 测 3 处，连续检测 3 尺	
4	横坡	水泥混凝土		±0.15%		水准仪，每 100 m 检查 3 个断面	1
		沥青面层		±0.3%			
5	抗滑构造深度			符合设计要求		砂铺法，每 200 m 检查 3 处	1

注：① 桥长不满 100 m 者，按 100 m 处理。
② 对高速、一级公路上的小桥（中桥视情况）可并入路面进行评定。

表4.3.9 复合桥面水泥混凝土铺装实测项目

项次	检查项目	规定值或允许偏差	检查方法和频率	权值
1	混凝土强度/MPa	在标准允许范围内	按《公路工程质量检验评定标准 第一册 土建工程》（JTG F80/1—2017）附录 D 检查	3
2	厚度/mm	+10，-5	对比桥面浇筑前后标高进行检查，每 100 m 查 5 处	2
3	平整度/mm	5	3 m 直尺，每 100 m 测 3 处，连续检测 3 尺	2
4	横坡	±0.15%	水准仪，每 100 m 检查 3 个断面	1

注：复合桥面的沥青混凝土面层按表 4.3.9 评定。

3）外观鉴定

桥面排水良好。不符合要求时扣 3~5 分。

3. 伸缩缝安装

1）基本要求

（1）伸缩缝必须满足设计和有关技术规范的要求，须有合格证，并经验收合格后方可安装。
（2）伸缩缝必须锚固牢靠，伸缩性能必须有效。

（3）伸缩缝两侧混凝土的类型和强度，必须符合设计要求。
（4）大型伸缩缝与钢梁连接处的焊缝，应做超声检测，检测结果须合格。
（5）伸缩缝处不得积水。

2）实测项目

伸缩缝安装实测项目见表 4.3.10。

表 4.3.10　伸缩缝安装实测项目

项次	检查项目	规定值或允许偏差		检查方法和频率	权值
1	长度/mm	符合设计要求		尺量，每道	2
2	缝宽/mm	符合设计要求		尺量，每道 2 处	3
3	与桥面高差/mm	2		尺量，每侧 3～7 处	3
4	纵坡/%	一般	±0.3	水准仪，测量纵向锚固混凝土端部 3 处	2
		大型	±0.2	水准仪，沿纵向测伸缩缝两侧 3 处	
5	横向平整度/mm	3		3 m 直尺，每道	1

注：项次 2 应按安装时气温折算。

3）外观鉴定

伸缩缝无阻塞、渗漏、变形、开裂现象，不符合要求时必须进行整修，并扣 1～3 分。

4. 栏杆安装

1）基本要求

（1）栏杆杆件不得有弯曲或断裂现象。
（2）栏杆必须在人行道板铺完后方可安装。
（3）栏杆安装必须牢固，其杆件连接处的填缝料必须饱满平整，强度应满足设计要求。

2）实测项目

栏杆安装实测项目见表 4.3.11。

表 4.3.11　栏杆安装实测项目

项次	检查项目	规定值或允许偏差	检查方法和频率	权值
1	栏杆平面偏位/mm	4	经纬仪、钢尺拉线检查，每 30 m 检查 1 处	3
2	扶手高度/mm	±10	水准仪，抽查 20%	3
	柱顶高差/mm	4		
3	接缝两侧扶手高差/mm	3	尺量，抽查 20%	2
4	竖杆或柱纵横向竖直度/mm	4	吊垂线，抽查 20%	2

3）外观鉴定

（1）栏杆安装应顺直美观，不符合要求时扣1~3分。
（2）杆件接缝处应无开裂现象，不符合要求时扣1~3分。

5. 混凝土防撞护栏

1）基本要求

（1）所用的水泥、砂、石、水和外掺剂的质量和规格必须符合有关规范的要求，按规定的配合比施工。
（2）不得出现露筋和空洞现象。
（3）防撞护栏上的钢构件应焊接牢固，焊缝应满足设计和有关规范的要求，并按设计要求进行防护。

2）实测项目

混凝土防撞栏浇筑实测项目见表4.3.12。

表4.3.12 混凝土防撞栏浇筑实测项目

项次	检查项目	规定值或允许偏差	检查方法和频率	权值
1	混凝土强度/MPa	在标准允许范围内	按《公路工程质量检验评定标准 第一册 土建工程》（JTG F80/1—2017）附录D检查	3
2	平面偏位/mm	4	经纬仪、钢尺拉线检查，每100 m检查3处	2
3	断面尺寸/mm	±5	尺量，每100 m每侧检查3处	2
4	竖直度/mm	4	吊垂线，每100 m每侧检查3处	1
5	预埋件位置/mm	5	尺量，每件	1

3）外观鉴定

（1）防撞栏线形直顺美观，不符合要求时扣1~3分。
（2）混凝土表面应平整，不应出现蜂窝麻面。如出现，必须修整完好，并扣1~4分。
（3）防撞栏浇筑节段间应平滑顺接，不符合要求时扣1~3分。

桥梁见证历史

天津市金汤桥（图4.3.3）是位于天津市建国道西端与水阁大街之间海河上的一座桥梁。该桥名字中的"金汤"取自"固若金汤"，象征着其坚固和稳定。

金汤桥最初建于1906年，是天津市最早的大型钢铁结构桥梁。在历史上，因平津战役中解放军胜利会师于此，故金汤桥成为象征天津解放的标志性大桥。

图 4.3.3　金汤桥

项目五　连续刚构桥施工

> 学习导航

连续刚构桥是指墩梁固结的连续梁桥，分为主跨为连续梁的多跨刚构桥和多跨连续-刚构桥，均为预应力混凝土结构，有两个以上主墩，采用墩梁固结体系，具有 T 形刚构桥和连续梁桥的优点。在连续梁桥中，将墩身与主梁固结成一体的为连续刚构桥。由于墩身与主梁形成刚架，承受上部结构的荷载，一方面主梁受力合理，另一方面墩身在结构上充分发挥了潜能。连续刚构桥是大跨径桥梁建设中常用的一种结构体系，其常用跨径为 100～300 m。当跨径超过 100 m 时，预应力混凝土连续刚构可以作为连续梁桥的比选方案。连续刚构桥综合了连续梁桥和 T 形刚构桥的受力特点，主梁为连续梁体，并与桥墩固结。连续刚构桥通常采用水平抗推刚度较小的双薄壁墩。连续刚构是将 T 形刚构粗厚桥墩减薄，形成柔性桥墩，使墩梁固结、主梁连续形成连续刚构桥。它是 T 形刚构与连续梁结合的一种新型体系。

> 知识目标

（1）熟悉连续刚构桥的结构组成和特点。
（2）掌握连续刚构桥的常用施工方法和施工步骤。
（3）熟悉连续刚构桥的施工注意事项。
（4）熟知连续刚构桥施工的质量保证、安全文明施工和环境保护要求。

> 能力目标

（1）能进行连续刚构桥施工方法的选择、施工准备。
（2）能进行连续刚构桥的施工组织。
（3）能确保连续刚构桥施工的质量保证、安全文明施工和环境保护。

> 素养目标

（1）培养学生熟知国家规范和行业规范、信息检索和数据分析的素养，养成终身学习的习惯。
（2）培养学生精益求精的工作作风和严谨务实的工作态度，提高社会责任感。
（3）培养学生坚持原则，坚守底线以及质量安全红线的意识。

任务一　连续刚构桥施工准备

【任务认知】

任务描述

桥梁施工过程主要包括施工准备、桥梁下部结构施工、上部结构施工、附属设施施工等施工任务。工程项目施工前，必须做好施工准备。桥梁施工准备工作主要包括技术准备、劳动组织准备、物资准备和施工现场准备等。施工单位承接施工任务以后，尽快做好施工各项准备工作，创造有利的施工条件，使施工能连续、均匀、有节奏、有计划地进行，从而按质、按量、按期完成施工任务。本次任务主要学习桥梁施工中劳动组织准备、技术准备、物质准备、施工现场准备的内容和要求。

课时计划

本任务课时分配见表5.1.1。

表 5.1.1　课时分配

任务内容	参考课时			教学重点
	理论	实践	合计	
连续刚构桥施工准备	1	1	2	劳动组织准备、技术准备、物资准备、施工现场准备的内容和要求

【理论知识】

1. 组织准备

组织准备应本着精干、高效、高素质的原则，组织有类似工程施工经验的人员组成工程指挥部。工程指挥部下设工程分部，工程分部下设工程管理部、安质环保部、物资设备部、计划合同部、财务部、综合办公室、中心试验室等，即五个部两个室（以下简称五部二室）。五部二室负责项目部的日常管理和对项目部各施工队的计划、组织、指导、监督和协调。所有施工队均应具有丰富施工经验的专业化施工队伍。组织准备阶段需完成项目组织机构的组建，建立健全各项管理制度。某施工组织机构、项目经理部实景、项目部平面布置如图5.1.1～图5.1.3所示。

组织准备阶段完成技术交底、施工班组和人员进场与培训，确保组织安排施工专业化施工队伍进行桥梁上下部结构施工。施工队伍应设置专门的钢筋、模板、混凝土、张拉班组，合理组织施工过程。各个班组按照施工程序展开顺序、平行或流水作业。根据工程项目工期的要求，利用现有的条件积极进行施工前准备，抓住一切可利用的间隙组织平行施工。根据桥梁施工主要工程量及施工工序、现场交通条件等因素，按专业组织施工班组。通常施工班组包括钢筋班组、模板班组、混凝土班组、其他班组等。每班组人员数量需依工程量和工序要求合理布置。技工、普工的比例要满足施工组织方式的要求，同时应制订出劳动力需求量计划。

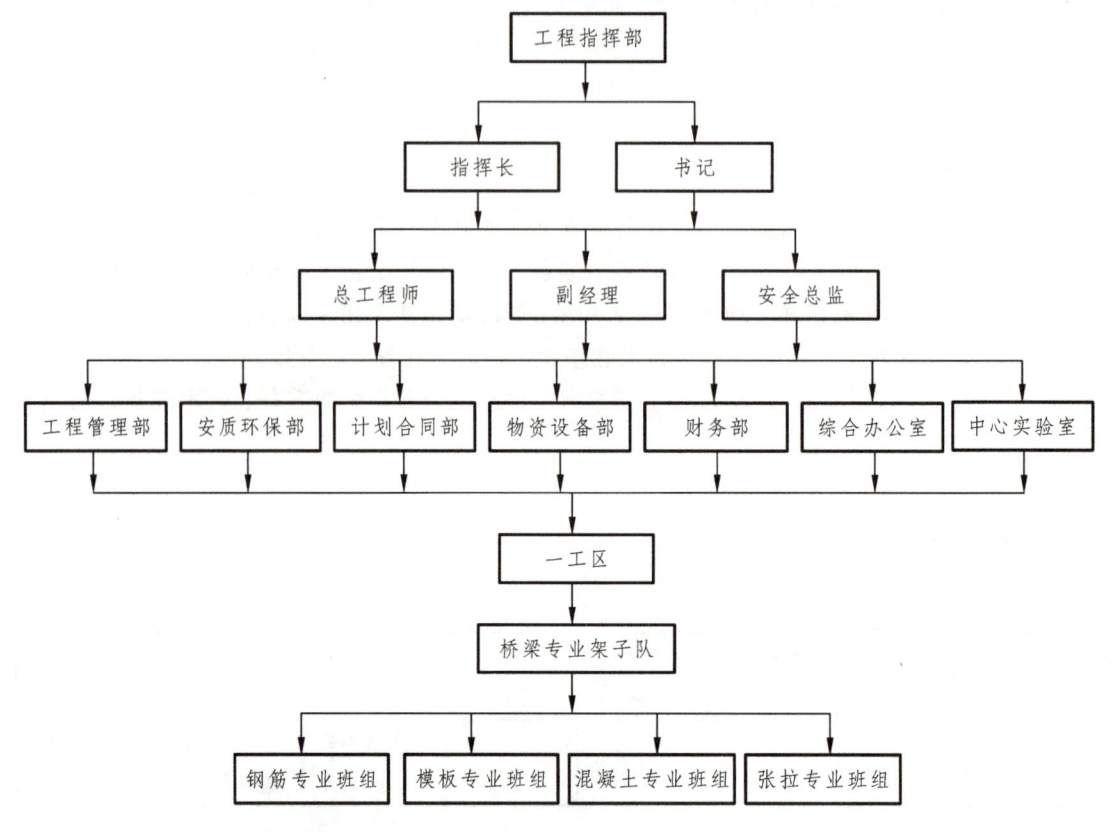

图 5.1.1　某桥梁项目组织机构

图 5.1.2　某桥梁项目经理部实景

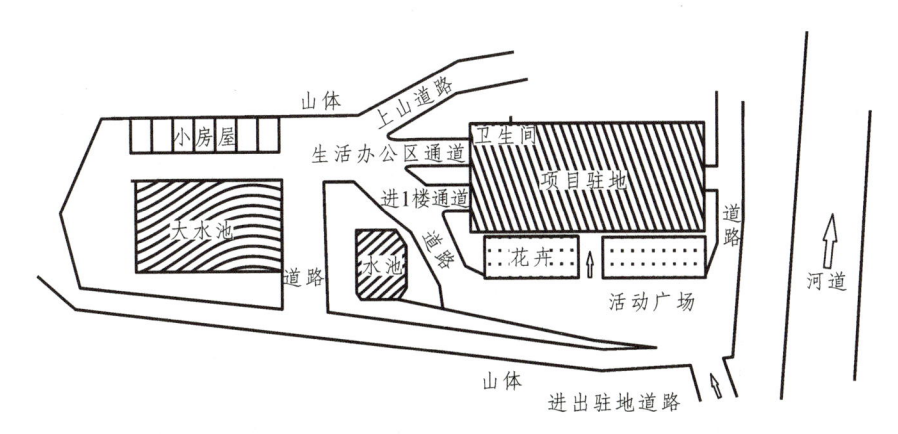

图 5.1.3　某桥梁项目部平面布置

组建项目经理部后，应根据各分部分项工程的开工日期和劳动力需要量计划，分批分阶段地组织劳动力进场，并及时组织安全、防火和文明施工等方面的培训教育工作。主要包括以下内容：

（1）全过程的安全教育。
（2）培训作业人员，考核合格后持证上岗。
（3）建立安全生产责任制，提高员工制度观念。
（4）特种作业人员培训后持证上岗，其他人员培训后上岗。
（5）施工过程加强技术培训和安全技术交底，在推广新技术和新型机械设备时，应对职工进行再培训和安全教育。
（6）根据桥梁施工情况，应对作业人员进行定期健康检查，并建档管理。

建立健全各项管理制度，项目现场一般应建立技术质量责任制度、工程技术方案制度、施工图纸学习制度、技术交底制度、职工考勤考核制度、工程材料和构件的检查验收制度、工程质量检查与验收制度、材料出入库登记和保管制度、安全操作制度、机具使用保养制度等，以保证各项施工活动的顺利进行。

2. 技术准备

技术准备是施工准备的核心。任何技术上的差错和隐患都可能导致人身安全事故和质量事故的发生，造成生命和财产损失。因此，必须认真做好技术准备工作，包括熟悉及核对设计文件、施工现场调查、施工前的设计技术交底、编制施工组织设计和施工预算等。

1）熟悉及核对设计文件

设计文件是组织施工的主要依据。施工单位必须按图施工，未经建设单位和监理工程师同意，无权修改设计文件及图纸，更不能在没有设计图纸的情况下擅自施工。

2）施工现场调查

对施工项目进行实地勘测和现场调查，获得相关数据的第一手资料，是编制实施性施工组织设计文件的重要准备工作。施工现场调查主要包括自然条件调查和技术经济条件调查两个方面。

3）施工前的设计技术交底

（1）设计对施工交底。

施工前的设计技术交底工作通常由建设单位主持，设计、监理和施工单位参加。首先，设计单位的设计负责人说明设计意图、设计依据、设计要求及所设计工程的功能与特点，并对工程的特殊结构、新技术和新材料等提出设计要求，对施工中应注意的关键技术问题等进行设计技术交底；然后，施工单位通过对设计意图的理解及研究核对设计文件和图纸的相关记录，提出对设计图纸的疑问、建议或变更；最后，在统一认识的基础上，对所探讨的问题逐一做好记录，形成设计技术交底纪要文件，由建设单位正式行文，参加单位共同会签盖章，作为施工合同的一个补充文本。该补充文本与设计文件同时使用，既可作为指导施工单位施工的依据，也可作为建设单位与施工单位进行工程结算的依据。

（2）项目部对施工班组交底。

在工程开工之前，应详细地向施工班组和操作工人进行技术交底，通常包括施工图纸交底、施工技术交底及安全技术交底，以保证工程能严格按照设计图纸、施工组织设计、施工技术规范、安全操作规程和施工质量检验评定标准的要求进行施工。交底工作应按照管理系统自上而下逐级进行。根据不同的对象，交底可采用书面、口头和现场示范等形式。

4）编制施工组织设计和施工预算

施工组织设计既是施工准备工作的重要组成部分，也是指导施工现场全部生产活动的基本技术经济文件。编制施工组织设计的目的在于全面、合理、有计划地组织施工，从而具体地实现设计意图，优质高效地完成施工任务。概括地说，公路施工组织设计就是从工程的全局出发，根据公路工程的特点，按照客观的施工规律和具体条件，统筹考虑施工过程中的人工、材料、机械、资金和施工方法这五个主要因素后，对整个工程的施工进度、资源消耗和平面布置等做出科学而合理的安排。施工预算是施工单位根据中标后的合同价、施工图纸、施工组织设计或施工方案、施工定额等文件进行编制的，它可以切实有效地控制施工过程中的全部经济活动。

3. 物资准备

物资准备工作的程序：首先，根据施工预算、分部分项工程的施工方法和施工进度的安排，拟定国拨材料、统配材料、地方材料、构（配）件及制品、施工机具和工艺设备等物资的需求量计划。然后，根据各种物资需求量计划，组织货源，确定加工地点、供应地点和供应方式，拟订运输计划和运输方案，签订物资供应合同。最后，按照施工总平面图的要求，组织物资按计划时间进场，在指定地点按规定方式进行储存或堆放。

工程项目施工的物资准备工作主要包括工程材料、工程施工设备和其他各种小型生产工具、小型配件等的准备。施工单位可根据施工调查结果、工程规模、重要性等来组建施工机构和配备职工。例如，某桥梁机械配置及某桥梁连续梁拌和站布置见表5.1.2、表5.1.3。

表 5.1.2　某桥梁连续梁施工机械配置（示例）

序号	名称		规格、技术参数	单位	数量	说明
1	挂篮		符合设计要求	支	4	每个 T 构 2 支
2	钢筋加工	调直机	直径 6~12 mm	台	1	根据钢筋规格选配型号，根据钢筋数量调整机械台数
		弯曲机	直径 6~12 mm	台	2	
		切断机	直径 6~12 mm	台	2	
		二保焊机	75~100 kW	台	4	
		电弧焊机	75~100 kW	台	6	
3	混凝土拌和站		180 m³/h	套	1	利用 1 号拌和站
4	混凝土浇筑	混凝土输送泵	30 m³/h	台	2	根据单位时间混凝土需求量调整，并备用
		混凝土搅拌运输车	8 m³	台	8	
		插入式振动器	直径 35~50 mm	台	10	
		附着式振动器	0.75~2.5 kW	台	若干	
5	预应力施工	电动油泵	40~60 MPa	台	6	根据现场施工组织进行调整
		千斤顶	符合设计要求	台	20	
		压力表	不低于 1.0 级	块	10	
		真空压降设备	符合设计要求	套	1	
		灰浆搅拌设备	>1 000 r/min	台	1	
6	塔式起重机		符合设计要求	台	3	
7	汽车起重机		20~40 t	台	1	
8	柴油发电机		300 kW	台	1	

注：表中机械设备规格、技术参数及数量根据现场施工组织设计进行适当调整。混凝土由 1# 拌和站集中拌制，距离特大桥约 5.5 km。设置另一拌和站作为备用拌和站，当 1# 拌和站不能为该桥施工提供混凝土时，由 2# 拌和站供应。

表 5.1.3　某桥梁连续梁拌和站布置（示例）

序号	名称	位置	占地面积/m²	设备配置	备注
1	1#搅拌站	K277+600	18 000	120/90	负责 K270+108~K279+322 段路基、涵洞、桥梁混凝土生产与供应
2	2#搅拌站	K286+048.17	5 000	120	备用拌和站

机械租赁应考虑当地租赁市场是否发达和完善，各种设备的租赁半径。机械租赁表根据项目需要可以增填其他设备项，调查者可以填写有关型号实际调查的情况，租赁半径填写离工地多远距离内能租赁到设备。钢筋加工场设置在某桥 3 号墩左侧，6、7 号墩之间设置临时钢筋加工场，钢筋笼现场制作。某桥梁连续梁施工机械租赁（示例）见表 5.1.4。

表 5.1.4　某桥梁连续梁施工机械租赁（示例）

机械名称	规格型号	数量/台 小计	拥有	新购	租赁	新旧程度/%
混凝土泵车	SY5290	3			2	80
混凝土输送车	12 m³	8	8			95
张拉千斤顶	YCW600	4		4		100
张拉千斤顶	YC60A	2		2		100
张拉千斤顶	YDC240Q	2		2		100
高压油泵	ZB4-500	4		4		100
变压器	500 kV·A	1		1		100
插入式振动器	ZN-50	20		20		100
压浆泵	HB3	1		1		100
灰浆搅拌机	JB180	1		1		100
电焊机	BX3-500	20		20		100
钢筋切断机	GJ40-1	3		3		100
钢筋弯曲机	GW40	3		3		100
钢筋调直机	GTJ4-14	3		3		100
砂轮切割机	J3G-410	6		6		100
卷扬机	JM 型	2		2		100

4. 施工现场准备

控制测量应按照具体工程的行业工程测量规定和工程施工质量验收标准有关技术要求进行设计、作业和检测。控制测量完成后，应向监理工程师提交测量成果报告。清理场地及"三通一平"工作。对于施工范围内的所有建筑物、设施等，均应会同有关部门事先进行拆迁或改造。当施工影响沿线附近建筑物的稳定时，应予以适当加固。"三通一平"是基本建设项目开工的前提条件，具体指水通、电通、路通和场地平整。

（1）水通。水通专指给水，包括生活用水、施工用水等。

（2）电通。电通指施工用电接到施工现场，具备施工条件。

（3）路通。路通指场外道路已铺到施工现场周围入口处，满足车辆出入条件。

（4）场地平整。场地平整指拟建建筑物现场基本平整，无须机械平整，经人工简单平整即可进入施工状态。

工地试验室是指公路工程建设从业单位在工程现场为满足质量控制和检验工作的需要而设立的临时试验室。其建设应满足《公路水运工程试验检测管理办法》的有关规定，由取得公路水运工程试验检测机构资质等级证书的试验检测机构（母体检测机构）授权设立，且授权的试验检测项目和参数不得超出其等级证书核定的业务范围。母体检测机构应对工地试验室的试验检测行为及结果承担责任。工地试验室应经有关单位组织认定合格并取得批准后，才可正式开展试验检测工作。

修建临时设施，施工队伍进场后，应按照施工总平面图的布置搭建项目部、试验室等临时用房，修建预制场地、钢筋加工场地、机修场地、仓库等，修建临时用电设施和便道、便桥。这些施工现场的临时建筑物是施工单位在施工期间兴建的生活和生产用的临时房舍及设施场所，一旦施工完毕应予以拆除。场站设施建设一般包括搅拌站、钢筋加工场地、预制场地、仓库等的建设。公路施工应推行集约化管理、工厂化生产，实现"三集中"，即混凝土集中拌制、钢筋集中加工、混凝土构件集中预制，充分发挥集约化施工的优势。场站内的场地（含堆料区、加工区）应做硬化处理，主要运输道路应采用不小于 20 cm 厚的 C20 混凝土硬化，基础不好的道路应增设碎石掺石屑垫层。

某桥梁现场平面布置如图 5.1.4 所示。

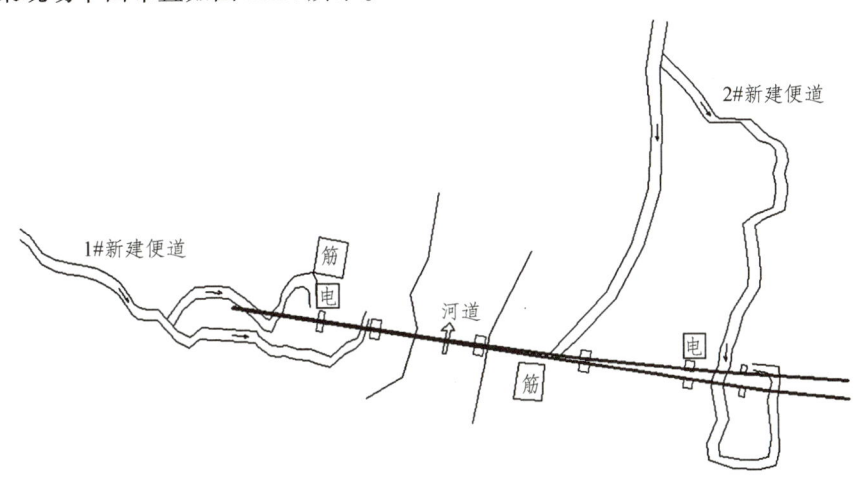

图 5.1.4　某桥梁现场平面布置

注：① 新建便道仅显示施工现场附近部分，便道连接至桥墩附近，尽量缩短施工距离。
　　② 筋表示钢筋加工场；电表示电力变压器。

【知识应用】

收集施工准备的优秀案例，分析施工准备质量、安全管理要点，并进行阐述，评分标准见表 5.1.5。

表 5.1.5　评分标准

序号	实训内容	配分	评分标准	扣分	得分
1	点名，作业人数	10	小组点名，根据考勤情况打分。若缺勤，则得分为零		
2	分组讨论并阐述观点	90	观点阐述无误，得分为观点正确率×90分基础分，计算结果保留至小数点后两位		
			合计		

【综合评价】

综合评价见表 5.1.6。

表 5.1.6　综合评价

任务名称			班级	
课次			组别	

模块	评价内容	配分	得　分
知识	施工准备的内容	10	
	施工准备的技术要求	10	
技能	准备工作	15	
	现场管理	15	
	管理文件编制	10	
素质	数据分析能力	5	
	信息检索能力	5	
	综合分析能力	5	
	学习态度	5	
	专注力	5	
	动手能力	5	
	团队合作参与度	5	
	职业素养	5	

本任务综合评分	
前任务综合评分	
同比增长幅度/%	
备注	

任务二　连续刚构桥钢栈桥施工

【任务认知】

任务描述

钢栈桥是指用钢材临时架设的简便的桥。便桥中的贝雷梁，在我国于 20 世纪 60 年代开始定型生产，具有结构简单、运输方便、架设快捷、载重量大、互换性好、适应性强的特点，广泛应用于国防战备、交通工程、市政水利工程，是我国应用最为广泛的组装式承重构件。在大跨径桥梁施工中，通常用贝雷梁架设便桥，以便为主桥的施工提供服务。钢栈桥施工采用逐孔振沉钢管桩、逐孔架设上部结构的施工方法，即"钓鱼法"施工。钢便桥上部结构采用履带吊进行架设。主要施工顺序为：准备工作→钢管桩施工（小孔成桩施工）→钢管桩间平联和剪刀撑、桩顶分配梁施工→贝雷梁架设→型钢分配梁施工→桥面系及附属设施的施工。

课时计划

本任务课时分配见表 5.2.1。

表 5.2.1　课时分配

任务内容	参考课时 理论	参考课时 实践	参考课时 合计	教学重点
连续刚构桥钢栈桥的施工	1	1	2	施工工序和注意事项

【理论知识】

施工栈桥是行驶起重运输机械的临时桥梁，栈桥为临时施工设施，承担项目施工原材料及半成品等装载车辆行驶通行，使用时间长，受夏季洪水影响严重。为了施工水中桩基和承台等，必须先行施工钢栈桥，如图 5.2.1 所示。

图 5.2.1　钢栈桥

钢栈桥的施工需要根据工程项目施工现场实际情况，充分利用既有线路的分布情况，选择钢栈桥的修建位置，通过合理的设计确定栈桥宽度、局部是否需要加宽、加宽段宽度值，并确定栈桥全长。钢栈桥一般采用贝雷梁修建，借助桥墩墩顶设置钻孔平台。栈桥及平台下部结构采用钢管桩作为桩基础，在钢管桩顶焊接封顶钢板，放置型钢，并焊接牛腿（托架）。纵梁采用单层贝雷梁，采用支撑架连接贝雷片，贝雷片上采用工字钢作为分配梁，分配梁上布置专用桥面板，边侧设置护栏。钢栈桥施工如图5.2.2所示。

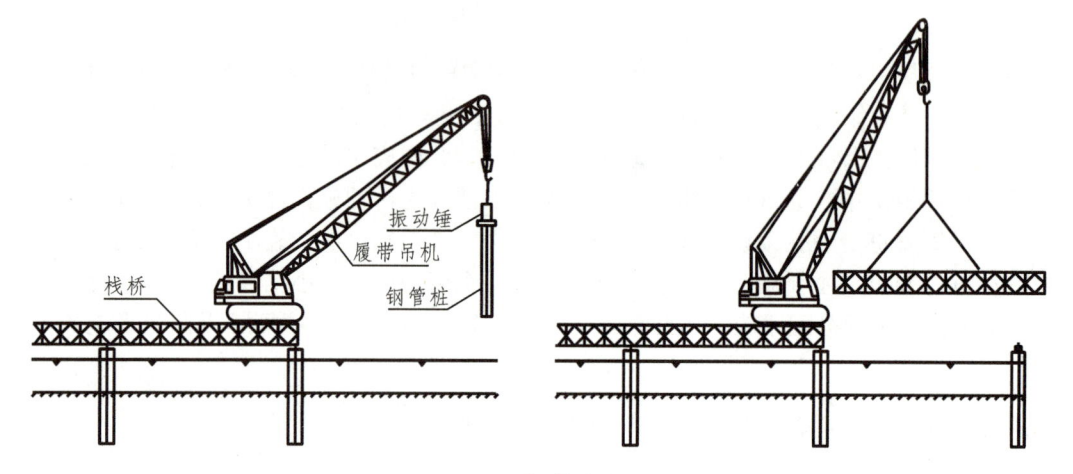

图 5.2.2　钢栈桥施工

钢栈桥施工工艺流程如图5.2.3所示。

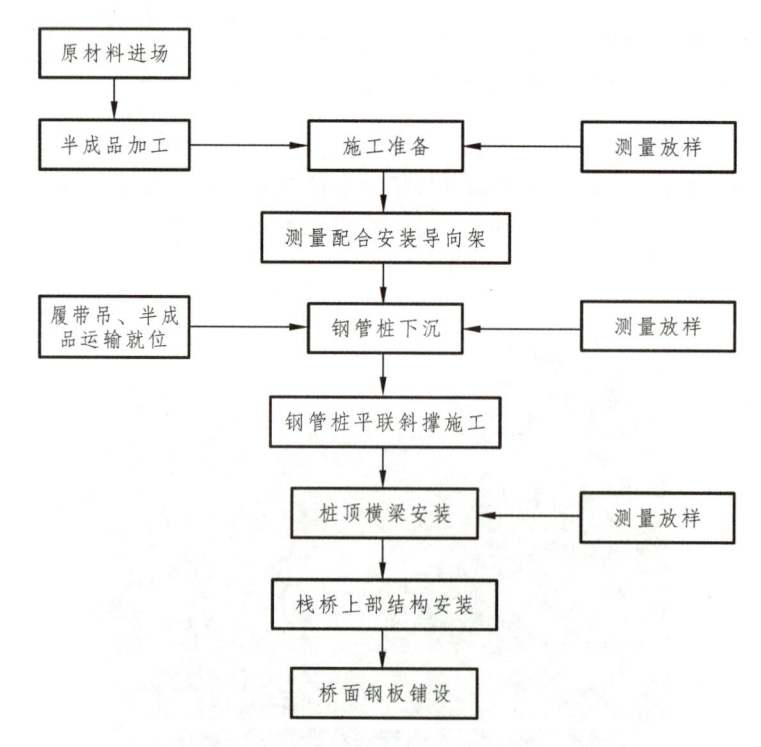

图 5.2.3　钢栈桥施工工艺流程

1. 栈桥沉桩施工

栈桥桩基础直接由振动锤沉桩，根据设计图纸由测量人员在筑岛便道上放样出桥台的位置，栈桥平面布置如图 5.2.4 所示。然后安装模板，进行模板加固，模板安装加固完毕后进行桥台混凝土浇筑。由测量人员对钢管桩位置进行放线，钢管桩定位如图 5.2.5 所示。利用导向架对钢管桩定位，振动锤将钢管桩振动沉桩，钢管桩振动沉桩如图 5.2.6 所示。根据设计要求，钢管桩入土深度应大于等于 1/3 桩长，对比地质资料及钢栈桥设计图，此处钢管桩通过振动锤沉桩埋深满足设计要求，如果通过振动锤沉桩埋深不足，则需要通过冲击钻成孔以满足钢管桩埋深要求。钢管之间通过横向支撑加固，钢管桩上铺工字钢（两根工字钢并列组成），分配梁上铺贝雷梁，贝雷梁由限位器限位。钢管桩横向支撑、分配梁及贝雷梁安装如图 5.2.7 所示。

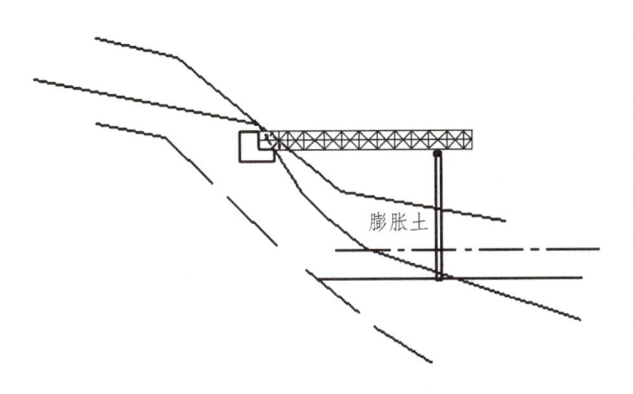

图 5.2.4　栈桥布置平面布置　　图 5.2.5　钢管桩定位

图 5.2.6　钢管桩振动沉桩　　图 5.2.7　钢管桩横向支撑、分配梁及贝雷梁安装

贝雷片上安装工字及槽钢形成桥面系，桥面系安装如图 5.2.8 所示，至此一跨钢栈桥施工完成，循环施工可完成剩余跨节。后续工序不同的是，当河床面覆盖层薄导致钢管桩埋深不能满足设计要求时，需要对钢管桩安装点利用冲击钻进行冲孔，从而满足钢管桩埋深要求。

图 5.2.8　桥面系安装

2. 冲击钻成孔、振动锤沉桩栈桥施工

由于钢管桩无法通过振动锤嵌入河床覆盖层以下岩层，当河床覆盖层较薄时，钢管桩埋深无法满足设计要求。因此，需要对钢管桩安装点采用冲击钻成孔以满足埋深要求。具体施工流程为：搭建临时冲孔平台→冲击钻冲孔成孔→安装钢管桩→钢管桩加固→安装分配梁→拆除临时冲孔平台→安装贝雷梁→安装栈桥桥面系→一跨钢栈桥安装完成。

临时冲孔平台搭建与单跨钢栈桥施工流程相同，不同点在于对临时安装的钢管桩没有严格的埋深要求以及加固要求，同时桥面系也无须安装完全，只要能满足冲击钻钻孔施工即可。临时冲孔平台钢管桩安装如图 5.2.9 所示，临时钢管桩安装完成情况如图 5.2.10 所示。

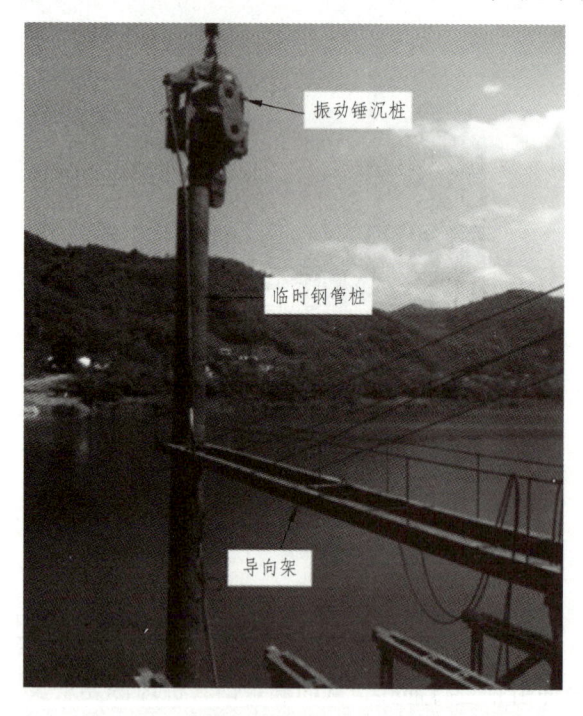

图 5.2.9　临时冲孔平台钢管桩安装 　　　　图 5.2.10　临时钢管桩安装完成

3. 搭建临时钻孔平台

搭建临时钻孔平台的主要任务是完成冲击钻冲孔成孔，使用时间短，因此平台桥面采用工字钢满足冲击钻施工即可。钢管桩安装完成后对其进行临时加固同时安装分配梁，随之安装贝雷梁，如图 5.2.11 所示，在贝雷梁上安装部分桥面系工字钢，完成临时平台搭建，如图 5.2.12 所示。安装冲击钻冲孔所需钢护筒准备冲孔，如图 5.2.13 所示。冲孔深度由河床面至钢管桩桩底设计标高确定，以满足钢管桩埋深要求。当冲击钻成孔后，安装钢管桩之前需向钢护筒内灌砂石以保证钢管桩在孔中嵌固牢固，如图 5.2.14 所示，安装完钢管桩后将钢护筒拔出并进行钢护筒加固连接。

图 5.2.11　临时钻孔平台贝雷片安装

图 5.2.12　临时平台搭建完成

图 5.2.13　钢管桩冲孔

图 5.2.14　安装钢管桩

4. 钢栈桥桥面板铺装及附属结构施工

先拆除临时冲孔平台，临时冲孔平台拆除后将钢管桩加固并安装分配梁、贝雷梁及桥面系，如图 5.2.15 所示。

图 5.2.15 临时冲孔平台拆除

桥面工字钢及槽钢安装完成即一跨栈桥安装完成，依照以上两种循环方式可完成主栈桥及支栈桥施工。钢栈桥钻孔平台即水中墩桩基施工作业平台，其结构形式及施工工艺流程与主栈桥均相同，不同点是钻孔平台只承担冲击钻钻孔施工及相关工作人员重力荷载，罐车、装载机、吊车及汽车泵的重力荷载全部由主栈桥及支栈桥承担。因此钢管桩安装无须通过冲击钻冲孔，施工速度相对较快。钻孔平台桥面安装完成如图 5.2.16 所示。

图 5.2.16 钻孔平台桥面安装完成

【知识应用】

收集钢栈桥事故案例，分析钢栈桥施工质量、安全管理要点，并进行阐述，评分标准见表 5.2.2。

表 5.2.2　评分标准

序号	实训内容	配分	评分标准	扣分	得分
1	点名，作业人数	10	小组点名，根据考勤情况打分。若缺勤，则得分为零		
2	分组讨论并阐述观点	90	观点阐述无误，得分为观点正确率×90分基础分，计算结果保留至小数点后两位		
合计					

【综合评价】

综合评价见表 5.2.3。

表 5.2.3　综合评价

任务名称		班级	
课次		组别	

模块	评价内容	配分	得分
知识	施工准备的内容	10	
	施工准备的技术要求	10	
技能	准备工作	15	
	现场管理	15	
	管理文件编制	10	
素质	数据分析能力	5	
	信息检索能力	5	
	综合分析能力	5	
	学习态度	5	
	专注力	5	
	动手能力	5	
	团队合作参与度	5	
	职业素养	5	

本任务综合评分	
前任务综合评分	
同比增长幅度/%	
备注	

【知识拓展】

栈桥施工受水上作业、高空作业影响，安全生产管理任务艰巨，难度较大。结合项目实际情况，项目部拟从以下方面着手，加强安全管理，确保平台施工安全。

（1）加强对施工人员的安全及技术交底，确保操作人员了解施工工艺及流程，严格按规范操作，并安排平台施工中专职技术员现场跟踪，监督施工方案的落实。

（2）项目部安全科做好对工人的三级安全教育以及水上作业安全注意事项的交底，提高工人安全意识和安全操作水平。

（3）严格按照有关起重作业安全操作规程执行。

（4）建立安全管理责任制度，并与施工班组负责人签订安全管理责任书，明确安全管理职责划分，确保安全管理严密无漏洞、无死角。

（5）定期组织平台施工安全检查，并及时召开安全生产情况反馈会，确保安全管理日常化、规范化、具体化。

（6）配备足够的安全设施，在平台护栏上设置警示标识标牌及夜晚警示灯光，在栈桥桥头设置保安室，配备一名安全员和一名民工 24 h 值守和巡视。

（7）建立健全安全保证体系，通过体系保证安全。

（8）气割时要注意风向，不要逆风作业。

（9）电焊时要戴防护眼罩。

（10）用电安全措施。

任务三 连续刚构桥桥墩施工

【任务认知】

任务描述

桥梁墩台施工是建造桥梁墩台的各项工作的总称,其主要工作有墩台定位、放样、基础施工、在基础襟边上立模板和支架、浇筑墩(台)身混凝土或砌石、扎顶帽钢筋、浇顶帽混凝土并预留支座锚栓孔等。桥梁墩台施工方法通常分为两大类:一类是现场就地浇筑与砌筑;一类是拼装预制的混凝土砌块、钢筋混凝土或预应力混凝土构件。前者工序简便,机具较少,技术操作难度较小,但是施工期限较长,需消耗较多的劳力和物力;后者的特点是可确保施工质量、减轻工人劳动的强度,又可加快工程进度,提高经济效益,对施工场地狭窄,尤其是缺少砂石的地区或干旱缺水的地区建造桥墩有着更重要的意义。桥梁墩台按施工方式的不同分为砌筑墩台、装配式墩台、现场浇筑墩台等几种类型。

本任务主要学习墩台身的施工。

课时计划

本任务课时分配见表5.3.1。

表 5.3.1　课时分配

任务内容	参考课时 理论	参考课时 实践	参考课时 合计	教学重点
连续刚构桥桥墩的施工	1	1	2	墩台身施工及注意事项

【理论知识】

1. 实心墩施工

1)实心墩施工

实心桥墩施工工艺流程如图5.3.1所示。

2)实心墩施工方法

实体墩墩身较低,采用大块定型钢模板一次或分次浇筑成型,混凝土通过泵送入模或吊装入模。墩身模板和钢筋采用塔吊或汽车起重机垂直吊装作业。墩身浇筑完成后先带模浇水养生,拆模后覆盖塑料膜养生。若根据施工工艺要求需要分段浇筑时,混凝土与混凝土之间接缝,周边应预埋直径不小于16 mm的钢筋或其他铁件。埋入与露出长度不应小于钢筋直径的30倍,间距不应大于直径的20倍。有顶帽的墩身混凝土灌注至托盘下约50 cm时,则停止灌注,以上部分与顶帽混凝土一次灌注完毕。顶帽采用大块整体钢模板,内设通长拉杆,外设围带,待顶帽混凝土达到设计要求的强度时,拆除模板。

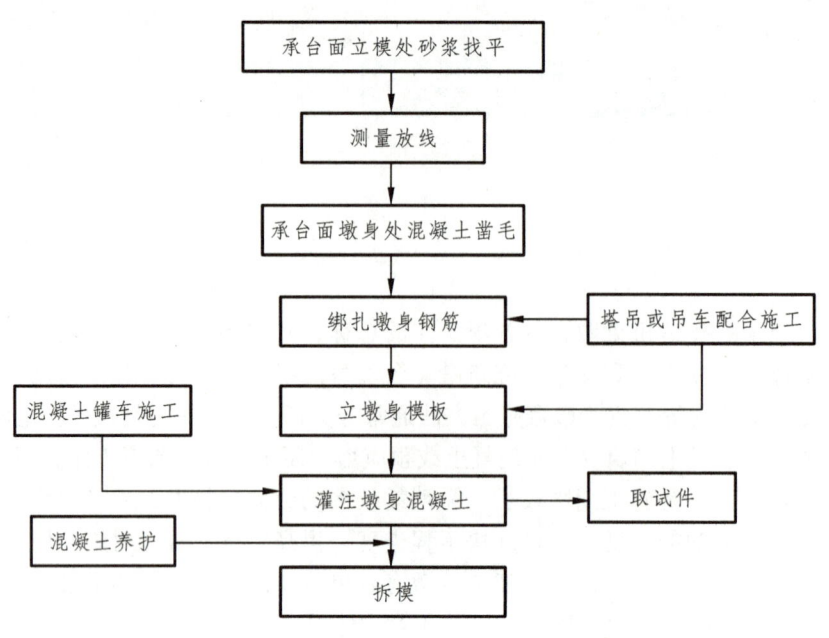

```
       ┌─────────────────────┐
       │  承台面立模处砂浆找平  │
       └──────────┬──────────┘
                  ↓
            ┌──────────┐
            │  测量放线 │
            └─────┬────┘
                  ↓
       ┌─────────────────────┐
       │ 承台面墩身处混凝土凿毛 │
       └──────────┬──────────┘
                  ↓
            ┌──────────┐      ┌──────────────┐
            │绑扎墩身钢筋│←────│塔吊或吊车配合施工│
            └─────┬────┘      └──────────────┘
                  ↓
            ┌──────────┐
            │ 立墩身模板 │
            └─────┬────┘
                  ↓
┌──────────┐  ┌──────────────┐  ┌────────┐
│混凝土罐车施工│→│灌注墩身混凝土 │→│ 取试件 │
└──────────┘  └──────┬───────┘  └────────┘
                     ↓
              ┌──────────┐
┌──────────┐  │   拆模   │
│ 混凝土养护 │→└──────────┘
└──────────┘
```

图 5.3.1　实心墩桥墩施工工艺流程

采用插入式振捣器振捣。混凝土洒水养护，浇水后采用塑料薄膜包上进行养护。混凝土达到设计和规范要求的强度后拆除支架与模板，拆除时对称有序地组织施工，确保施工的安全。若墩身属大体积混凝土时，采取类似大体积承台混凝土施工措施来防止出现温度裂纹。

浇筑混凝土时，在监理的见证下，对混凝土进行现场取样制作混凝土试件，制作试件的混凝土从同一盘或同一车内取出，并与结构混凝土同条件养护。

2. 空心墩施工工艺及方法

1）空心墩施工工艺

墩身外侧模板选用大块定型钢模板，内侧采用定型钢模板。对于收坡高墩，且同类型桥墩数量较多的，应采用大块成套钢模，分段支立、浇灌，在不同墩位间倒用。

空心墩底部的实心部分单独分次浇筑，墩身每次的最高高度控制在 4 m 以内，施工中加强施工组织。墩身钢筋、模板根据地形、墩高等条件由塔吊、汽车起重机、自制提升架负责垂直提升，混凝土由混凝土泵或泵车泵送入模。超过 25 m 的空心墩采用翻模施工。

空心墩施工工艺流程如图 5.3.2 所示。

2）模板工程

墩台身内外模板采用定型钢模，选用不少于 6 mm 厚钢板面板，加工时，派专业工程师在加工厂家进行全过程跟踪，保证面板、平整度、接缝、尺寸误差的质量要求。

模板进场后，进行清理、打磨，以无污痕为标准，刷脱模剂，并用塑料薄膜进行覆盖。立模前进行试拼，保证平整度小于 3 mm，加固采用内撑和外加拉杆形式，保证空心薄壁误差小于 5 mm。

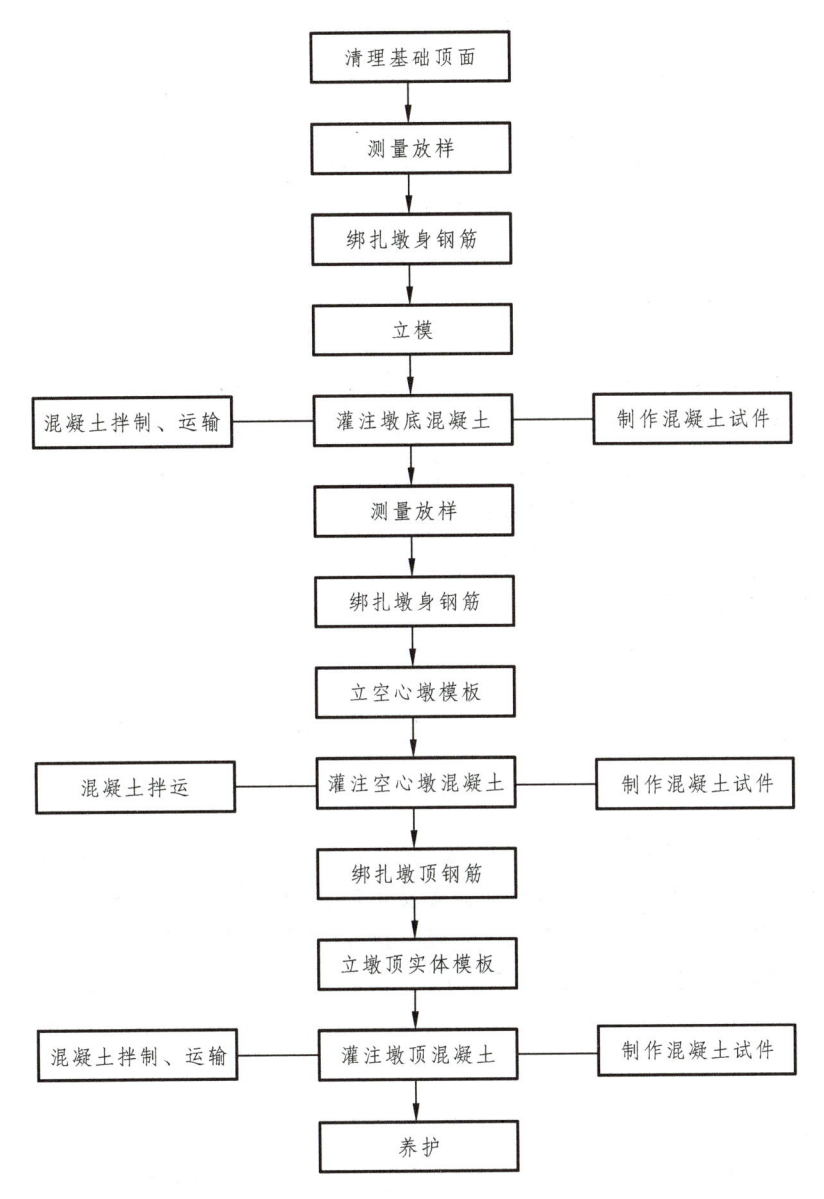

```
            ┌─────────────┐
            │ 清理基础顶面 │
            └──────┬──────┘
                   ↓
            ┌─────────────┐
            │  测量放样   │
            └──────┬──────┘
                   ↓
            ┌─────────────┐
            │ 绑扎墩身钢筋 │
            └──────┬──────┘
                   ↓
            ┌─────────────┐
            │    立模     │
            └──────┬──────┘
                   ↓
┌──────────────┐ ┌─────────────┐ ┌──────────────┐
│混凝土拌制、运输│→│灌注墩底混凝土│→│制作混凝土试件│
└──────────────┘ └──────┬──────┘ └──────────────┘
                   ↓
            ┌─────────────┐
            │  测量放样   │
            └──────┬──────┘
                   ↓
            ┌─────────────┐
            │ 绑扎墩身钢筋 │
            └──────┬──────┘
                   ↓
            ┌─────────────┐
            │ 立空心墩模板 │
            └──────┬──────┘
                   ↓
┌──────────────┐ ┌─────────────┐ ┌──────────────┐
│  混凝土拌运  │→│灌注空心墩混凝土│→│制作混凝土试件│
└──────────────┘ └──────┬──────┘ └──────────────┘
                   ↓
            ┌─────────────┐
            │ 绑扎墩顶钢筋 │
            └──────┬──────┘
                   ↓
            ┌─────────────┐
            │立墩顶实体模板│
            └──────┬──────┘
                   ↓
┌──────────────┐ ┌─────────────┐ ┌──────────────┐
│混凝土拌制、运输│→│灌注墩顶混凝土│→│制作混凝土试件│
└──────────────┘ └──────┬──────┘ └──────────────┘
                   ↓
            ┌─────────────┐
            │    养护     │
            └─────────────┘
```

图 5.3.2 空心墩施工工艺流程

3）钢筋的制备

承台与墩台基础锚固筋按规范和设计要求连接牢固，形成一体。基底预埋钢筋位置准确，满足钢筋保护层的要求，墩身钢筋与预埋钢筋按50%接头错开配置。墩身钢筋规格多、数量大，为确保施工精度和绑扎质量，钢筋绑扎作业在固定胎架上绑扎，采用定型塑料垫块，保证钢筋的保护层厚度。

4）混凝土浇筑

混凝土浇筑分三阶段进行，墩底实体段、墩身空心薄壁、墩顶部实体段。混凝土采用自动计量拌和站生产，输送车运输，泵送入模。

浇筑前，对支架、模板、钢筋和预埋件进行检查，将模板内的杂物、积水和钢筋上的污垢清理干净；模板缝隙填塞严密，模板内面涂刷脱模剂；检查混凝土的均匀性和坍落度；浇筑混凝土时使用脚手架，便于人员与料具上下。

混凝土分层浇筑厚度不超过 30 cm，采用振动器振动捣实。混凝土浇筑连续进行，如因故必须中断，其间断时间小于前层混凝土的初凝时间，允许间断时间经试验确定，若超过允许间断时间，按工作缝处理。墩身截面突变处不设施工缝。对于工作缝，周边应预埋直径不小于 16 mm 的钢筋或其他铁件，埋入与露出长度不应小于钢筋直径的 30 倍，间距不应大于直径的 20 倍。

在混凝土浇筑过程中，随时观察所设置的预埋螺栓、预留孔、预埋支座的位置是否移动，若发现移位时及时校正。预留孔的成型设备应及时抽拔或松动。在灌注过程中注意模板、支架等支撑情况，设专人检查，如有变形、移位或沉陷立即校正并加固，处理后方可继续浇筑。结构混凝土浇筑完成后，及时用塑料薄膜包裹洒水养护。

墩身下实体段、空心段、上实体段混凝土施工时，特别注意实体段与空心墩身连接处的混凝土质量和外观。特别在实体段，由于一次浇筑混凝土体积过大，采取和承台相同措施降低水化热。

3. 高墩施工工艺及方法

1）施工特点

翻模是由上下两组同样规格的模板组成，随着混凝土的连续灌注，下层混凝土达到拆模强度后，用吊机配合自下而上将模板拆除，接续支立。如此循环往复，完成桥墩的灌注施工。翻模由模板、工作平台、吊架、提升设备组成。翻升模板采用两层布置，每层高 3~4 m，以墩身作为支承主体。上层模板支承在下层模板上，循环交替上升。工作平台采用 20 号槽钢组拼成型的空间桁架结构，配合随升收坡吊架，为墩身施工人员提供作业平台，稳定性能良好。

2）施工方法及工艺要求（空心墩）

（1）墩身模板。

外模分上下两节，一次支立而成，接缝采用阴阳锲接头。为确保工程质量，在工厂内统一加工。模板用槽钢骨架与 6 mm 钢板组焊成整体。施工过程中，两节模板交替轮番往上安装，每一节都立在已浇筑混凝土的模板上。内模采用组合钢模拼装。内外模间设带内纹的对拉螺栓，以利于拆模和避免墩身混凝土内形成孔洞。墩身内腔每隔一定高度预设型钢作支撑梁，上面搭设门式脚手架作为装拆内模和浇筑混凝土工作平台之用。安装和拆卸模板，提升工作平台以及钢筋等物品的垂直运输均由塔吊完成。每块外模背面沿墩身上升方向焊接两条带孔钢轨，并使上下节模板的钢轨对齐，工作平台利用插销固定在钢轨上。安装好上节外模后，可取下插销，利用塔吊将平台沿钢轨向上滑升到上节固定。墩身施工如图 5.3.3 所示。墩身翻模施工如图 5.3.4 所示。

图 5.3.3　墩身施工

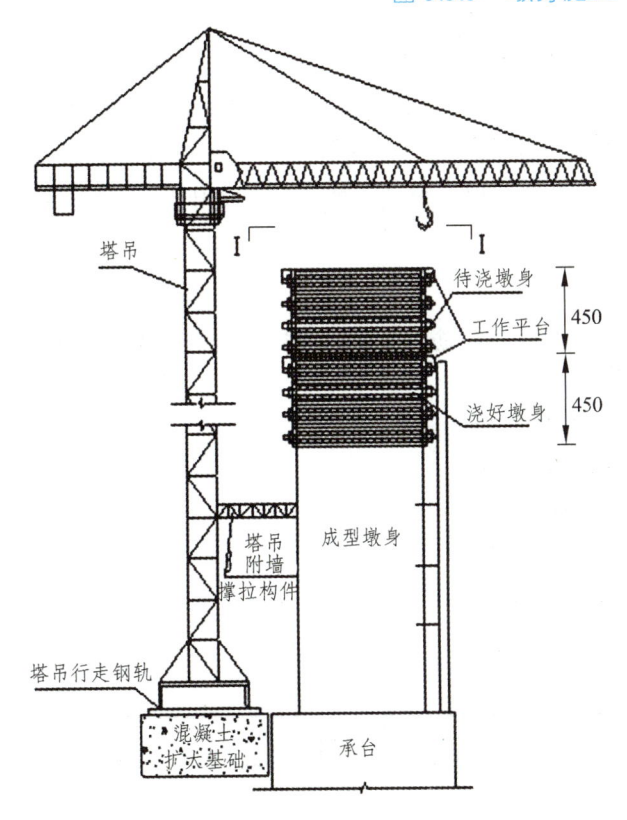

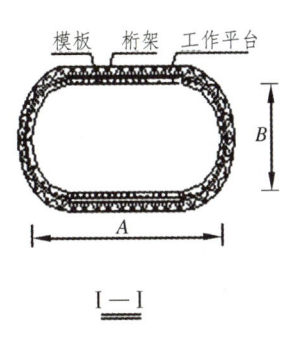

图 5.3.4　墩身翻模施工

注：① 本图尺寸均以 cm 计。
　　② 使用塔吊应严格遵守《塔吊安全操作规程》等各种规章制度，吊重必须在塔吊吊重范围内，塔吊司机应持证上岗，专人操作，专人指挥。
　　③ 模板及支架拼装好后，安装护栏可作为工作平台使用。
　　④ 每次墩身施工以一套模板为基础，在其上连接另一套模板。
　　⑤ 由于模板没有拉条，因此每套模板必须用螺栓连接紧密、牢固。
　　⑥ 吊装模板时，注意模板的整体性，平稳吊装。
　　⑦ 模板及桁架可供作业人员上下模板，但要注意安全。
　　⑧ 墩身超过 30 m 时外侧设一台施工电梯，用于人员的运送。

117

（2）模板位置调整。

当四大块模板组拼成形后，所有螺栓不必拧紧，留出少量松动余地。模板前后方向偏斜的调整通过手拉葫芦拉至正确位置，左右偏斜的调整则在模板底边靠倾斜方向的一端塞加垫片实现。模板之间的缝隙塞有橡胶条，防止漏浆。由于模板制作及起始第一节模板调整的精度都很高，以后每次调整幅度很小。调整完毕后，拧紧全部螺栓，即可浇筑混凝土，如图5.3.5所示。

（3）拆模。

在安装钢筋的同时，可以开始拆下面一节外模工作。拆模时用手拉葫芦将下面一节模板与上面一节模板上下挂紧，同时另设两条钢丝绳拴在上下节模板之间。拆除左右和上面的连接螺栓，然后通过两个设在模板上的简易脱模器使下节模板脱落。脱模后放松葫芦，使拆下的模板由钢丝绳挂在上节的模板上。然后逐个将四周各模板拆卸并悬挂于上节模板上。这样将拆模工作和钢筋安装工作同时进行，节约至少半天时间，同时还最大限度地减少了对塔吊工作时间的占用。

图 5.3.5　模板调整后浇筑混凝土

4. 桥台施工工艺及方法

桥台模板采用大块钢模板，支立模板时通过拉筋对拉进行支撑，台身一次性立模灌注成型。桥台施工工艺流程如图5.3.6所示。

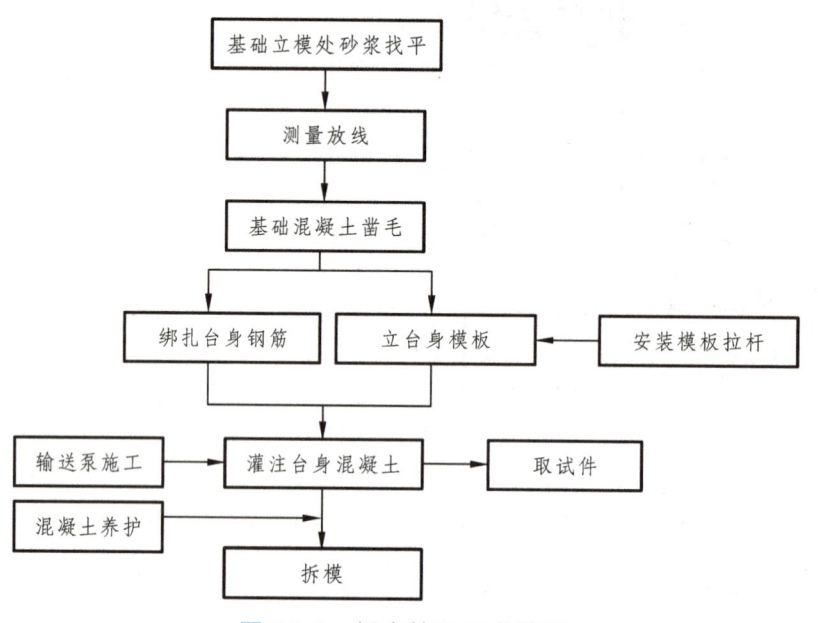

图 5.3.6　桥台施工工艺流程

【知识应用】

收集墩台施工事故案例，分析施工事故情况，并进行阐述，评分标准见表5.3.2。

表 5.3.2　评分标准

序号	实训内容	配分	评分标准	扣分	得分
1	点名，作业人数	10	小组点名，根据考勤情况打分。若缺勤，则得分为零		
2	分组讨论并阐述观点	90	观点阐述无误，得分为观点正确率×90分基础分，计算结果保留至小数点后两位		
		合计			

【综合评价】

综合评价见表5.3.3。

表 5.3.3　综合评价

任务名称			班级	
课次			组别	

模块	评价内容	配分	得　分
知识	钢栈桥沉桩，搭建临时钻孔平台，钻孔施工	10	
	钢栈桥桥面板铺装及附属结构施工	10	
技能	准备工作	15	
	现场管理	15	
	管理文件编制	10	
素质	数据分析能力	5	
	信息检索能力	5	
	综合分析能力	5	
	学习态度	5	
	专注力	5	
	动手能力	5	
	团队合作参与度	5	
	职业素养	5	

本任务综合评分	
前任务综合评分	
同比增长幅度/%	
备注	

【知识拓展】

1. 高空作业安全措施

高空作业必须执行《高处作业分级》(GB/T 3608—2008)标准,在作业基准面 2 m 以上(含 2 m)均称高空作业。高处作业级别分为:作业高度 2~5 m 为一级高处作业;作业高度 5~15 m 为二级高处作业;作业高度 15~30 m 为三级高处作业;作业高度 30 m 以上的为特级高处作业。

(1)高空作业人员必须戴安全帽、系安全带、挂安全网,在登高作业前要对安全带进行检查,确认带与环是否牢固。

(2)高空作业人员(包括工程技术人员、测量人员)必须穿好防滑鞋,严禁穿皮鞋或硬底、高跟鞋上高空作业,不改正不准作业。

(3)根据施工生产的需要,高空作业处应有牢靠的立足处,且必须视具体情况配置安全网、栏杆等防坠落安全设施;平台周围和栈桥两侧要设置安全防护栏杆,要牢固可靠,不准任意拆除,栏杆高度不得低于 120 cm,不准任意翻越栏杆,如施工生产需要,在栏杆以外作业必须系安全带。

(4)平台安全设施和防护设施完成后,必须组织有关人员进行验收,合格后才许使用,在使用中要进行经常性检查维修,确保安全有效。

(5)登高作业人员上下作业面必须使用梯子上下,梯子上下支点固定,二级高处作业以上梯子要设置安全防护圈,立梯坡度以 60°为宜。作业人员不准从脚手架、起升架上下高处作业面。

(6)高处作业时,需要的施工生产材料、机具等,必须使用起升架、起重机吊运,不抬重物登高,登高作业人员所使用的工索具应放入工具袋内,防止掉下伤人。

(7)登高作业人员在作业时,要注意力集中,不准嬉笑玩闹。

(8)如有雷电、暴雨、六级以上大风,均不应登高作业。如有霜雪,必须打扫干净后才能进行登高作业;如有冰冻时,必须铺设麻袋、草袋等防滑物,确认环境安全后,才能进行登高作业。

(9)凡患心脏病、高血压、精神病等人员均不得进行登高作业。

2. 施工机械安全保证措施

建立施工机械进出场管理制度,设专人负责。施工机械需办理施工机械进场报验,报验通过后才能进场,机械进场后实施"一机一人盯控"。各种机械操作人员须取得操作合格证,不准将机械设备交给无本机操作证的人员操作;对机械操作人员要建立档案,专人管理。操作人员按照机械说明规定,严格执行工作前的检查制度、工作中注意观察制度、工作后的检查保养制度。保持机械操作室整洁,严禁存放易燃易爆物品。不准酒后操作机械,机械不带病运转、超负荷运转。起重作业严格按照《建筑机械使用安全技术规程》(JGJ 33—2012)和《建筑安装工人安全技术操作规程》规定的要求执行。定期组织机电设备、车辆安全大检查。对检查中查出的安全问题按照"事故原因未查明不放过,事故责任人未处理不放过,现场群众未受到教育不放过"原则进行调查处理，制定防范措施，防止机械事故的发生。施工机械作业完毕后，立即撤出施工现场。

3. 施工现场治安、消防、防火安全保障措施

组织现场施工人员学习《治安管理条例》，并要求现场施工人员与管理人员一律佩戴胸章，挂牌上岗，自觉接受监督。加大宣传力度，为施工创造良好的舆论氛围。承诺"便民不扰民"，取得沿线单位和居民的理解和大力支持。设立固定安全、防火警示牌、宣传牌。配备必要的消防器械和物资。治安消防工作坚持"预防为主，以消为辅"的指导思想，加强施工现场贵重物资、重要器材和大型设备的管理，特别是对易爆、易燃等危险物资的管理，制定领、发放制度和看守制度。开展法治宣传和"防火、防盗、防骗、防意外伤害"教育，项目队定期开展以防火、防盗、防爆为主的安全检查，堵塞漏洞，防患于未然。

防火安全保证措施，项目部、作业队班组三级防火责任制，明确各级防火职责。重点部位如仓库、木工间配置相应消防器材，一般部位如宿舍、食堂等处设常规消防器材。施工现场用电，严格执行有关规定，防止发生电器火灾。焊、割作业点与氧气瓶、乙炔气瓶等危险物品的距离不得小于 10 m，与易燃易爆物品的距离不得小于 30 m。做好防火工作，搭设的工棚与料库之间的距离应符合有关规定要求。在工棚及仓库附近要设消防器材，并定期检查。加强对易燃、易爆及危险品的管理。由于工程大量使用柴油、重油、沥青等易燃品，其采购、运输、贮存及使用各环节均应严格按照有关安全操作规程执行，储料现场配备充足的消防灭火器材。

4. 吊装作业安全措施及注意事项

工作前检查起重所用的一切工具、设备是否良好，如不符合规定，必须修理或更换，不得凑合使用。机具设备在使用前必须试车，加润滑油。工作前应了解吊物尺寸、重量和起吊高度等，选用安全的机械工具，不得冒险作业，不得超负荷操作。事先看好吊车、塔吊通道，吊运方向和地点，如有障碍必须清理。夜间作业应有足够的照明设备。

对重大吊装项目，作业前应详细讨论其吊运方法，明确分工，互相协作，防止混乱。起重作业应有专人指挥，指挥按规定的哨声和信号，必须清楚准确地指挥。指挥者站在所有施工人员能看到的位置，同时指挥者本人应清楚地看到重物吊装的全部过程。作业前，应按规定戴好个人防护用品，如手套、安全帽、安全带等。禁止在有雾、雨天视线不清的情况下吊装。禁止在风力达到 6 级及以上时吊装作业。缆风绳的使用根据吊装物类别、高度、物体的重量酌情而定。缆风绳与地面的夹角原则上不应超过30°。吊重物前要严格检查是否绑扎牢固，缆风绳是否拉紧。吊物应按规定的方法和吊点进行绑扎起吊，当用一条绳扣绑扎吊物时，绑扣应在重心位置。用两条绳扣绑扎吊物时，绳扣与水平夹角应大于 45°。扎圆筒或有硬胶吊物时，绑扣处应垫麻袋等物，以防圆筒滑脱和棱角伤绳。起吊前应将吊物上的工具和杂物清除，以免掉下伤人。起吊前，先将吊绳拉紧，复查绳扣是否绑牢，位置是否正确。吊大型钢板焊上足够安全吊点或采取其他措施。吊绳应垂直，原则上不准斜吊，如要斜吊，必须认真检查绳索和各种设备是否安全可靠，并经施工负责人批准。起吊时如发现吊物不够平衡，应放下

重绑，不准在空中纠正。起吊时应缓慢起落，避免过急、过猛或突然急刹，回转时不能过速。禁止任何人员随同吊装重物或吊装机具升降和以人作平衡体。严禁人员在钢丝绳，滑车等处爬上爬下。严禁一切起重机具，索具超负荷使用，如因整体设备而少量超负荷，吊装时必须采取加固措施，并须经有关部门同意，方可吊装。起吊物严禁与其他物体相碰。安装构件时，严禁构件与立柱或其他已安装好的构件相碰。在起吊物及构件安装稳定前，不准放下吊钩。起吊时，吊物附近的操作人员要站在能避让的位置，起吊后如需移动吊物，宜用绳拉。拉绳者与吊物中心距离不能小于吊物旋转半径，并注意吊车是否稳定。降落时必须等到吊物落到人头高度以下，方能靠近扶持吊物。吊物上面严禁站人。吊装时严禁任何人在重物下和吊臂下方及其移动方向通行或停留。在吊装过程中，如因故中断施工时，必须采取措施保证现场安全。如因故短期内难以解决时，则必须另外采取措施，不得使重物悬空过夜。递送工具时不准随便抛掷，以免伤人。

5. 施工现场安全用电保证措施

现场移动式电器设备必须使用橡皮绝缘电缆，横过通道必须穿管埋地敷设。

配电箱、开关箱使用 BD 型标准电箱（防爆电箱），电箱内开关电器必须完整无损，接线正确。电箱内设置漏电保护器，选用合理的额定漏电动作电流进行分级匹配。配电箱设总熔丝、分开关，动力和照明分别设置。金属外壳电箱作接地或接零保护。开关箱与用电设备实行一机一闸保险。统一移动开关箱，严禁有两种电压等级。

架空线必须设在水泥电杆上，严禁架设在树或脚手架上。架空线装设横担和绝缘子。架空线离地 4 m 以上，机动车道为 6 m 以上。对高压线路、变压器要按规程安置，设立明显的标志牌。所有电气设备按规定安装漏电保护装置，并有良好的接地保护措施。接地采用角钢、圆钢或钢管，其截面不小于 48 mm^2，一组两根，接地之间间距不小于 2.5 m，接地电阻符合规定。电杆转角杆、终端杆及总箱、分配电箱必须重复接地。各种机电设备检修、维护时要断电、停止运转，如要试运转，须有针对性保护措施。安装、维修或拆除临时用电工程时，必须由电工完成。电工必须持证上岗，实行定期检查制度，并做好检查记录。严禁将电线拴在铁扒钉、钢筋或其他导电金属物上。电线必须用绝缘子固定，配电导线必须保证与邻近线路或设施的安全间距。

任务四 连续刚构桥悬臂挂篮施工

【任务认知】

任务描述

悬臂浇筑施工是采用移动式挂篮作为主要施工设备，以桥墩为中心，对称向两岸采用挂篮逐段浇筑梁段混凝土，待混凝土达到要求强度后，张拉预应力束，再移动挂篮，进行下一节段的施工。悬臂浇筑法的每个节段长 2~6 m，节段过长将增加混凝土自重及挂篮结构重力，同时还要增加平衡重及挂篮后锚固设施；节段过短，影响施工进度。应根据设备情况及工期，选择合适的节段长度。悬臂浇筑法是桥梁施工中技术含量高、施工难度较大的一种施工工艺，需要一定的施工设备及一支熟悉悬臂浇筑工艺的技术队伍。悬浇施工内容包括 0 号块施工、桥墩临时固结、施工挂篮、浇筑梁段混凝土、结构体系转换、合龙段施工及施工控制等几个方面。本任务主要学习连续刚构桥悬臂挂篮施工工艺和施工注意事项。

悬臂挂篮施工

课时计划

本任务课时分配见表 5.4.1。

表 5.4.1 课时分配

任务内容	参考课时 理论	参考课时 实践	参考课时 合计	教学重点
连续刚构桥悬臂挂篮施工	1	1	2	连续刚构桥悬臂挂篮施工工艺和施工注意事项

【理论知识】

悬臂浇筑施工时，梁体一般要分四大部分进行浇筑，如图 5.4.1 所示。

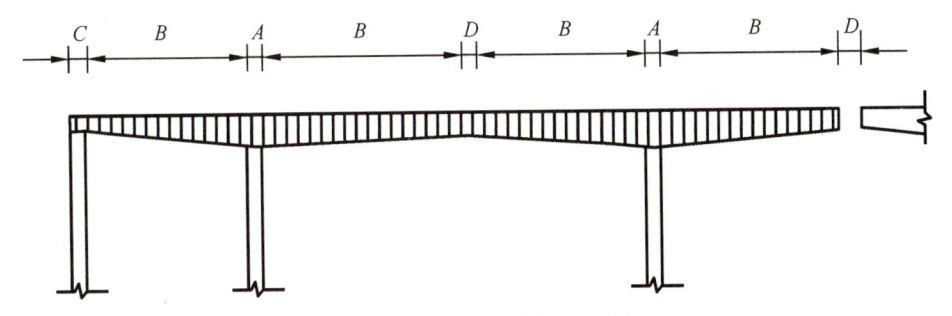

A—墩顶梁段；B—对称悬浇梁段；C—支架现浇梁段；D—合龙梁段。

图 5.4.1 悬臂灌注法

某连续刚构特大桥起讫里程为 K272+212.4~K272+843.6，桥全长为 631.2 m，其下游约 30 km 有一座水库，常年水深 5~12 m，最大水深 13 m。两岸地形陡峭，常水位水深较大，河段内相邻桥梁孔跨的协调要求满足 5 级通航要求，主桥采用一联（75+2×136+75）m 连续刚构，引桥采用 32 m 预应力混凝土简支梁，其具体孔跨布置情况为 3×32 m+（75+2×136+75）m 连续刚构+3×32 m 梁桥。本任务主要讲解其中一联（75+2×136+75）m 连续刚构桥的施工。该桥梁上部结构施工采用悬筑法施工，0 号块现浇段采用墩顶托架现浇施工，边跨现浇段采用支架现浇施工；悬浇段采用菱形挂篮对称悬臂浇筑，中跨和边跨合龙段采用底模吊架法施工。

1. 0 号块施工

1）0 号梁段施工支架设计和安装

0 号梁段位于桥墩上方，浇筑 0 号梁段相当于给挂篮提供一个安装场地。0 号梁段一般需在桥墩两侧设托架或支架现浇。起步段结构复杂，预埋件、钢筋和各向预应力钢束及其孔道、锚具密集交错，梁面有纵横坡度。端面与待浇段密切相连。浇筑时分 2～3 层浇筑，先底板，再腹板，后顶板。0 号梁段施工时间一般 40～60 d。主要包括支架与模板工程、钢筋工程、混凝土工程的施工。

0 号梁段示意如图 5.4.2 所示。

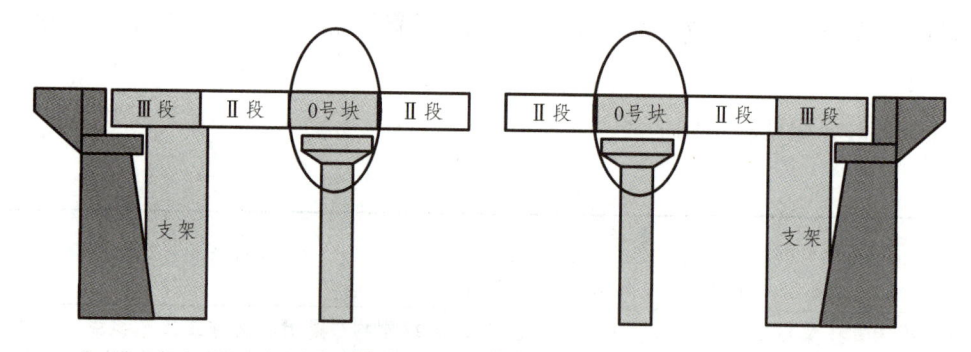

图 5.4.2 0 号梁段示意

0 号梁段一般需在桥墩两侧设托架或支架现浇。立 0 号梁段底模的同时安装支座及防倾覆锚固装置。施工托架有扇形、门式等形式；托架可采用万能杆件、贝雷梁、型钢等构件拼装，也可采用钢筋混凝土构件作临时支撑。托架总长度视拼装挂篮的需要而定，横向宽度要考虑箱梁外侧主模的要求，宽 1.5～2 m，托架顶面应与箱梁底面纵向线形一致。

0 号梁段在膺架上进行现浇施工，按膺架安装位置区分为内外部膺架，均采用型钢加工，利用塔吊吊装。膺架的截面尺寸大于梁体宽度，并留出操作平台；膺架上铺设两道分配梁，分配梁上部铺模板。墩身施工完成后利用墩身施工平台安装膺架，安装顺序为先内后外（墩内平台先安装）。膺架杆件利用塔吊吊装，人工配合安装。因膺架连接螺栓孔与预埋螺栓套为配套加工，安装时按编号进行。模板与模架在地面分段组装，重点在于侧面模架、模板的吊装。组装完毕后，按照结构尺寸要求控制顶面分配梁的高程，地面分三段整体拼装模板和模架，利用塔吊吊装，精确测量定位后进行锁定，再以此为基础顺序吊装。对侧模板顶部利用型钢进行刚性连接，在上部形成施工平台，悬吊内模模架和模板。

连续梁 0 号梁段施工工艺流程如图 5.4.3 所示。连续梁 0 号梁段施工如图 5.4.4 所示。

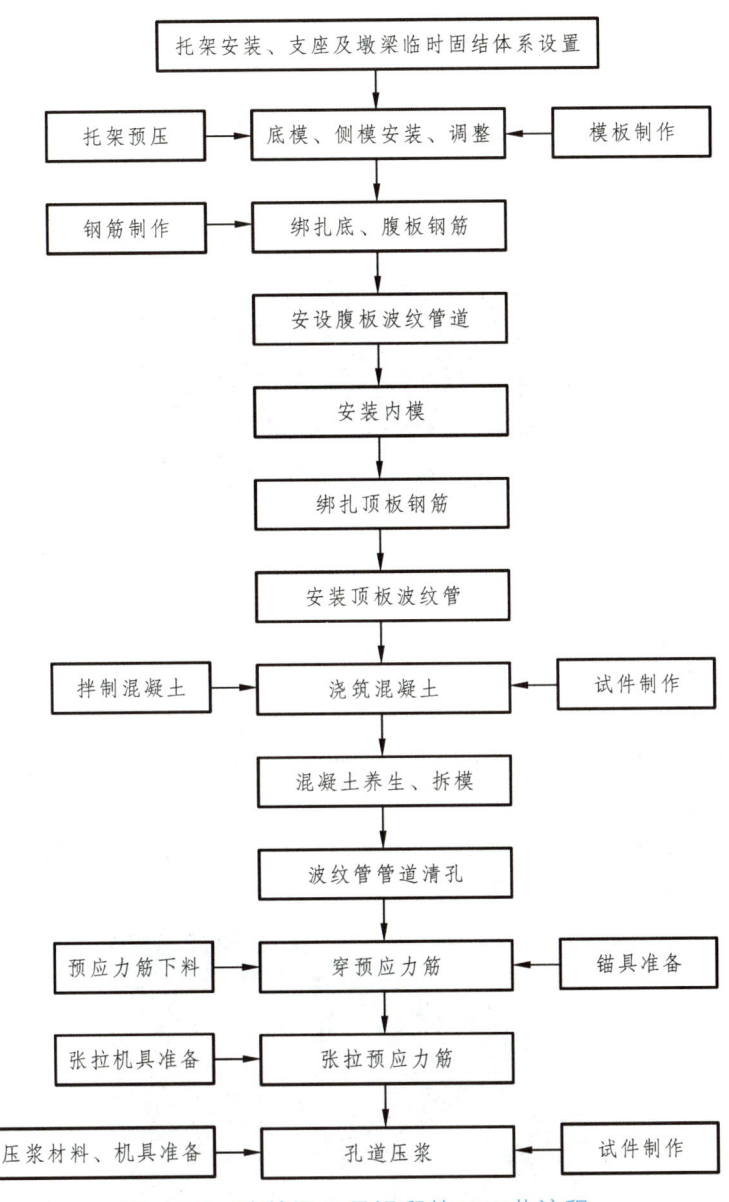

```
托架安装、支座及墩梁临时固结体系设置
         ↓
托架预压 → 底模、侧模安装、调整 ← 模板制作
         ↓
钢筋制作 → 绑扎底、腹板钢筋
         ↓
     安设腹板波纹管道
         ↓
       安装内模
         ↓
      绑扎顶板钢筋
         ↓
     安装顶板波纹管
         ↓
拌制混凝土 → 浇筑混凝土 ← 试件制作
         ↓
     混凝土养生、拆模
         ↓
      波纹管管道清孔
         ↓
预应力筋下料 → 穿预应力筋 ← 锚具准备
         ↓
张拉机具准备 → 张拉预应力筋
         ↓
压浆材料、机具准备 → 孔道压浆 ← 试件制作
```

图 5.4.3　连续梁 0 号梁段施工工艺流程

2）永久支座安装

3 号、7 号墩永久支座为球形钢支座，墩支座的规格与安装按设计执行。

安装支座的高程符合设计要求，支座顶板、底座表面水平，支座承压能力小于或等于 5 000 kN 时，其四角高差不大于 1 mm；支座承压能力大于 5 000 kN 时，其四角高差不大于 2 mm。

球形钢支座的顶板和底板用焊接或锚固螺栓栓接在梁体底面和墩台顶面的预埋钢板上。采用焊接时应避免烧坏混凝土。安装锚固螺栓时，其外露杆的高度不大于螺母的厚度。

支座安装的顺序为：先将上座板固定在大梁上，而后根据顶板位置确定底盘在墩台上的位置，最后予以固定。

支座中线与主梁中线重合，其最大水平位置偏差不大于 2 mm。安装时，支座上下各部件纵轴线进行对正。对活动支座，其上下部件的横轴线根据安装时的温度与年平均的最高、最低温差，计算确定其错位距离。支座上下导向挡块平行，最大偏差的交叉角不大于5′。

图 5.4.4　连续梁 0 号梁段施工

3）支架搭设与预压

支架预压的目的是消除非弹性变形和测定弹性变形量，为确立立模高程提供参数。采用预应力体系在模架、模板组装前对支架完全模拟施工状态下的荷载进行加载试验。具体方法为根据支架结构和需要的吨位情况布置施力位置，在支架顶面的四角、中心、千斤顶附近的分配梁顶面及分配梁的跨中等具代表性的位置布设观测点。承台施工时在承台内预埋 P 型锚作为持力点，通过预应力筋和支架顶面的千斤顶及传力分配装置实现对支架预压，经过对张拉前、张拉持荷放张前、放张后各观测点的高程检测和计算确定变形量，提供施工参数。

0 号梁段支架预压如图 5.4.5 所示。

图 5.4.5　0 号梁段支架预压

4）模板制作、安装

（1）顺桥向悬臂端底模板：采用板面为 6 mm 厚的大块钢模板，提前在地面组拼，与底模架连成一体，注意板缝严实，大面平整。用吊车整体吊装就位，校正高程后，底模架与模架上的分配梁锁死。

（2）外侧模板：外侧模由翼缘折线板与腹板平面板两部分组成，翼缘部分折线板作特殊加工，板面选择 6 mm 厚的钢板。外侧模板分单元加工，0 号梁段施工完成后将端部模板滑出即可作为挂篮模板。外侧模架用[12 槽钢组焊，布置间距为 1 m，每侧 16 片，模架间采用[12 槽钢连接成整体。

（3）外模架与外模板的组装：采取分单元在地面拼装，按单元成对用吊车吊装就位，吊装就位的次序为先中间，后两侧。其优点是可以大大提高效率，加快施工进度，避免了危险的高空作业，提高了安全性。同时端部外侧模可直接滑出用于施工 1~N 号梁段。外模板和外模架支立在分配梁上。

（4）内模板：倒角模板采用特殊加工。平面模板分两种，一种为标准大块模板，另一种为抽换可调模板。内模架用[10 槽钢组焊，从顶板中心分两单元加工，用夹板、螺栓连为一体，内设丝杠调节，以便于后续梁段施工脱模与滑移。

（5）内模架与内模架的安装流程：钢筋绑扎（预应力筋）→吊装内模架→分块安装面板→支撑内模架→用拉杆将其与外模连成整体。

（6）拆除模板系统：按悬灌梁段最大长度 4 m 的要求，两端 4.5 m 单元的内、外模板与模架滑向 1 号梁段进入悬灌施工，中间内、外模板与模架全部撤除，如图 5.4.6 所示。

图 5.4.6　拆除模板

5）钢筋绑扎及预应力管道安装

钢筋绑扎与管道安装同步进行。预应力管道采用定位钢筋网片进行固定，定位网片安装与钢筋绑扎同步进行。施工顺序为：加工钢筋→测量放线→吊装钢筋→顺序绑扎底板钢筋→搭设临时脚手架→绑横隔板钢筋→绑扎腹板钢筋→立内模板→绑扎顶板钢筋、横向预应力钢筋、纵向波纹管。

首先绑扎底板钢筋，底板上下两层钢筋间采用蹬筋支撑，横隔板、腹板钢筋绑扎采用在内侧搭设临时脚手架固定，绑扎成型后拆除。

0 号梁段竖向预应力粗钢筋较高，为保证其定位准确和安装顺利就位，利用外模板顶的对拉槽钢搭设钢管脚手架进行临时固定。利用ϕ40 短钢管在底部进行准确定位，钢板下焊接三根钢筋支腿作支撑，短钢管及支腿长度确保竖向预应力筋下部螺母位置准确。

按竖向筋的平面位置准确固定短钢管，短钢管间用钢筋连接控制间距。利用吊车配合从上至下穿筋对位，安装锚垫板、锚固螺栓、螺旋筋和ϕ35 钢管，竖向预应力筋的根部插入定位短钢管内，中部、顶部固定在排架管上，校正平面、立面。

横向预应力钢筋和波纹管同钢筋一起安装，横向波纹管采用扁形金属波纹管，现场加工，随用随制，避免生锈。上下两层钢筋间采用蹬筋支撑，严禁人员踏踩钢筋，施工时其可上铺木板，人员只能在木板上行走。

纵向预应力孔道采用塑料波纹管，强度高，不漏浆。每 0.5 m 加一道钢筋定位网片并绑扎牢固，防止移位。

6）0 号梁段混凝土施工

混凝土浇筑前，必须对模板、钢筋间距、钢筋保护层、预埋件、构件轮廓几何尺寸等做认真检查，报监理批准后方可浇筑。

混凝土由混凝土拌和站供应，通过施工便道由混凝土运输车运输，混凝土输送采用汽车泵。当入仓卸料高度大于 2 m 时，必须采取防止混凝土离析的措施（设溜槽）。

箱梁混凝土自标高较低处向高处进行浇筑，用两台汽车泵对称布料、水平分层、斜向分段、两侧腹板对称。浇筑时同一断面先浇筑底板，后腹板、顶板。为避免下梗肋处出现露筋、蜂窝麻面等质量问题，浇筑底板时拟从顶板预留的天窗下料，待底板打平后，再从腹板下料。底板、腹板立面浇筑顺序如图 5.4.7 所示。

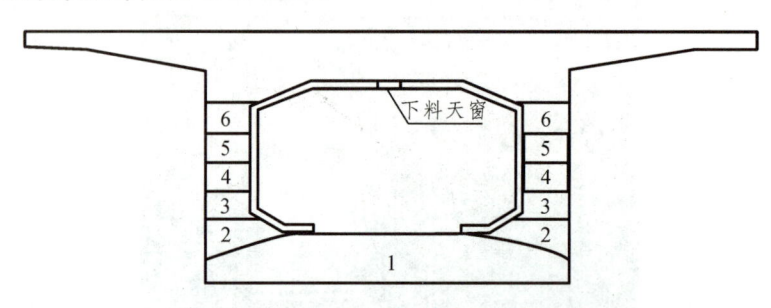

图 5.4.7 底板、腹板立面浇筑顺序

为保证腹板混凝土不从下部挤出，底板与腹板混凝土应交错进行，并适当控制浇筑高度、速度，混凝土坍落度控制在 120～160 mm 内，严禁过振。振捣时设专人负责。在振捣上一层时，振捣棒须插入下一层 10～15 cm，而且必须在下层混凝土初凝之前。根据施工时外界温度和混凝土初凝时间及混凝土每小时输送率来调整分段长度。混凝土振捣采用插入式振捣棒，并严格按规范振捣，振捣时选用经验丰富的作业工人，确保底板混凝土振捣密实；混凝土浇筑过程中需注意每个内模两侧对称下料、对称振捣，浇筑分层厚度控制在 40 cm，减小内模上浮力并防止倾斜、偏位。

顶板混凝土的厚度采用焊接临时竖向钢筋，在钢筋上作顶面混凝土高程标记，浇筑时严格控制。

隔墙人洞以下混凝土采用局部开口的方法加强捣固以确保浇筑质量。

桥面板混凝土浇筑到设计标高后用提浆整平机抹平，保证排水坡度和平整度。

混凝土在振捣平整后即进行第一次抹面，顶板混凝土应进行二次抹面。第二次抹面应在混凝土近初凝前进行，以防早期无水引起表面干裂。浇筑横隔板时，适当减小坍落度，保证混凝土浇筑不翻浆。

灌注前检查钢筋保护层垫块的位置、数量及其紧固程度，检查所有模型紧固件是否拧紧、完好，模型接口是否有缝隙，所有振动器是否完好。

在混凝土浇筑过程中，随机取样制作混凝土强度及弹性模量试件，其中强度和弹性模量试件应分别从箱梁底板、腹板和顶板取样。试件要随梁体或在同样条件下振动成形。

已完工梁段接茬混凝土应进行凿毛，露出新鲜碎石面，并充分润湿，以加强相邻节段的结合。预应力混凝土连续梁悬臂浇筑允许偏差应符合表 5.4.2 的规定。

表 5.4.2　预应力混凝土连续梁悬臂浇筑允许偏差

项　目	允许偏差/mm
悬臂梁端高程与设计高程之差	+15
合龙前两悬臂端相对高差	合龙段长度的 1/100 且不大于 15
梁段模板中线与设计中线之差	5
轴线偏差	15
顶面高程差	±10

悬臂施工的要点在于对称平衡施工，所以箱梁浇筑时两端应注意平衡，两侧混凝土浇筑不平衡重不得超过 20 t。

混凝土浇筑完毕，1 h（二次碾压抹平收光）后，用土工布覆盖，外覆一层不透水的薄膜，开始养生。在模架上面安装雨棚（遮阳棚），防止混凝土暴晒开裂，达到保温效果。混凝土养生根据外界环境温度及张拉所需的时间要求采用自然养生和加热养生。

夏季采用自然养生。自然养生为洒水覆盖养生。覆盖应采用双层，一层为保水层土工布，一层为防止水分蒸发的不透水薄膜。自然养生要保持梁体一直处于湿润状态。自然养生时间应根据混凝土强度发展能否满足拆模要求而定。

当冬季气温低于 5 ℃ 时，混凝土采用加热覆盖养生。在混凝土初凝后，在梁体上表面喷洒养护剂，均匀布设电热毯，毯子之间的净距不超过 50 cm。毯子上面用毛毡覆盖整个梁体，包括梁端。梁体腔内采用蒸汽养生，在腔内均匀布设八个油桶，采用电加热水产生蒸汽。梁体加热养生期间，派专人进行温度测量、控制，保证升温不超过 15 ℃/h，降温不超过 10 ℃/h。为防止升温过快，电热毯通电时间间隔进行。

7）0 号块预应力工程

（1）预应力体系。

箱梁采用全预应力理论设计。钢绞线均采用符合《预应力混凝土用钢绞线》（GB/T 5224—2023）标准的 $\phi^s15.2$ 高强度、低松弛钢绞线，抗拉强度标准值 f_{pk} = 1 860 MPa，弹性模量 E_p = 1.95×10^5 MPa。

① 纵向钢束：除中跨底板合龙束采用 19ϕ^s15.2 钢绞线，内径 100 mm 金属波纹管成孔，除 M15-19 锚具锚固外，其余所有钢束均采用 15ϕ^s15.2 钢绞线，内径 90 mm 金属波纹管成孔，除 M15-5 锚具锚固外，所有钢束均采用双端张拉。

② 横向顶板钢束：采用 4ϕ^s15.2 钢绞线，配用 BM15-4 及 BM15P-4 型扁锚，采用内径 70 mm × 19 mm 金属扁波纹管成孔，顺桥向钢束间距 50 cm 左右，采用单端张拉，张拉端交错布置。

③ 竖向预应力钢筋：采用直径 32 mm 的 PSB830 精轧螺纹钢筋，其应符合相应标准的规

定,抗拉强度标准值 f_{pk} = 830 MPa,弹性模量 E_p = 2.0×10⁵ MPa。配用 JLM-32 精轧螺纹锚,采用内径 50 mm 金属波纹管成孔。箱梁每道腹板根据腹板厚度设置一根或两根竖向预应力钢筋,竖向筋间距 50 cm。

(2)预应力筋下料时,根据施工图所提供的钢束编号和下料长度采用切断机或砂轮锯切断,不得采用电弧切断。钢绞线下料不得散头,钢绞线在编束时要梳理顺,每隔 1~2 m 捆扎成束,并做出编号标志。搬运时,不准在地上拖拉。预应力筋在储存、运输和安装过程中不得淋雨生锈和损伤。预应力筋下料长度的允许偏差和检验方法见表 5.4.3。

表 5.4.3 预应力筋下料长度的允许偏差和检验方法

序号	项目		允许偏差/mm	检验方法
1	钢丝	与设计或计算长度差	±10	尺量
		束中各根钢丝长度差	不大于钢丝长度的 1/5 000,且不大于 5	
2	钢绞线	与设计或计算长度差	±10	
		束中各根钢绞线长度差	5	
3	预应力螺纹钢筋		±50	

(3)预应力张拉前,要根据上述预应力体系所提供的张拉设备,配套标定,配套使用,不得混用,配套标定期一般不大于 1 个月或标定后使用次数不得大于 200 次。标定要在国家授权的法定计量机构定期进行。预应力钢束和粗钢筋等在使用前还必须做张拉、锚固试验,并进行管道摩阻、喇叭口摩阻等预应力瞬时损失测试,以保证张拉力准确。

(4)施加预应力采用分阶段一次张拉完成。预应力钢束在梁段混凝土弹性模量达到设计值 100%,强度达到设计强度的 95%(合龙段 100%)以上且养生龄期不少于 7 d(合龙段混凝土龄期不少于 10 d)后才能张拉。预应力钢束(钢筋)张拉顺序为先纵向钢束,其次竖向预应力钢筋,最后横向钢束。

①纵向预应力钢束。

a. 预应力张拉采用张拉力与引伸量双控,以张拉力控制为主,引伸量作为校核的原则。

b. 纵向钢束在横截面上必须对称均衡张拉,底板合龙束先拉长束,后拉短束。

c. 钢束张拉完毕后应尽快进行孔道注浆,钢束应张拉一批压浆一批,待孔道压浆强度达到设计强度的 80%及以上时,方可进行下一批钢束的张拉。

②竖向预应力筋施工。

a. 每个梁段的纵向钢束张拉完毕后,应立即进行竖向预应力筋的张拉。每个梁段靠近施工接头的最后一根竖向预应力筋与下一梁段的竖向预应力筋一起张拉。

b. 张拉时,锚具回缩值控制在 1 mm 以内,若一次张拉难以将回缩量控制在 1 mm 以内时,应采取反复张拉的措施。

c. 竖向预应力筋张拉完毕后,张拉端外螺母必须与钢筋点焊,并将螺母以上多余部分切割掉。

③横向预应力钢束施工。

a. 每个梁段的竖向预应力钢筋张拉完成之后,应自节段根部开始按顺序张拉横向钢束。

每个梁段靠近施工接头的最后一根顶板横向预应力束与下一梁段的横向预应力束一起张拉。横隔墙预应力筋与其所处的梁段一并张拉完成。

b. 当同一束两台千斤顶都达到设计应力的 100%后,将两端伸长量累加即得实际伸长量 ΔL,并将该值与理论计算值进行比较。若在±6%内,则在 24 h 内完成压浆;若误差超过±6%,则分析原因并处理后再进行压浆。

c. 预应力束张拉时,由于存在锚圈口应力损失及喇叭口应力损失,需要对张拉应力补偿,故张拉达到设计锚下应力的 100%后,还需超张拉,一般按 3%~5%,最大不得超过 5%。即张拉至设计锚下应力的 103%~105%停留 5 min 后锚固。超张拉值选取原则为:实际伸长量偏小,则取较大值;实际伸长值偏大,则取较小值。

d. 纵向预应力钢束采用双端张拉,伸长量及张拉力双控,并以应力控制为主,伸长量作为校核。张拉伸长量的测定,以设计锚下应力(100%)伸长量减去初始张拉应力(10%)伸长量所得的差值为实际钢束伸长值。

8)管道真空压浆

(1)预应力筋张拉完成后,在 48 h 内进行管道压浆,压浆前清除管道内积水,压入管道内的水泥浆要饱满密实,水泥浆搅拌结束至压入管道的时间不应大于 40 min。

(2)压浆浆体采用净浆并在浆体中掺入 FDN-5 高效减水剂和粉煤灰,以及阻锈剂和膨胀剂,以提高浆体的工作性和密实性及防护性能。水胶比不大于 0.35,控制浆体终凝时间不大于 24 h。压浆时采用真空辅助压浆工艺,对曲线孔道和竖向孔道从最低点压浆孔压入,由最高点的排气孔排气或泌水,先压下层孔道。压浆泵采用连接式,同一管道压浆连续进行,一次完成。确认出浆浓度和原浆一致时封闭出气孔加压,并保持不小于 0.5 MPa 稳压期,稳压期不小于 2 min,最大压力不大于 1.0 MPa,竖向孔道压浆最大压力控制在 0.3~0.4 MPa。当夏季施工气温高于 35 ℃时,宜在夜间进行压浆。

(3)真空灌浆工作原理。

在孔道的一端采用真空泵对孔道进行抽真空使之产生负压(-0.06~-0.1 MPa),在孔道的另一端用灌浆泵进行灌浆,直至充满整条孔道,然后灌浆泵再给孔道施加≤0.7 MPa 的正压力。从而获得更加饱满、密实的灌浆效果。

(4)混凝土封锚。

① 外露多余的钢绞线用手提砂轮机切割,离夹片外口至少保留 30 mm。

② 绑扎局部构造钢筋并支模,浇筑混凝土封裹。

2. 1~16 号梁段悬臂灌注施工方法及措施

从 1 号段开始,各墩处采用 1 套挂篮进行对称悬臂灌注施工。

悬臂灌注法的主要施工设备挂篮是一个能够沿轨道行走的活动作业台车,它支承在已完成的悬臂梁段上用于进行下一个梁段的施工。待新灌梁段施加预应力及管道压浆后,挂篮即前移进行下一个梁段的施工。如此逐段循环直至完成全部悬灌梁段。1~16 号梁段施工挂篮采用三角桁架式挂篮。1~16 号梁段施工工艺如图 5.4.8 所示。

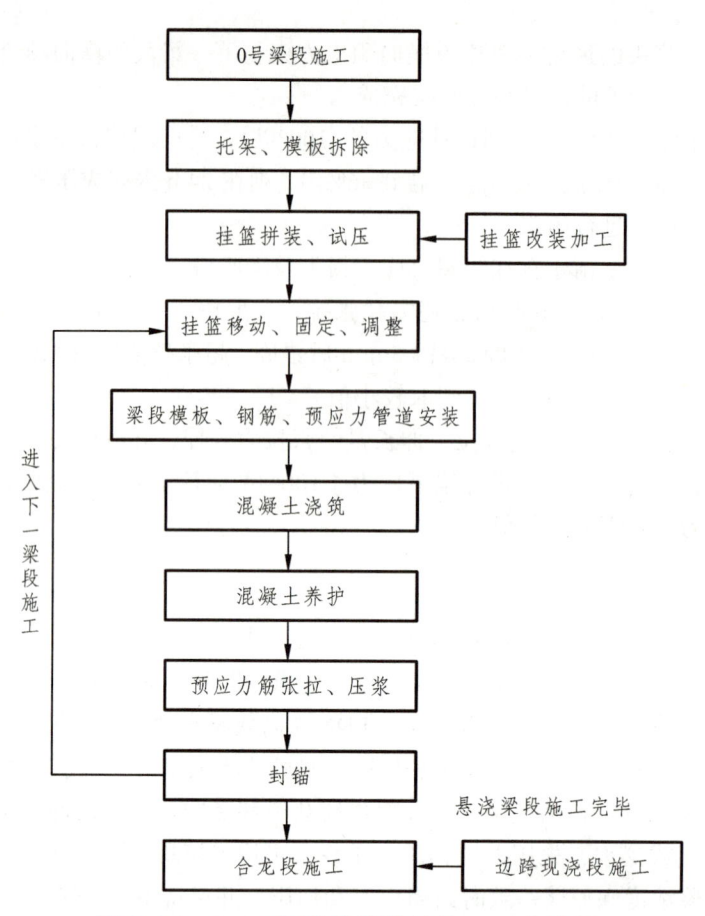

```
          ┌─────────────────┐
          │  0号梁段施工    │
          └────────┬────────┘
                   ↓
          ┌─────────────────┐
          │  托架、模板拆除 │
          └────────┬────────┘
                   ↓
          ┌─────────────────┐      ┌─────────────────┐
          │  挂篮拼装、试压 │←─────│  挂篮改装加工   │
          └────────┬────────┘      └─────────────────┘
                   ↓
          ┌─────────────────┐
    ┌────→│挂篮移动、固定、调整│
    │     └────────┬────────┘
    │              ↓
    │     ┌───────────────────────┐
    │     │梁段模板、钢筋、预应力管道安装│
    │     └────────┬──────────────┘
  进              ↓
  入     ┌─────────────────┐
  下     │   混凝土浇筑    │
  一     └────────┬────────┘
  梁              ↓
  段     ┌─────────────────┐
  施     │   混凝土养护    │
  工     └────────┬────────┘
    │              ↓
    │     ┌─────────────────┐
    │     │ 预应力筋张拉、压浆│
    │     └────────┬────────┘
    │              ↓
    │     ┌─────────────────┐
    └─────│     封锚        │
          └────────┬────────┘     悬浇梁段施工完毕
                   ↓                     │
          ┌─────────────────┐     ┌─────────────────┐
          │   合龙段施工    │←────│  边跨现浇段施工 │
          └─────────────────┘     └─────────────────┘
```

图 5.4.8　1~16 号段悬臂灌注施工工艺流程

1）挂篮的设计

采用菱形桁架式挂篮。挂篮由模板部分、走行部分及附属部分组成。

采用自锚式菱形桁架挂篮进行悬灌施工，内、外模板和主构架均可以一次走行到位，施工中主构架和外模板一起走行到位，调整定位，绑扎底板和腹板钢筋后，内模板、内模架再走行到位。主要技术指标：挂篮由两片菱形主桁组成，挂篮自重及全部施工荷载不超过 80 t、不大于 800 kN，适应最大梁段长度为 4.5 m，适用最大梁段质量为 200 t，最大承载质量不小于 280 t，施工、行走状态抗倾覆系数大于 2，导链牵引走行。前支座安放聚四氟乙烯滑板，后支座设滚轮，减小滑行阻力。

2）挂篮构造

一台挂篮总长 11 m，高 5.5 m，后锚在已浇好梁段上 5 m 处，悬臂长 5 m。挂篮及附属设备的重量约 560 kN。挂篮主要由主桁架、行走及锚固系统、吊带系统、底平台系统、模板系统五大部分组成。

（1）主桁架系统。

主桁架是由两片外形呈菱形的桁片在其横向设置前后横梁组成一空间桁架，并在前后横梁上设置上下两层平面联结杆件以提高主桁的稳定性和刚度。主桁杆件采用 H 型钢两侧焊钢板，杆件间采用 30CrMnTi 销轴销接，前后横梁桁片及其平联采用钢板和角钢。在前后横梁下方设分配梁，用于悬挂底篮、模板。为改善露天施工条件，桁架顶部设置遮雨棚。

（2）行走及锚固系统。

挂篮在悬浇完一段箱梁，且预应力筋张拉完毕后开始前移。挂篮前移时，通过后锚千斤顶将上拔力转换到行走小车上，由反扣于工字形钢轨道上的走行小车来平衡倾覆力矩，前支点采用底贴四氟板组合滑船，由液压油缸顶推前移。焊接型钢的轨道分长轨和短轨两种，由锚固梁与箱梁竖向预应力筋连接并锚固。浇筑混凝土时，需通过箱梁顶板上预留的孔道，锚杆与主桁后结点锚固。

走行系统主要由轨道、锚固轨道的精轧螺纹钢（$\phi 25$）、前支点、后支点、垫枕和后锚体系组成。

轨道由面板、两侧肋板和底板（全为 1.5 cm）钢板焊接而成，轨道两侧肋板和底板开有小孔，供锚固精轧螺纹钢操作使用。轨道一般由一根长轨（3 m）和一根短轨（1.5 m）组成。

前支座直接安放在轨道面板上，后支座上有四个滑轮扣在轨道面板上。

垫枕由 18 号或 20 号工字钢组成，主要用于调平轨道。

锚固轨道的精轧螺纹钢间距 50 cm 一根，锚固深度在混凝土内 50 cm 即可，露出混凝土面高度为（37±3）cm。

后锚装置主要由后锚梁和锚固精轧螺纹钢组成。后锚梁由 30 号双槽钢焊接而成，梁直接压在主构架后支点上，精轧螺纹钢直接将梁锚在已浇好的梁段上。

（3）吊带系统。

吊带用于连接挂篮主桁架和底模平台，根据不同位置和作用，均选用 $\phi 32$ 精轧螺纹钢。上端悬吊于前后横梁桁片上，下端与底平台或侧模分配梁连接，用液压提升装置来调节底模系统的标高。

（4）底平台系统。

底平台系统由底篮前后横梁、纵梁等组成，模板直接铺于底平台上，前后横梁悬吊于主桁架，浇筑混凝土时，后横梁锚固于前段已完箱梁底板上。

（5）模板系统。

模板结构包括外模、内模、堵头模板等。

外模分模板、骨架及滑架。外模模板由 6 mm 钢板加型钢组成，与内模模板用对拉杆连接，外加支撑固定。支承模板及滑架的滑梁前端悬吊于主桁梁上。滑梁后端悬吊于已浇箱梁翼板，浇筑混凝土时锚固于前段已完箱梁翼板，拆模时放松锚固端，随平台下沉和前移。

内模亦由模板、骨架、滑梁组成。支承模板、骨架的滑梁前端悬吊于主桁，后端悬吊于前段已浇箱梁顶板。挂篮行走时，滑梁同时随挂篮前移。内模板采用组合钢模和型钢带组成，与外模对拉，内支撑固定。内支撑设调节螺栓支撑，在角隅处，型钢骨架设螺栓连接，用于调整内模宽度以适应腹板厚度变化。内侧设有收分模板，以适应后面每一段箱梁高度变化。

堵头模板因有钢筋和预应力管道伸出，其位置要求准确，采用钢模板，根据钢筋布置分块拼装，随后和内外模连接成整体。

3）挂篮拼装

（1）主桁结构拼装。

①在箱梁 0 号梁段顶板面轨道位置处进行砂浆找平，测量放样并用墨线弹出箱梁中线、轨道中线和轨道端头位置线。以经纬仪和垂线相互校核主桁拼装方位并控制挂篮行走时的轴线位置。

②利用吊装设备起吊轨道，对中安放，连接锚固梁。安装轨道锚固筋，将锚固梁与竖向预应力筋连接后，对每根锚筋施以 250～300 kN 的锚固力，在轨道顶安装前支点滑船，在结点处临时设置支承垫块。

③将箱梁 0 号梁段顶面作为工作平台，水平组拼主桁成菱形体。利用汽车吊起吊安装主桁片就位，并采取临时固定措施，保证两主桁片稳定。

④安装主桁后结点处的分配梁、（后）千斤顶、后锚杆等，将主桁后结点与分配梁连接并通过锚固筋与顶板预留孔锚固。

⑤在箱梁 0 号梁段顶面组拼形成后横梁桁片的 2 个单元（左右桁片）。将后横梁桁片分段起吊安装就位。同样方式组拼前横梁桁片，整体起吊安装就位。

⑥按先下后上的顺序安装上下平联杆件。

⑦安装吊带、分配梁、吊杆以及液压提升装置等。前后横梁桁片与吊带的销接处必须照图设置限位钢管。

⑧拆除后锚临时支承垫块。

（2）底平台和模板结构拼装。

①底平台的拼装。

a. 将 0 号梁段浇筑时使用的大梁两悬臂端用工字钢接长，将底篮前后横梁吊放于大梁接长的悬臂端，前后横梁吊杆与主桁连接，用葫芦倒链将底篮前后横梁与吊杆连接固定。再安装底篮纵梁、分配梁等。其后安装底平台两侧及前后端工作平台。

b. 在箱梁 0 号梁段底板预留孔附近，以砂浆找平、安装卸载千斤顶、分配梁、底模等流程，将底篮后横梁锚固于 0 号梁段底板。

②外侧模拼装。

a. 利用外模前后吊带将外模滑梁吊起。

b. 在桥下将侧模骨架分 2 片连接成一个整体，将面板逐块安装在侧模骨架上，检查并调整侧模位置。用汽车吊将骨架整体吊装，悬挂在外模滑梁上。

c. 安装侧向工作平台。

③内模拼装。

a. 在桥下将内模滑梁和横梁、斜撑连接成一个整体，用汽车吊起吊通过内模前吊点和内模锚杆悬吊。

b. 在桥下将内模骨架拼装成一个整体，用汽车吊吊装，将其悬挂于内模滑梁上。

c. 将内模顶板垫木和模板安装在滑梁骨架上，调整模板。

④张拉工作平台拼装。

在桥下将工作平台组装成一个整体，用倒链悬挂于主桁系统上，以便随施工需要进行升降。

⑤模板系统浇筑梁段的尺寸参数变化。

a. 模板骨架的安装，除顶板和腹板的横肋须一次拼装就绪外，腹板部分的竖肋按箱梁块件长度拼装。

b. 当梁段长增加或减小时，板面应在挂篮未前移到下个梁段时，即将模板加长拼装形成。

c. 每个梁段施工前调整内模的横向位置，使之满足箱梁腹板厚度的线性变化。

4）挂篮预压

（1）预压目的。

充分消除挂篮产生的非弹性变形，将挂篮的弹性变形量纳入梁段施工预拱度计算中，确保挂篮安全可靠。

（2）预压方法。

挂篮预压压重为悬臂梁段重量（最重梁段）的1.2倍。预压采用堆砂袋或预压块的加载方式进行，加载分5级进行，空载—20%—50%—70%—100%—120%。卸载时，也按此级别进行，即120%—100%—70%—50%—20%—空载。每级荷载在加载（或卸载）完成时，应停留半个小时以上，待沉降稳定后进行观测，得出有关变形数据。满载后应停留至少一天后才可进行观测。

（3）沉降观测。

沉降观测分级进行，满载沉降量减卸完空载沉降量（最终沉降量）即得挂篮弹性变形量。弹性变形量在施工中要计算到施工预拱度中。立模时，要考虑非弹性变形。

5）挂篮走行及锚固体系转换

在每一梁段混凝土浇筑及预应力张拉完毕后，挂篮将移至下一梁段位置进行施工，直到悬臂浇筑梁段施工完毕。挂篮前移时工作步骤如下：

（1）当前梁段预应力张拉、压浆完成后，进行脱模（脱开底模、侧模和内模）。

（2）当前梁段为0号梁段时，用千斤顶将挂篮前支点顶起，将短轨换成长轨，锚固长轨，落下千斤顶，滑船压在轨道上，安装水平顶推千斤顶。对于梁段为1号梁段至最后一悬浇节段，用千斤顶将挂篮前支点顶起，拖动轨道至下一梁段位置就位，锚固轨道，落下千斤顶，滑船压在轨道上。

（3）挂篮后结点进行锚固转换，将上拔力转给后锚小车。

（4）拆除底模后锚杆，此时底篮后横梁仅用吊带吊住。

（5）拆除侧模后端的内吊杆，用后滑梁架后端吊住，内滑梁架的上端固定在桥面上。

（6）拆除内模滑梁的后吊杆，用特制的后滑梁架将内模滑梁后端吊住，上端固定在桥面上。

（7）检查。

（8）用水平千斤顶顶推挂篮前移，将底模、侧模、主桁系统及内模滑梁一起向前移动，直至下一梁段位置。

（9）挂篮就位后，用挂篮后结点千斤顶进行锚固转换，将上拔力由锚固小车转给主桁后锚杆。

（10）安装底模后锚杆。

（11）安装侧模、内模后吊杆，调整后滑梁架。

（12）调整模板位置及标高。

（13）待梁段底板及腹板钢筋绑扎完毕后，将内模拖动到位，调整标高后，即可安装梁段顶板钢筋。

（14）梁段混凝土浇筑及预应力张拉完毕后，进入下一个挂篮移动循环。

（15）挂篮行走时，内外模滑梁必须在顶板预留孔处及时安装滑梁吊点扣架，保证结构稳定。移动必须匀速、平稳、同步。采取划线吊垂球或全站仪定线的方法，随时掌握行走过程中挂篮中线与箱梁轴线的偏差，如有偏差，应使用千斤顶逐渐纠正。为安全起见，挂篮尾部用钢丝绳与竖向蹬筋临时连接，随挂篮前移缓慢放松。

6）挂篮试验

荷载试验时，加载按施工中挂篮受力最不利的梁段荷载进行等效加载。试验过程中加载分级进行，测定各级荷载作用下挂篮产生的挠度和最大荷载作用下挂篮控制杆件的内力。根据各级荷载作用下挂篮产生的挠度绘出挂篮的荷载-挠度曲线，由曲线可以得出使用挂篮施工各梁段时将产生的挠度，为大桥悬臂施工的线性控制提供可靠的依据。根据最大荷载作用下挂篮控制杆件的内力，可以计算挂篮的实际承载能力，了解挂篮使用中的实际安全系数，确保安全可靠。

进行挂篮主桁行走稳定性观测。为了检验挂篮行走的稳定性，利用型钢、钢筋等重物按1.2倍空荷载在前吊杆位置加载，在行走过程中观测桁片的倾斜度、震颤情况及反扣轮滚动脱轨情况，要求主桁行走平衡，反扣轮工作正常。

挂篮在墩顶 0 号梁段上拼装完毕后，应对挂篮施加梁段荷载进行预压，充分消除挂篮产生的非弹性变形。悬臂浇筑施工过程中，将挂篮的弹性变形量纳入梁段施工预拱度计算中。

7）挂篮结构拆除

箱梁悬臂浇注梁段施工完毕后，进行挂篮结构拆除。拆除时，将挂篮退至墩顶位置，先按拼装时的相反顺序拆除挂篮的底篮及模板系统，然后拆除挂篮主桁杆件。

8）钢筋及预应力管道制作、安装

钢筋及预应力管道制作、安装程序见表5.4.4，波纹管上泌水孔设置在波纹管最低处。

表5.4.4　钢筋及预应力管道制作、安装程序

序号	制作、安装程序	说明
1	钢筋及管道安装顺序	箱梁底模板和外侧模板就位后即进行钢筋及管道安装，顺序如下：绑扎底板下层钢筋→安装底板管道定位网片→绑扎底板上层钢筋（底板上下层钢筋之间用Π形钢筋垫起焊牢，防止人踩变形，保持上下层钢筋的设计间距，Π形钢筋架立按间距 80 cm 呈梅花形布置）→绑扎好腹板骨架钢筋→绑扎腹板下倒角的斜筋→穿底板波纹管→安装底板上的螺旋筋和锚垫板→腹板钢筋骨架内安装下弯钢筋束管道→绑扎顶板和翼板下层钢筋→安装顶板管道定位网片，穿顶板波纹管→安装顶板螺旋筋及锚垫板→绑扎顶板上层钢筋
2	管道制作与安装	预应力孔道纵向采用塑料波纹管，横向采用扁形金属波纹管成孔。波纹管孔道以钢筋网片固定定位，钢筋网片间距为 0.5 m。任何方向管道位置偏差为跨中 4 m 不超过 4 mm，其他不超过 6 mm。在孔道布置中要做到：不死弯；不压、挤、踩、踏；防损伤；发现波纹管损伤，及时以胶带纸或接头管封堵，严防漏浆。设置压浆管道

续表

序号	制作、安装程序	说明
2	管道制作与安装	对腹板束、顶板束在0号段管道中部设三通管，中跨底板合龙段横隔板附近管道设三通管，边跨底板束在距支座约10 m附近管道设三通管，钢束长超过60 m的按相距20 m左右增设一个三通管，以利排气，保证压浆质量。 波纹管走向最高处设置泌水孔。在波纹管上开洞，然后将一块特别的带嘴塑料弧形接头板用铅丝同管子绑在一起，再用塑料管或钢管插在嘴上，并将其引出混凝土顶面40 cm，接头板的周边可用完整胶带缠绕数层封严
3	锚垫板的安装	锚具垫板及喇叭管尺寸正确，锚垫板安放时保持板面与孔道垂直，压浆嘴朝上，波纹管穿入锚垫板内部，衔接要平顺，且从锚垫板口部以海绵封堵孔道端口，外包裹胶带，避免漏浆堵孔。为保证锚垫板定位准确，施工齿板处时，换用专用内模，精确定位，将齿板与梁体一同浇筑
4	孔道接长	纵向预应力孔道波纹管接长，用其内径比通长孔道波纹管外径大5 mm的波纹管进行接头连接，接头长度不小于20 cm，接缝处用封口胶带纸包裹2~3层，以防漏浆
5	钢筋及管道安装注意事项	锚垫板应与螺旋筋、波纹管中轴线垂直，螺旋筋应与锚垫板预先焊好，防止在混凝土振捣过程中造成锚垫板偏斜。 在底板、腹板钢筋绑扎完毕进行内模安装时，应在箱梁内设脚手板，防止操作人员踩踏底板钢筋。 钢筋伸出节段端头的搭接长度满足设计要求，并全部采用焊接。 钢筋保护层采用塑料垫块，按4个/m² 布置，以保证保护层厚度

9）混凝土灌注

混凝土由自动计量拌和工厂集中拌制。

混凝土灌注时应从前往后对称灌注两腹板下倒角混凝土，然后再从前往后灌注底板，底板混凝土应由串筒入模，底板灌注完成后继续对称分层灌注腹板混凝土，腹板可由串筒入模送入，分层厚度为30 cm。顶板的灌注遵循由两侧向中央灌注的顺序。T构两端应对称施工，任何时候两端施工的不平衡重控制在设计要求的20 t以内。

混凝土振捣采用插入式振捣器，插入振捣厚度为30 cm，插入下一层混凝土5~10 cm，插入间距控制在振捣器作用半径1.5倍之内，振捣到混凝土不再下沉，表面泛浆有光泽并不再有气泡逸出时将振捣器缓慢抽出。

混凝土灌注注意事项：混凝土要分散缓慢卸落，防止大量混凝土集中冲击钢筋和波纹管；捣固混凝土时应避免振动器与波纹管接触振动；混凝土入模过程中随时注意保护波纹管，防止波纹管碰撞变形；在混凝土灌注前、浇筑完底板、腹板、顶板后分别及时测量底模高程，并进行相应调整。

混凝土的养护质量直接影响到混凝土的强度和混凝土的外观质量。根据环境的温度变化情况制定混凝土养生措施如下：混凝土灌注完，喷雾养护，表面用无纺布覆盖，初凝后及时洒水养护，始终保持混凝土表面潮湿，浇水天数一般不得少于14 d。同时进行底面和侧面的养生。

10）预应力施工

预应力施工见表 5.4.5。

表 5.4.5　预应力施工

序号	项目	说　明
1	预应力材料	预应力钢绞线采用高强度低松弛钢绞线，其技术性能指标应符合《预应力混凝土用钢绞线》（GB/T 5224—2023）的规定。 螺纹钢筋使用前经冷拉时效处理，如有目测可见的弯折必须调直，并清除表面浮锈、污物、泥土，钢筋表面如有明显凹坑或其他缺陷则应剔除该段，竖向钢筋在订货时可直接按施工长度进料
2	锚具	锚具进场后要进行严格检验，其技术性能指标必须符合《预应力筋用锚具、夹具和连接器》（GB/T 14370—2015）的有关规定，经检验合格后方可使用
3	预应力设备	预应力张拉设备包括张拉千斤顶、抗震油表、油管、油泵、拌浆机、压浆机及工具锚夹具等
4	油表的校正与千斤顶的标定	压力表、张拉千斤顶等设备，按规定定期检查并建立卡片备查。油表检定周期为一周，张拉千斤顶校验周期为一个月。千斤顶委托具备资质的单位进行检定 下列情况需进行千斤顶标定：出厂后初次使用前；检验后经过一个月；千斤顶经过拆开检修后；震动、损伤呈油压锐减及其他异常情况。 油表在下列情况须重作校正：使用超过一个月或在使用中发现超过允许误差或发生故障检修后
5	纵、横向预应力筋的施工工艺	钢绞线下料，长度按梁段长度加千斤顶的工作长度加钢绞线穿束时的连接长度加富余长度 10 cm 计算。钢绞线采用砂轮切割机切割，不允许出现散头现象。钢绞线下料够一束的数量后经梳筋板梳理后用细铁丝绑扎，每间隔 1.5 m 绑一道，以便运输和穿束。 采用人工穿短束及人工配合卷扬机穿长束的方法穿束。穿束前将前端安放引导头，将钢束表面污物清洗干净，引导头采用电焊焊接，焊接时钢绞线不许扰动，防止因扰动而引起火灾破坏钢绞线。 在梁体混凝土强度达设计 95% 及以上，且养护龄期不少于 7 d，弹性模量达到设计值 100% 后方可进行张拉。 张拉顺序：根据设计图要求，采用两端同步张拉，左右对称进行。 张拉顺序原则：先腹板束，后顶板束，从外到内左右对称进行，先纵向束，后顶板横向束，横向扁束单根张拉先中间后两边，左右对称。 张拉工艺：预应力钢绞线采用一次张拉的工艺，其步骤为 $0 \to 0.1\sigma_k \to 0.2\sigma_k \to \sigma_k$（持荷 5 min）$\to$ 补张拉 σ_k（测伸长值）$\to$ 锚固。 若千斤顶的行程一次张拉达不到需倒顶，第二次张拉的初张力为第一次的终张力，然后一次性张拉完成。第一次张拉力控制在 50%，并确保第二次能一次性张拉完成，第二次伸长量控制在千斤顶行程以内。两次伸长值之和即为最终伸长值。 全梁断丝、滑丝总数不得超过钢丝总数的 0.5%，且一束内断丝不得超过一丝，也不得在同一侧。超过该规定拉出钢丝束更换新的钢丝束和锚具，单根滑丝单根补拉。纵横向预应力筋的施工工艺如图 5.4.9 所示

续表

序号	项目	说　明
6	竖向预应力筋的张拉	预应力筋制作：竖向预应力筋为 ϕ32PSB 精轧螺纹钢筋，下料时采用砂轮机切割，下料长度预留出挂篮轨道锚固长度。 张拉锚固：采用穿心式单作用千斤顶单端张拉，千斤顶的张拉头旋入钢筋至少 40 mm，一次性张拉完毕，持荷 2 min 后锚固。张拉采用双控法，以油压表值为主，油压表值的误差不得超过±2%，伸长量的误差不得超过±1%。伸长量的测量采用千斤顶上的转数表与实际测量活塞杆伸长相结合的办法。 张拉程序：安装锚垫板和锚具→安装千斤顶→初应力取 $0.1\sigma_k$，计数器归零→张拉至 σ_k，测量伸长量，持荷 2 min，拧紧螺母→卸荷。 竖向预应力筋的张拉施工工艺如图 5.4.10 所示
7	张拉施工注意事项	采用伸长值与预应力双控。张拉力以千斤顶标定为主，伸长值与设计值的误差不超过±6%。当超出此范围时，停止张拉，分析原因。整个张拉过程随时注意避免发生滑丝和断丝现象。张拉过程中注意安全，千斤顶后部严禁站人，不得踩踏高压油管，并加设预防措施，防止张拉过程中发生意外事故时伤人。张拉后的钢筋在未灌浆前严禁碰击踩踢。灌浆工作避开钢筋端部，以防夹片突然弹出伤人。 在有油压的情况下，严禁拆卸油压系统任何零件

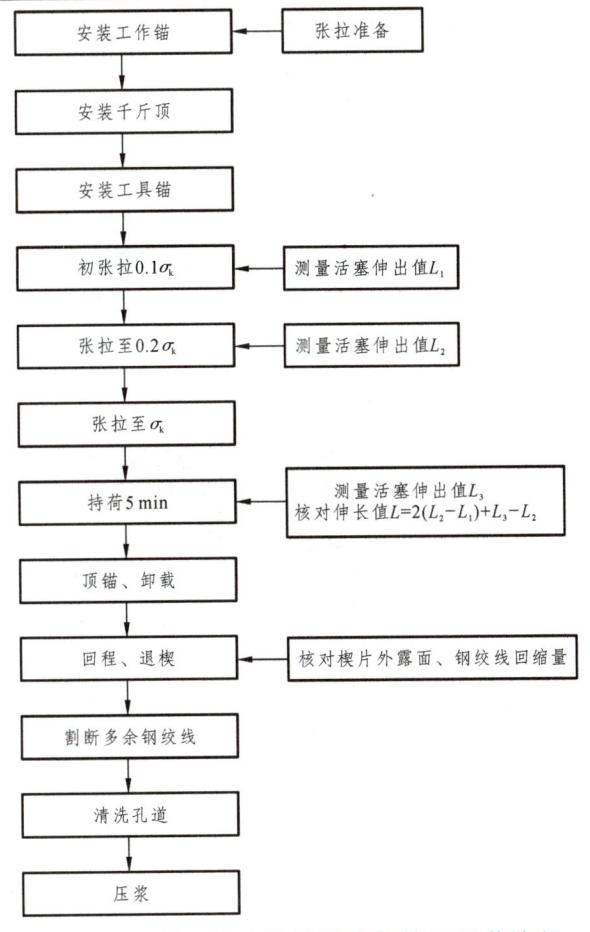

```
张拉准备 → 安装工作锚
              ↓
           安装千斤顶
              ↓
           安装工具锚
              ↓
           初张拉 0.1σ_k ← 测量活塞伸出值 L_1
              ↓
           张拉至 0.2σ_k ← 测量活塞伸出值 L_2
              ↓
           张拉至 σ_k
              ↓
           持荷 5 min ← 测量活塞伸出值 L_3
                         核对伸长值 L=2(L_2-L_1)+L_3-L_2
              ↓
           顶锚、卸载
              ↓
           回程、退楔 ← 核对楔片外露面、钢绞线回缩量
              ↓
           割断多余钢绞线
              ↓
           清洗孔道
              ↓
           压浆
```

图 5.4.9　纵、横向钢绞线张拉施工工艺流程

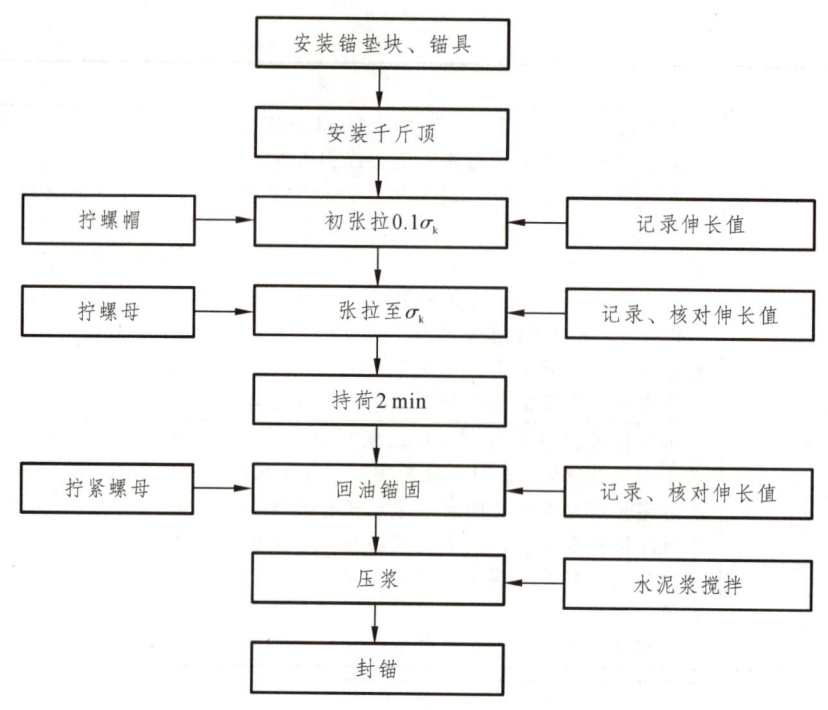

```
┌─────────────────┐
│ 安装锚垫块、锚具 │
└────────┬────────┘
         ↓
┌─────────────────┐
│   安装千斤顶    │
└────────┬────────┘
         ↓
┌────────┐   ┌─────────────────┐   ┌────────────┐
│ 拧螺帽 │→ │  初张拉 0.1σₖ   │ ← │ 记录伸长值 │
└────────┘   └────────┬────────┘   └────────────┘
                      ↓
┌────────┐   ┌─────────────────┐   ┌────────────────┐
│ 拧螺母 │→ │    张拉至 σₖ    │ ← │ 记录、核对伸长值 │
└────────┘   └────────┬────────┘   └────────────────┘
                      ↓
             ┌─────────────────┐
             │   持荷 2 min    │
             └────────┬────────┘
                      ↓
┌──────────┐ ┌─────────────────┐   ┌────────────────┐
│ 拧紧螺母 │→│    回油锚固     │ ← │ 记录、核对伸长值 │
└──────────┘ └────────┬────────┘   └────────────────┘
                      ↓
             ┌─────────────────┐   ┌────────────┐
             │      压浆       │ ← │ 水泥浆搅拌 │
             └────────┬────────┘   └────────────┘
                      ↓
             ┌─────────────────┐
             │      封锚       │
             └─────────────────┘
```

图 5.4.10　竖向粗钢筋张拉施工工艺流程

11）封锚

压浆完成后，立即将外部的水泥浆冲洗干净，同时清除承压板、锚具及端面混凝土的污垢，并对端面混凝土凿毛，对锚具进行防锈处理，焊接锚穴内钢筋网片，浇筑封锚混凝土，封锚混凝土采用强度不低于 C50 的微膨胀混凝土并掺加阻锈剂，及时洒水养护。钢绞线工作长度的切割采用砂轮切割机，切割时采用棉纱包裹，并不停浇水降温。

12）挂篮前移

在张拉压浆结束，待水泥浆终凝后即可前移（图 5.4.11），步骤如下：

图 5.4.11　挂篮前移

（1）接长并锚固挂篮轨道，在轨道表面放置镀锌钢板，并涂润滑油。
（2）拆下底模后吊带、内外模前后锚杆，并确认模板已经和混凝土脱离，内模和内模架落于降低的内滑梁上，外模板落于底模走行纵梁上；拆除主桁架的后锚杆让后支座受力，放松底模前吊带，使底模离开梁体 100 mm 左右。

（3）进行走行前的安全检查，重点检查部位为挂篮两轨道是否相对水平和与桥轴线平行，轨道锚固和支垫情况，挂篮前后支座，挂篮上是否有人员在作业。挂篮走行如图 5.4.12 所示。

图 5.4.12　挂篮走行

（4）每片主桁架各用一个 10 t 的倒链牵引，带动挂篮底模、侧模和内模同步前移，滑行时及时对接缝进行处理，尤其是对拉杆头进行处理，防止锈水污染混凝土表面，进行修补和处理时挂篮不能移动。

（5）到位后及时安装底模后吊带，内外滑梁吊杆和挂篮主桁架后锚固装置，将滑移受力状态变为施工受力状态，确保施工安全。

13）注意事项

T 构两端的挂篮应同步对称移动。拆除后锚前认真检查反扣轮各部联结是否可靠，发现异常情况及时处理。挂篮移动前要调整底模平台和外侧模水平，并仔细检查挂篮各部件联结情况，检查挂篮上的安全网、钢筋头或其他绳索有无与箱梁钩挂的情况，发现问题及时处理。挂篮移动要统一指挥，两台手拉葫芦尽量同步，并防止脉冲式走行。移动过程中要用两台手拉葫芦拉住挂篮后节点，防止发生溜车事故。

【知识应用】

查找连续刚构桥悬臂挂篮施工案例，分析悬臂施工工艺要求、质量、安全管理要点，并进行阐述，评分标准见表 5.4.6。

表 5.4.6　评分标准

序号	实训内容	配分	评分标准	扣分	得分
1	点名，作业人数	10	小组点名，根据考勤情况打分。若缺勤，则得分为零		
2	分组讨论并阐述观点	90	观点阐述无误，得分为观点正确率×90 分基础分，计算结果保留至小数点后两位		
合计					

【综合评价】

综合评价见表 5.4.7。

表 5.4.7　综合评价

任务名称			班级	
课次			组别	

模块	评价内容	配分	得　分
知识	0号块施工工艺及方法	10	
	挂篮悬臂现浇施工工艺及方法	10	
技能	准备工作	15	
	现场管理	15	
	管理文件编制	10	
素质	数据分析能力	5	
	信息检索能力	5	
	综合分析能力	5	
	学习态度	5	
	专注力	5	
	动手能力	5	
	团队合作参与度	5	
	职业素养	5	

本任务综合评分	
前任务综合评分	
同比增长幅度/%	
备注	

任务五　连续刚构桥边跨现浇和中跨合龙段施工

【任务认知】

任务描述

桥梁施工过程中，合龙是悬臂灌注施工体系转换的重要环节，合龙施工必须满足受力状态的设计要求并保持梁线形，控制合龙段的施工误差。本任务的连续梁施工边跨先合龙，形成两单悬臂梁，后中跨跨中合龙，形成三跨连续梁。边跨合龙采用支架现浇合龙，中跨合龙利用其中一套挂篮合龙。合龙后张拉钢绞线完成体系转换。

课时计划

本任务课时分配见表5.5.1。

表 5.5.1　课时分配

任务内容	理论	实践	合计	教学重点
边跨现浇和中跨合龙段施工	1	1	2	边跨现浇和中跨合龙段施工要求

【理论知识】

1. 边跨现浇施工

体系转换是悬浇施工中的一个重要环节，三跨一联连续箱梁先合龙边跨，再合龙中跨。体系转换步骤：边跨合龙段施工→解除临时锁定和临时支座→形成两个单悬臂静定梁体系→中跨临时锁定→中跨合龙段施工→中跨预应力施工→完成连续梁体系转换。各悬浇段施工完毕后，进行合龙段施工，合龙顺序为先边跨后中跨。合龙段施工采用型钢制作的轻型结构，以减小合龙段施工时的施工荷载，此时挂篮一律退至0号段墩顶，减小不平衡荷载。

1）临时锁定

合龙段临时锁定是为了减小由于温差变形引起的箱梁的伸缩及混凝土凝固过程中的收缩，防止合龙段混凝土产生缩裂或压坏。

采用内置式型钢（以中标后设计图为准）刚性支撑。锁定时间按设计要求的温度下或选在一天中温度较低的时刻进行，在钢筋绑扎后、混凝土浇筑前进行。施工时，型钢长度根据锁定位置的实际距离下料。

2）合龙段模板

合龙段底、侧模利用悬浇段外模，通过型钢吊架悬吊于两侧已完成的梁体节块上；内模采用高压竹胶板，方木骨架支撑。

为便于底板混凝土的浇筑，顶板模中部开设 50 cm×50 cm 的天窗，待底板混凝土浇筑完毕再封闭。

3）钢筋、预应力波纹管

合龙段钢筋、预应力波纹管根据设计长度下料。由于合龙段预应力孔道波纹管均需同两端预留孔道对接，接头数量多，为防止堵管现象的发生，在两侧梁体波纹管安装时，适当加大外露长度，并做好保护。合龙段波纹管安装时，对接处用接头波纹管包裹，外用厚型塑料胶布包缠封闭，混凝土浇筑前，认真检查每根波纹管接头以及波纹管底部。混凝土浇筑后，利用通孔器对各孔道进行认真检查，及时消除会造成漏浆的各种因素。

4）合龙温度的选定

合龙段施工选在气温变化不大的阴天或一天中温度最低的时刻完成，在施工过程中加强对天气状况的观测，根据实际情况安排合龙施工时间。

5）混凝土施工及悬臂平衡措施

为减小合龙段混凝土在凝固过程中的收缩变形，提高其早期强度，施工时在混凝土的配合比中适当添加微膨胀剂，同时降低水灰比。合龙段混凝土一次浇筑成型。

为使合龙段混凝土在浇筑过程中始终处于稳定状态，同时保证 T 构的平衡，减小梁体变形对合龙段产生的负面影响，施工中对梁体各悬臂部分采用配重砂袋预压平衡的方法进行平衡。模板安装到位后，分别在合龙段两侧的悬臂端，沿梁面横向均匀堆放平衡重砂袋，合龙段钢筋安装完毕后撤出相应部分砂袋的重量，混凝土浇筑过程中逐步撤出其余部分砂袋。

合龙段施工主要工序如下。

（1）搭设支架：边跨现浇（图 5.5.1）支架采用在墩顶搭设万能杆件支架，支架搭设在边墩承台上。

图 5.5.1 边跨现浇段施工

（2）安装模板：墩帽部分底模采用砂底模，木框内填充中砂，灌水夯实，上铺竹胶板。拆模时敲掉外围方木，掏掉砂子即可。

（3）绑扎底板钢筋和腹板钢筋，安装底板预应力管道：腹板钢筋绑扎时，采用钢管架临时固定，待绑扎完架立筋后撤除，底板钢筋采用∏形钢筋支立。

（4）安装内模：内模采用大块组合钢模板，型钢支架，配水平丝杠调整。

（5）绑扎顶板钢筋，安装顶板纵向预应力管道：纵向钢筋绑扎确保顺直，便于焊接波纹管固定网片，确保波纹管中心位于设计轴线上。

（6）灌注混凝土：在混凝土浇筑前，将防堵塑料管事先穿入波纹管内，灌注过程经常抽动。在灌注过程中随时测量底模高程，掌握高程变化。

（7）养生、张拉、压浆：设计要求张拉束，在混凝土强度达95%后张拉，张拉顺序是先腹板束，后顶板束，从外到内左右对称进行。横向预应力筋待纵向预应力筋张拉后再张拉，并及时压浆。

2. 中跨合龙段施工

连续箱梁合龙施工时先合龙边跨，再合龙中跨。合龙温度应符合设计要求，合龙段两端悬臂标高及轴线允许误差应符合设计或规范要求。

1）合龙施工顺序

合龙的次序为先中跨，后边跨。合龙段临时锁定、体系转换等编制专项施工方案经总工程师审核后提交监理工程师批准后，才能组织施工。

2）合龙段施工

合龙段临时刚性连接构造布置如图 5.5.2 所示。合龙段施工程序见表 5.5.2。

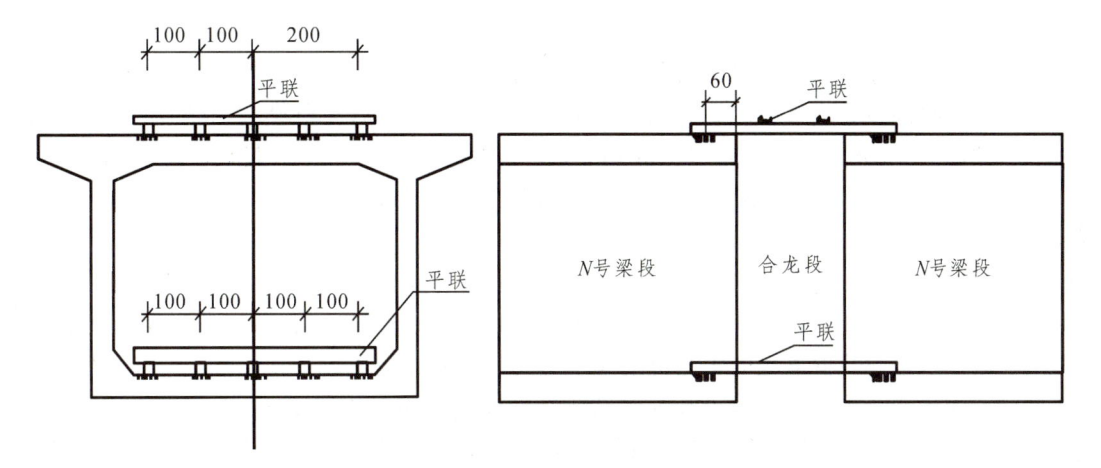

图 5.5.2　合龙段临时刚性连接构造布置（单位：cm）

表 5.5.2　合龙段施工程序

序号	施工程序	程序说明
1	中跨合龙施工程序	拆除挂篮→在距 N 号梁段前端 3 m 处用水箱配重→设置体外临时刚性连接构造与体内约束，锁定 N 号梁段→边浇筑中跨合龙段混凝土，边卸载同等重量的平衡重→待混凝土强度达90%及以上→拆除体外临时刚性连接构造→张拉锚固中跨纵束→张拉锚固中跨合龙段的横向、竖向预应力钢筋→拆除临时悬吊支架→拆除临时支座完成体系转换

续表

序号	施工程序	程序说明
2	边跨合龙施工程序	拆除挂篮→在距N号梁段前端3 m处用水箱配重→设置体外临时刚性连接构造与体内约束,锁定N号与边跨现浇段→利用悬吊支架施工边跨合龙段,边浇筑混凝土,边卸载同等重量的平衡重→待混凝土强度达90%及以上→张拉边跨全部合龙钢束、压浆→拆除支架、落梁
3	合龙措施	合龙段施工是连续梁施工的关键。为确保合龙段的施工质量采取以下措施: 选择一天中温度最低的时间段灌注混凝土,最低温度不得低于15 ℃。 灌注混凝土前,在合龙段相邻梁上设置临时刚性连接构造,并先期张拉临时钢绞线锁定合龙段,即采取"内拉外撑"的措施,防止由于温度变化引起的梁体伸缩而压坏或拉裂新浇混凝土。临时刚性连接构造的设置和预应力张拉吨位根据当时的温度经计算确定。 为防止出现由于新浇混凝土自身收缩而引起的裂纹,在混凝土中加入微膨胀剂。为尽快提高合龙段混凝土早期强度,将合龙段混凝土强度提高一个等级

对混凝土施工缝进行认真处理后,即可进行合龙钢筋的绑扎及预应力管道安装,由于合龙段钢筋、预应力管道密集,并且又增加了横隔板及劲性骨架,因此应特别注意预应力管道的定位和密封,确保管道畅通。由于合龙段预应力钢束管道内不能穿衬管,为安全考虑采用先穿束的方式。

在中跨顶推力撤除后应立即进行临时锚固(防止温度变化将合龙段劲性骨架焊缝拉裂),可分别对称张拉顶板、底板临时锚固索(顶板两束,底板两束对称布置),张拉力为设计张拉力的30%(即为 4 296.6 kN × 0.3 = 1 288.98 kN),作为中跨合龙段的临时锚固体系,使骨架受压,防止中跨合龙段混凝土在浇筑完成后,连续钢束张拉之前混凝土开裂,之后现浇合龙段混凝土。

中跨合龙段混凝土浇筑前必须对模板加固情况及总体安全性、预埋件位置进行仔细检查,确保施工安全。在一天中温度最低时间段并且在 2 h 之内浇筑完成,即应在当天晚上 2:30 左右结束。浇筑合龙段混凝土时,边浇混凝土边同步等效卸载。

对于合龙段预应力束的张拉、压浆,待中跨合龙段混凝土达到设计强度的 90% 及以上,且龄期达到 5 d 以后,先张拉合龙段横向及竖向预应力筋,再按照先张拉短束、后张拉长束的顺序,对称、均衡地张拉纵向底板束预应力筋。个别预应力筋张拉时应补充到设计吨位,然后解除临时合龙束预应力,张拉后应及时压浆。

中跨合龙如图 5.5.3 所示。

合龙段施工的基本要求:合龙段的施工过程中,由于昼夜温度变化、新浇混凝土的早期收缩、已完成结构混凝土的收缩和徐变及新浇混凝土的水化热的影响、结构体系的变化以及施工荷载对尚未达到强度的合龙段的混凝土的质量有直接影响。合龙段是结构中的重要环节,必须重视合龙段的构造措施及施工控制,使合龙段与两侧梁体保持变形协调,在施工过程中能传递内力,确保施工质量。

合龙段的构造措施:在设计时应加强合龙段普通钢筋的配置,增强合龙段的刚度,目的是在合龙段混凝土的施工过程中传递内力,并保持合龙段两侧梁体的连续性。在设计时用劲性型钢或钢杆锁住,将合龙段两侧梁体连成整体。劲性型钢要既能承受较大的拉力,也能承受较大的压力。

图 5.5.3　中跨合龙

合龙段的施工控制措施:合龙段的混凝土应选用早强、高强、少收缩或微膨胀的类型较为理想,这种类型的混凝土强度较高,密实性和体积稳定性较好,可及早施加预应力,完成合龙段的施工。合龙段混凝土浇筑的时间应选择在一天中温度最低时施工,并在混凝土早期结硬过程中处于升温的受压状态,减小温度变化对合龙段混凝土的影响。用于合龙段施工的支架、吊架或挂篮应具有较大的竖向刚度,同时在纵向要有利于梁体变形,以减小对合龙段的约束力。加强合龙段混凝土的养护工作,使之在 7~14 d 内经常保持潮湿状态,减小日照引起的温度影响。

线形控制是悬浇施工中的一项重要内容,主要包括三部分:挠度控制、中线控制和断面尺寸控制。为此,项目部应成立线形控制小组,对各种观测数据进行统计分析,并同理论计算值进行比较,不断调整控制数据,从而有效地保证梁体的线形。

【知识应用】

收集边跨现浇和中跨合龙段施工案例,分析合龙段施工质量、安全管理要点,并进行阐述,评分标准见表 5.5.3。

表 5.5.3　评分标准

序号	实训内容	配分	评分标准	扣分	得分
1	点名,作业人数	10	小组点名,根据考勤情况打分。若缺勤,则得分为零		
2	分组讨论并阐述观点	90	观点阐述无误,得分为观点正确率×90 分基础分,计算结果保留至小数点后两位		
合计					

【综合评价】

综合评价见表 5.5.4。

表 5.5.4　综合评价

任务名称		班级	
课次		组别	

模块	评价内容	配分	得　分
知识	边跨合龙施工基本知识	10	
	中跨合龙施工工艺	10	
技能	准备工作	15	
	现场管理	15	
	管理文件编制	10	
素质	数据分析能力	5	
	信息检索能力	5	
	综合分析能力	5	
	学习态度	5	
	专注力	5	
	动手能力	5	
	团队合作参与度	5	
	职业素养	5	

本任务综合评分	
前任务综合评分	
同比增长幅度/%	
备注	

【知识拓展】

《公路桥涵施工技术规范》(JTG/T 3650—2020)规定悬臂浇筑预应力混凝土梁的合龙和体系转换应符合下列规定：

（1）合龙的程序和顺序应符合设计规定。

（2）合龙施工前应对两端悬臂梁段的轴线、高程和梁长受温度影响的偏移值进行观测，并应根据实际观测值进行合龙的施工计算，确定准确的合龙温度、合龙时间及合龙程序。

（3）对连续刚构两端的悬臂梁段采用施加水平推力的方式调整梁体的内力时，千斤顶的施力应对称、均衡。

（4）合龙时，宜采取措施将合龙口两侧的悬臂端予以临时刚性连接后，再浇筑合龙段混凝土。宜在合龙口两侧的梁体顶面设置等重压载水箱，并在浇筑合龙段混凝土时同步卸载。

（5）合龙段的混凝土宜在一天中气温最低且稳定的时段内浇筑，浇筑后应及时覆盖洒水养护，养护时间宜不少于 14 d。

（6）合龙时在桥面上设置的全部临时施工荷载应符合施工控制的要求。对预应力混凝土连续梁，合龙后应在规定的时间内尽快拆除墩梁临时固结装置，按设计规定的程序完成体系转换和支座反力调整。

任务六　连续刚构桥桥面系及附属工程施工

【任务认知】

任务描述

桥梁桥面系及附属工程包括桥面铺装、防撞墙、伸缩缝、浆砌片石锥坡、桥头搭板等工程。这些工程对视觉效果、使用性能有很大影响，会影响桥梁的使用寿命，施工中必须十分重视。

沥青混凝土桥面结构

课时计划

本任务课时分配见表 5.6.1。

表 5.6.1　课时分配

任务内容	参考课时 理论	参考课时 实践	参考课时 合计	教学重点
连续刚构桥桥面系及附属工程施工	1	1	2	连续刚构桥桥面铺装施工

【理论知识】

1. 沥青混凝土桥面施工

根据现场调查，沥青混凝土采用拌和站集中拌和、自卸汽车运输、摊铺机摊铺、压路机碾压的施工方法。桥面铺装采用沥青混凝土铺筑时，为防止沥青混凝土中的集料损坏防水层，宜在防水层上先铺一层沥青砂浆作保护层。

1）施工准备

桥面混凝土施工完成后，立即进行清理，对混凝土进行凿毛。在铺装前用高压水把桥面冲洗干净，使桥面表面平整、粗糙、干燥、清洁。桥面冲洗干净后，立即组织测量人员进行网格测量。检查桥面横坡，对不合格部分进行处理。

2）混合料配合比设计

混合料配合比设计主要包括确定矿料配合比设计及沥青最佳用量。根据沥青混合料的类型，确定集料的级配曲线，将各种矿料分别进行筛分试验，并测定各种矿料的相对密度。根据各种矿料的颗粒组成，用计算机计算，得到符合级配曲线要求的各种矿料的配合比例，根据规范或经验估计沥青用量，并以估计值为中间值，以间隔 0.5% 沥青变化用量，制作至少 5 组马歇尔试件进行试验，测定其密度、稳定值、流值，并计算空隙率和饱和度，使沥青用量及各项指标符合规范要求。

3）混合料的拌和

采用沥青混凝土在拌和站拌和，严格按设计的配合比投料拌和。各集料由装载机投入相应的料仓，由计算机控制各种集料的配合比，拌和时严格控制拌和时间，使混合料均匀一致，无花白、粗细分离和结团成块现象。拌和好的混合料立即铺筑或存储在储料仓内。加热沥青要控制加热温度和加热后的保温时间，不超过规范的规定值。

4）混合料的运输

混合料由大吨位自卸汽车运输。车厢底板及周壁涂一层油水混合液，运输时用篷布覆盖。控制好运输时间，使到达施工现场摊铺时混合料的温度不低于 110 ℃。

5）摊铺和整修

铺筑前洒布黏层沥青，石油沥青的洒布量为 0.3～0.5 L/m²。摊铺作业采用摊铺机半幅摊铺。控制摊铺前混合料的温度。严格控制摊铺厚度。摊铺作业时调整好摊铺机的作业速度，使其与混合料的运输能力相匹配，保证摊铺机连续作业。

6）碾压

碾压作业分初压、复压和终压三道工序。初压采用 12 t 压路机碾压两遍，压路机的行驶速度为 1.5～2.0 km/h。初压后检查路面平整度，必要时进行整修。复压采用 18 t 三轮压路机碾压 5～6 遍，碾至混合料稳定和无明显轮迹。复压与初压紧密衔接，压路机的行驶速度控制在 3.5～4.5 km/h。终压采用 12 t 光轮压路机碾压 2 遍，压路机行驶速度为 2.5～3.5 km/h。压路机作业时，要控制好行驶速度，做到匀速行驶。压路机平行于路中心线纵向行驶，由路边压向路中。碾压时双轮压路机每次重叠 30 cm，三轮压路机每次重叠后轮的一半。碾压要紧随摊铺机作业，以保证正常的碾压温度。碾压中，设专人洒水，保持压路机滚轮湿润，防止黏附沥青混合料。严禁压路机停留在新压实或未压实的混合料上，并严禁在新铺混合料上转向、调头或急刹车。

7）接缝处理

全幅摊铺施工避免了纵向接缝，当摊铺机作业中断时，即做横接缝，横向接缝与摊铺方向大致垂直。横接缝采用平缝，用切缝机将尽头边缘锯成垂直面，在下一行程进行铺筑前，将切缝时的水清除干净，并在上一行程的末端涂刷适量的黏层沥青，然后紧贴缝壁摊铺混合料。接缝采用横向碾压，碾压开始时，将压路机 15 cm 轮宽置于新铺的沥青混合料上，使压路机重量的绝大部分处在压过的铺层上，然后逐渐横移直到整个滚轮进入新铺层上。横向碾压后，再改为纵向碾压，用 3 m 直尺检查平整度，如不符合要求，立即趁热处理。沥青混凝土上下层横向接缝应错开 20～30 cm。

2. 附属设施施工

1）接触网立柱基础

根据"四电"（电力机车的供电系统、电力牵引网、通信信号系统和电力监控系统）的总体布置要求设置，设置接触网一般支柱基础，在梁体的相应位置预埋接触网锚固螺栓及加强钢筋，支柱基础混凝土在梁体浇筑过程中一起浇筑。同时在梁体浇筑的相应位置设置下锚拉线基础预留钢筋。

2）桥梁综合接地系统

为防止梁体、墩台上的杂散电流，梁体钢筋、墩（台）顶实体段钢筋、墩（台）身桥面钢筋、承台（或扩大基础）钢筋、桩基础钢筋等焊接成一电流通路与接地极和贯通地线连接。作为结构内的接地钢筋，接头错开布置，采用电弧搭接焊连接，焊缝长度满足规范要求。所有钢筋形成梁体→墩（台）身→基础→桩基的电流通路。

3）电缆槽

电缆槽由竖墙和盖板组成，电缆槽盖板预制后现场安装。预制时在电缆槽竖墙部位预埋钢筋，采用混凝土现浇。

（1）钢筋绑扎。

桥面现浇部分混凝土钢筋采取胎架绑扎。胎架由型钢制作，按照钢筋位置作纵横向分布筋定位卡具，绑扎时通过间隔器和定型垫块控制保护层厚度及钢筋相对位置。

（2）混凝土浇筑。

模板采用定型钢模板。立模时，先调整基层高程，用水泥砂浆抹平，模板接缝用橡胶条密封，保证不漏浆。模板设对拉杆，保证不斜不歪，满足垂直度和线形要求。预留泄水孔，位置准确，保证质量。断缝采用抽拔钢板模型预留，混凝土浇筑后 4~5 h 抽拔，保证其线形。

混凝土在混凝土拌和站集中拌和，混凝土运输车运输，采取分层分段浇筑，插入式振动棒振捣。混凝土浇筑完成后覆盖，并洒水养护。

遮板、盖板采用现场预制施工后运到桥跨安装成型，遮板、盖板模板严格按照尺寸进行加工，并密封保证混凝土浇筑时不漏浆，拆模时保证棱角分明，并满足技术规范对预制构件的质量要求。

4）锥体护坡、平台、石裙及石锥体、台前铺砌施工

在桥台施工完毕后，立即进行锥体护坡、平台、石裙或石锥体、台前铺砌的施工。锥体分层填土夯实，人工对锥体及护坡进行刷坡，然后按规范要求进行浆砌片石、干砌片石的施工。

5）防水层及保护层施工

桥面防水层待挡渣墙、人行道栏杆底座施工完成后再施工。桥面防水层是提高桥梁结构耐久性的重要技术手段，直接影响到结构的使用寿命。

采用混凝土输送斗车运输，平板振捣器捣实，振捣时间为 20 s。混凝土接近初凝时进行压力抹面，抹面时不得加入过量水。保护层表面平整、流水畅通。保护层达到设计要求后方可通过运架设备。

桥面防水层及保护层施工工艺如图 5.6.1 所示。

6）检查台阶等混凝土圬工施工

检查台阶等混凝土圬工严格按图纸所示位置、尺寸及相关规范、设计要求进行施工。采取预制或现浇工艺组合模板立模，按设计布筋，混凝土集中拌和，混凝土搅拌运输车运至工地，小推车运至施工场地，插入式振捣棒振捣。

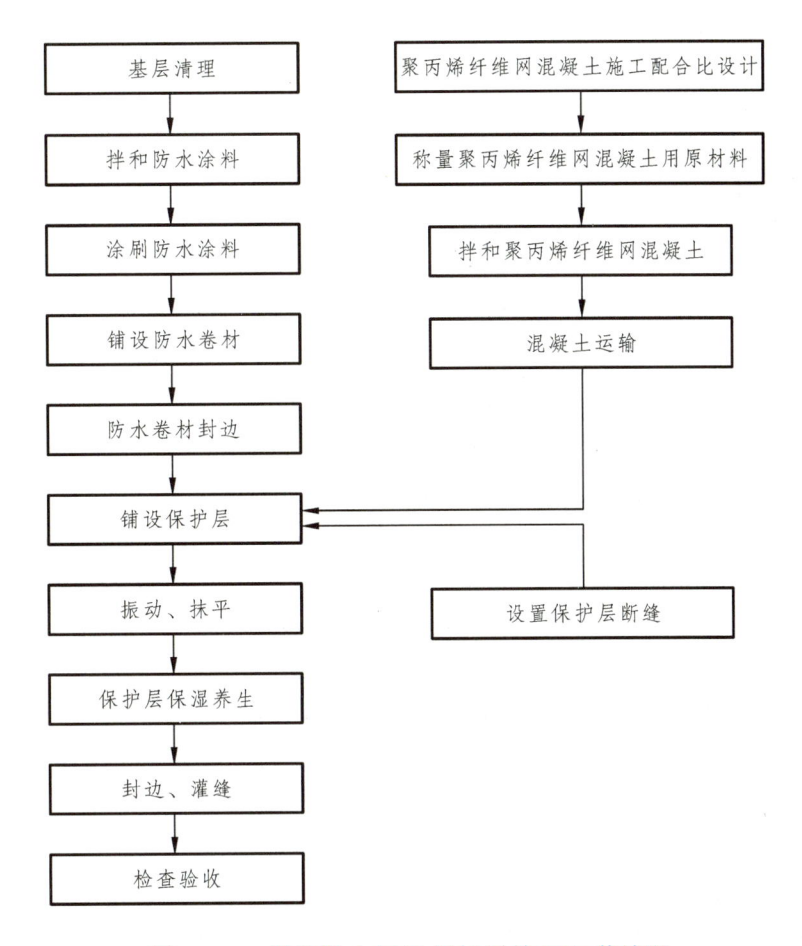

```
         ┌─────────────┐          ┌──────────────────────────────┐
         │  基层清理    │          │ 聚丙烯纤维网混凝土施工配合比设计 │
         └──────┬──────┘          └──────────────┬───────────────┘
                ↓                                 ↓
         ┌─────────────┐          ┌──────────────────────────────┐
         │ 拌和防水涂料 │          │ 称量聚丙烯纤维网混凝土用原材料 │
         └──────┬──────┘          └──────────────┬───────────────┘
                ↓                                 ↓
         ┌─────────────┐          ┌──────────────────────────────┐
         │ 涂刷防水涂料 │          │   拌和聚丙烯纤维网混凝土      │
         └──────┬──────┘          └──────────────┬───────────────┘
                ↓                                 ↓
         ┌─────────────┐          ┌──────────────────────────────┐
         │ 铺设防水卷材 │          │        混凝土运输            │
         └──────┬──────┘          └──────────────┬───────────────┘
                ↓                                 │
         ┌─────────────┐                          │
         │ 防水卷材封边 │                          │
         └──────┬──────┘                          │
                ↓                                 ↓
         ┌─────────────┐←─────────────────────────┘
         │  铺设保护层  │←─────────────────────────┐
         └──────┬──────┘                          │
                ↓                          ┌──────┴───────┐
         ┌─────────────┐                   │设置保护层断缝│
         │  振动、抹平  │                   └──────────────┘
         └──────┬──────┘
                ↓
         ┌─────────────┐
         │保护层保湿养生│
         └──────┬──────┘
                ↓
         ┌─────────────┐
         │  封边、灌缝  │
         └──────┬──────┘
                ↓
         ┌─────────────┐
         │   检查验收   │
         └─────────────┘
```

图 5.6.1　桥面防水层及保护层施工工艺流程

7）人行道、防撞栏杆

人行道外侧设置挡板，人行道挡板均为预制构件，在预制场定点预制，通过预留钢筋与竖墙预埋钢筋绑扎后于桥面上现浇竖墙混凝土。

防撞护栏施工时采用滑模机施工。滑模机施工混凝土护栏是通过混凝土的连续供应，滑模机沿着导线连续行走，混凝土经模具内的振捣并经模具出口连续产出而成型。

（1）施工准备。

①人员准备：合理配置施工班组，合理配置劳动力。

②材料情况：根据工程进度需要，组织材料按规定地点和指定方式进场储存堆放，做好进场材料的检验工作。

③设备情况：根据工程需要组织机械设备到位。

（2）施工要求。

①桥梁两侧采用加强型混凝土墙式护栏，防撞等级采用 SA 级。

②桥台的护栏形式与桥上相同，桥梁护栏与路基护栏相衔接处应顺畅过渡。

③墙式护栏施工时，平面应严格按路线平曲线指标放样。

④连续梁上的护栏各桥墩处必须设置假缝，在桥跨部分按每 8～10 m 设一道假缝，负弯

矩区按 5 m 设一道切缝，缝宽 3～5 mm，深 15 mm。假缝内填沥青麻絮。上部构造设置伸缩缝，护栏也相应设置断缝。

⑤当左右半幅桥错孔布置时，注意桥台护栏与桥上护栏呈应左右对称布置。

（3）施工工序。

防撞护栏使用滑模机施工流程如图 5.6.2 所示。

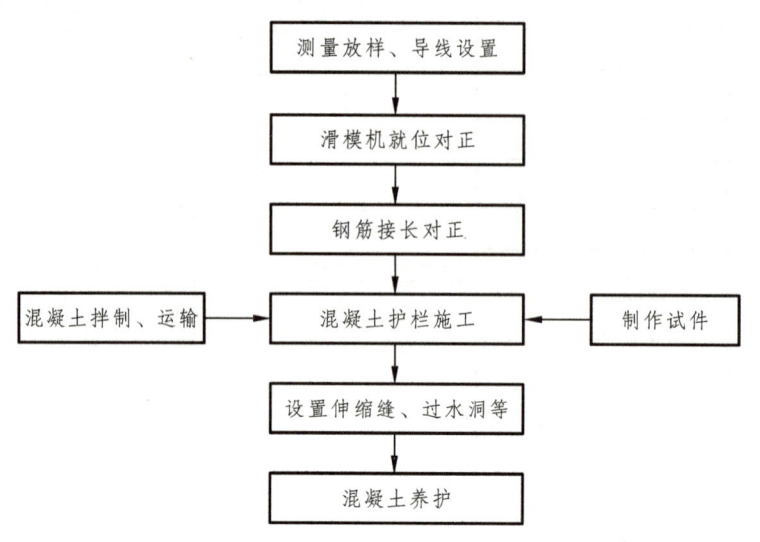

图 5.6.2　防撞护栏使用滑模机施工流程

（4）施工技术与工艺。

①测量定位、导线设置。

a. 沿线路中心线，利用全站仪每 4 m 设置 1 个标桩，并经监理签认，作为施工放样的依据。

b. 以标桩为依据，经计算在距离混凝土护栏 70 cm 左右于沥青混凝土面或路肩地面打孔（采用电钻），用于固定导线支架。直线段支架间距不超过 10 m，曲线段（平、竖曲线）间距不超过 5 m。

c. 导线挂在支架横杆上，横杆可以在立柱上做水平与垂直移动，通过调整横杆使导线与混凝土护栏之间的水平、垂直距离为定值（一般水平间距 50 cm 左右；垂直方向低于护栏顶 20 cm 左右）。

②滑模机就位对正钢筋接长安装。

a. 滑模机自行初步就位，调整模具高程与水平，使之符合设计位置，拧紧螺栓固定。

b. 调整传感器使之靠紧导线，固定传感器，滑模机就位对正完毕。

c. 带肋钢筋一次性绑扎成型（施工中，随着滑模机的行走，钢筋通过模具前端的喇叭口形小孔自行定位埋入混凝土中）。

③混凝土拌制与运输。

a. 混凝土坍落度不能超过标准坍落度±1 cm，理论配合比确定后还要经过现场试验微调，使混凝土能够成型且无麻点、垂直开裂等缺陷。

b. 混凝土采用强制性搅拌机在拌和站集中拌制。

c. 混凝土可采用混凝土罐车或加设简易溜槽的自卸卡车，由于混凝土坍落度较小，一般罐车的混凝土进出罐困难，因此采用罐车运输时应选择马力大、罐内叶片少、出料时混凝土罐转速快的罐车。

④混凝土护栏滑模机施工。

a. 启动滑模机。

b. 接料斗连续接料，并通过螺旋输送装置传至振动箱及模具内。

c. 随着滑模机的行走，混凝土经振捣。变截面的模具对混凝土的挤压作用后产出成型。

d. 紧随滑模机之后应配备熟练抹灰工对混凝土的局部缺陷进行修复。

⑤设置伸缩缝、切缝、过水洞等。

a. 伸缩缝、切缝及过水洞的设置时间应经试验确定，设置过早易造成护栏混凝土下沉变形，设置过晚混凝土硬化使得操作困难。

b. 连续梁上每个桥墩处设置一道伸缩缝。其余地方每隔 8~10 m 设置一道假缝，假缝内填充沥青麻絮。

c. 过水洞采用顶推入模具支撑并掏挖混凝土的方法施作。

⑥养护。

混凝土养护采用先喷养护液，覆盖养护布，再洒水养护至少 7 d。养护液喷洒应均匀，喷洒后的混凝土表面不得有颜色差异。覆盖养护布养护的初始时间以不使混凝土表面出现压痕为准。

⑦其他。

施工缝（混凝土中断超过 1.5 h）必须垂直设置，钢筋伸出已施工混凝土面至少 1 m，以保证在接缝时的搭接。要采取各种必要措施，加强对沥青混凝土的保护。防撞护栏的混凝土渣要清除掉，以保证沥青混凝土磨耗层与连接层的黏结。

8）桥头搭板施工

由于桥台与桥头路基存在不均匀沉降，为缓解桥头跳车现象，改善行车条件，要求填方地段的所有主线桥梁及桥式通道的台后均应设置桥头搭板。

（1）桥头搭板施工工序及施工准备。

①有关技术文件和施工方案编制已完成并经审核批准。

②施工技术人员与工人已全部到位，并进行技术交底，明确了质量、安全、工期、环保等要求。钢筋、水泥、砂、集料等材料均已到场并通过检验。上道工序验收合格，工序已完成报批。

③施工放样已完成，且经过检验，精度满足规范要求。

④钢筋加工机具、班组已到位并完成现场钢筋制作技术交底。

⑤混凝土施工配合比已调配完成，混凝土拌和站调试完毕，可随时供应混凝土。

桥头搭板施工流程如图 5.6.3 所示。

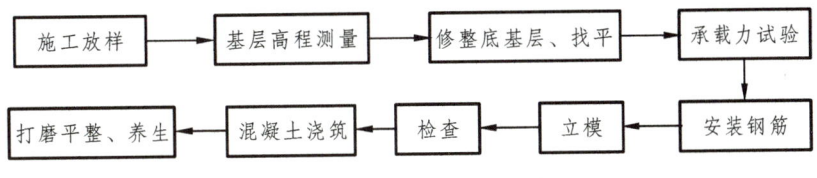

施工放样 → 基层高程测量 → 修整底基层、找平 → 承载力试验 → 安装钢筋 → 立模 → 检查 → 混凝土浇筑 → 打磨平整、养生

图 5.6.3　桥头搭板施工流程

(2)桥头搭板模板。

①桥头搭板模板采用钢模板拼装,对其几何尺寸、表面平整度、拼接接缝的平整严密进行验收,对于不合格的地方及时修整以便使用。模板表面清洗干净并涂刷脱模剂。

②模板平面线形、横坡及纵坡与台后道路的平面线形、横坡及纵坡相一致。

③钢筋焊接长度:单面焊为10d,双面焊为5d(d为钢筋直径)。

(3)钢筋的加工及安装。

钢筋在加工点加工,现场绑扎成型。钢筋加工前,对表面油渍、锈迹要清除干净;加工后的钢筋按设计编号分类存放,钢筋存放时设置标牌进行标示。

钢筋焊接时,单面焊焊缝长度不得小于10d,双面焊焊缝长度不得小于5d,且随焊随敲打药皮,使焊接后的焊缝呈鱼鳞状,不咬边、不夹渣、无气泡。

(4)模板的安装。

模板安装前先由测量班每隔5 m分别测设出模板的边线点,再由安装模板的技术工人弹出模板内侧的边线。

模板的内外边线必须顺直支撑牢固,严格按设计高程进行施工,严格控制保护层厚度,严禁漏筋和保护层厚度过大情况出现。

(5)混凝土浇筑及养护。

混凝土浇筑采用泵送浇筑,混凝土坍落度控制在要求范围内。搭板厚度35 cm,浇筑时宜分两层浇筑,以利于气泡排出。

振捣时坚持"快插慢拔"的振捣原则,振捣时按照一定顺序有规律地逐点振捣,振捣棒移动间距保持在35 cm左右。振动棒在一个部位振动完毕后须缓慢,匀速地提升,不应过快,以防振动中心产生不均匀现象,出现排气不理想的情况。避免在振捣时振动棒碰撞模板与钢筋。振捣过程中,振捣棒要深入下层混凝土10 cm以上。振动至混凝土不再有显著的下沉,不再出现大量的气泡,混凝土表面均匀。振捣时采用50型振捣棒进行捣固,分层振捣密实。振动过程严禁振捣棒碰撞模板与钢筋,边振捣边检查,如有变形和松动应及时纠正。在收面前用抹子来回抹压模板顶部位置的混凝土,直到无气泡排出。收面时压面不少于3遍,搭板混凝土顶面应平整、密实,并有适当的粗糙度,以利于与沥青铺装层的接合。

混凝土初凝后及时用土工布覆盖并适时浇水养护,使混凝土表面始终保持湿润,养护时间不少于7 d。

【知识应用】

收集连续刚构桥桥面系及附属工程施工案例,分析施工质量、安全管理要点,并进行阐述,评分标准见表5.6.2。

表5.6.2 评分标准

序号	实训内容	配分	评分标准	扣分	得分
1	点名,作业人数	10	小组点名,根据考勤情况打分。若缺勤,则得分为零		
2	分组讨论并阐述观点	90	观点阐述无误,得分为观点正确率×90分基础分,计算结果保留至小数点后两位		
			合计		

【综合评价】

综合评价见表 5.6.3。

表 5.6.3　综合评价

任务名称		班级	
课次		组别	

模块	评价内容	配分	得　分
知识	桥面铺装施工	10	
	防撞栏杆施工	10	
技能	准备工作	15	
	现场管理	15	
	管理文件编制	10	
素质	数据分析能力	5	
	信息检索能力	5	
	综合分析能力	5	
	学习态度	5	
	专注力	5	
	动手能力	5	
	团队合作参与度	5	
	职业素养	5	

本任务综合评分	
前任务综合评分	
同比增长幅度/%	
备注	

【知识拓展】

1. 公路桥涵施工技术规范桥面及附属工程施工

公路桥涵施工技术规范桥面及附属工程施工应符合下列规定：
（1）支座、伸缩装置等桥梁专用产品应由具有资质的专业厂家制造，且在进场时应按相应产品标准的要求进行抽样复验检测。桥面防水材料的进场抽样复验检测，应按相应产品标准的要求进行。

（2）桥面铺装施工时，运料车辆的等候排队应按施工组织设计的规定保持足够的距离，应避免车辆过于集中导致超载或偏载，损伤桥梁结构。本条的规定主要出于对沥青混凝土桥面铺装施工时的安全考虑。在摊铺碾压现场，由于机械故障或其他原因可能需要临时中断施工，而搅拌站对沥青混合料的搅拌作业并未暂停的情况下，会导致运输沥青混合料的车辆在桥面上排队等候卸料。如果运料车辆在排队时首尾相接、位置过于集中，不仅容易对桥梁结构造成超载，而且如果运料车辆均同时处于桥面的一侧，特别是位于弯桥的外侧时，则可能会因严重偏载导致桥梁的倾覆。虽然这是一种比较极端的情况，但在以往的实际工程施工中曾发生过这种事故，且后果比较严重。

2. 混凝土桥面铺装

（1）沥青混凝土桥面铺装的施工应符合下列规定：

① 铺装的层数和厚度应符合设计规定，铺装前应对桥面进行检查，桥面应平整、粗糙、干燥、整洁。

② 沥青混凝土桥面铺筑前应洒布黏层沥青。

③ 沥青混凝土的配合比设计、铺筑及碾压等施工，应符合现行《公路沥青路面施工技术规范》（JTG F40）的有关规定。

（2）水泥混凝土桥面铺装的施工应符合下列规定：

① 铺装的厚度、材料、铺装层结构、混凝土强度、防水层设置等均应符合设计规定。

② 桥面铺装工作应在梁体的横向联结钢板焊接工作或湿接缝浇筑完成后，方可进行。

③ 铺装施工前应使梁、板顶面粗糙，清洗干净，并应按设计要求铺设纵向接缝桥面及附属工程钢筋和桥面钢筋网。

④ 水泥混凝土桥面铺装，其做面应采取防滑措施，做面宜分两次进行，第二次抹平后，应沿横坡方向拉毛或采用机具压槽，拉毛或压槽的深度应符合现行《公路水泥混凝土路面施工技术细则》（JTG/T F30）的有关规定。

⑤ 水泥混凝土桥面铺装如设计为防水混凝土，施工时应按防水混凝土的相关规定执行。

⑥ 纤维水泥混凝土桥面铺装的施工，可按现行《纤维混凝土结构技术规程》（CECS 38）的规定执行。

桥梁见证历史

南京长江大桥（图 5.6.4）是长江上第一座由中国自行设计和建造的双层式公铁两用桥梁，在中国桥梁史和世界桥梁史上具有重要意义，有"争气桥"之称。它不仅是当时中国技术成就与现代化的象征，更承载了几代中国人的特殊情感与记忆。大桥上层为公路桥，长 4 589 m，车行道宽 15 m，可容纳 4 辆大型汽车并行，两侧各有 2 m 多宽的人行道，连通 104 国道、312 国道等跨江公路，是沟通南京江北新区与江南主城的要道之一；下层为双轨复线铁路桥，桥宽 14 m、全长 6 772 m，连接津浦铁路与沪宁铁路干线，是国家南北交通要道和命脉。大桥由正桥和引桥两部分组成，正桥 9 墩 10 跨，长 1 576 m，最大跨度 160 m。通航净空宽度为 120 m，桥下通航净空高度为设计最高通航水位以上 24 m，可通过 5 000 t 级海轮。南京长江大桥是南京的标志性建筑、江苏的文化符号，也是中国的著名景点之一，被列为"新金陵四十八景"之一。

图 5.6.4　南京长江大桥

项目六　拱桥上部构造施工

> **学习导航**

拱桥主要包括承台及拱座施工、缆索吊装系统施工、拱箱放样、拱架制作与吊装、拱箱现浇施工、拱上建筑施工。拱桥施工工序复杂、施工要求多、质量管理和安全管理风险大。

> **知识目标**

（1）掌握拱桥的构造。
（2）掌握拱桥的施工技术。
（3）熟悉拱桥的施工组织管理。
（4）了解拱桥施工的前沿技术。

> **能力目标**

（1）学会拱桥的施工组织管理。
（2）学会相关图纸文件编制。

> **素养目标**

（1）培养学生刻苦学习精神，能专心听课、积极思考、独立完成作业。
（2）培养学生团结协作精神，可以互相帮助、共同学习、共同达成目标。
（3）培养学生劳动精神，以及吃苦耐劳、勇于开拓、积极进取的精神。
（4）培养学生工匠精神，养成"怀匠心、铸匠魂、守匠情、践匠行"精神，促进学生形成"匠意、匠思、匠智"意识。

任务一　承台及拱座施工

【任务认知】

任务描述

承台及拱座承受拱桥上部构造所有荷载，其变形和位移将极大地影响拱圈受力和高程，在施工中必须进行严格控制。

课时计划

本任务课时分配见表 6.1.1。

表 6.1.1 课时分配

任务内容	参考课时			教学重点
	理论	实践	合计	
承台及拱座施工	1	1	2	起拱线测量控制

【理论知识】

1. 凿除桩头、基底清理

人工风镐凿除桩头,使基桩顶部显露出新鲜混凝土面,基桩埋入承台、拱座长度及桩顶主筋锚入承台、拱座长度满足设计要求。桩基检测合格后,承台及拱座底铺 10 cm 碎石垫层,用砂浆抹面,立模绑扎钢筋。凿除桩顶浮浆如图 6.1.1 所示,清理基底松散石渣如图 6.1.2 所示。

图 6.1.1 凿除桩顶浮浆

图 6.1.2 清理基底松散石渣

2. 绑扎起拱线以下钢筋

将承台及拱座的主筋与伸入承台及拱座的钻孔桩钢筋连接,底面每隔 50 cm 于主筋底交错位置垫一混凝土垫块，侧面每隔 80 cm 于主筋外侧交错位置安装特制的塑料垫块，以保证浇筑混凝土时钢筋保护层厚度如图 6.1.3 所示。

图 6.1.3 桩基钢筋做成喇叭状伸入承台

3. 安装劲性骨架和散热管

对于大体积混凝土，为保证质量，必须考虑拱座及承台混凝土的水化热问题。根据设计要求，在安装承台及拱座钢筋的同时安装散热管。

4. 模板安装及混凝土浇筑

侧模采用组合钢模，模板安装完毕后，在模板内均匀涂刷脱模剂。

混凝土利用桥台后设置的拌和站拌和，经过溜槽及串筒入模，插入式振动棒振捣。振捣时，应防止触碰模板与钢筋。混凝土浇筑完毕初凝前采用二次赶压抹光，控制表面收缩裂纹，减少水分蒸发，改善养护。

当混凝土初凝后进行冷却水循环，保证承台内部温度不高于 60 ℃。冷却水采用现场河流水进行循环。

5. 拆模、养生、施工接缝处理

养护期间，在混凝土强度达到 2.5 MPa 之前，不得使其承受行人、运输工具、模板、支架及脚手架等荷载。待混凝土达到拆模强度后，拆模并洒水养护。为保证混凝土后期强度的正常增长，防止出现干缩裂缝（纹），必须加强混凝土的养护工作。除冷却水管正常通水降温外，承台及拱座混凝土表面应一直保持湿润（图 6.1.4）。第一层混凝土强度达到设计要求后，项目部方可组织人员进行施工缝的凿毛（图 6.1.5）。凿毛的标准以凿出粗集料为准。

图 6.1.4　承台及拱座表面喷水养生　　　　图 6.1.5　施工缝接缝处理

6. 拱座起拱线以上部分施工

拱座起拱线以上部分的施工与承台混凝土的施工不再详述。承台及拱座第二层混凝土养护期过后，对冷却水管用 C35 水泥浆灌注封闭。根据施工技术规范要求，在拱座与拱箱相连处混凝土要进行人工凿毛。第二层钢筋安装如图 6.1.6 所示，承台及拱座第二层混凝土拆模后养生如图 6.1.7 所示。

图 6.1.6　第二层钢筋安装　　　　图 6.1.7　承台及拱座第二层混凝土拆模后养生

【知识应用】

分组讨论起拱线平面位置、高程错误会导致哪些质量、安全后果，并进行阐述，评分标准见表 6.1.2。

表 6.1.2　评分标准

序号	实训内容	配分	评分标准	扣分	得分
1	点名，作业人数	10	小组点名，根据考勤情况打分。若缺勤，则得分为零		
2	分组讨论并阐述观点	90	观点阐述无误，得分为观点正确率×90分基础分，计算结果保留至小数点后两位		
			合计		

【综合评价】

综合评价见表6.1.3。

表6.1.3 综合评价

任务名称			班级	
课次			组别	

模块	评价内容	配分	得 分
知识	承台及拱座施工	10	
	起拱线测量放样质量控制要点	10	
技能	准备工作	15	
	现场管理	15	
	管理文件编制	10	
素质	数据分析能力	5	
	信息检索能力	5	
	综合分析能力	5	
	学习态度	5	
	专注力	5	
	动手能力	5	
	团队合作参与度	5	
	职业素养	5	

本任务综合评分	
前任务综合评分	
同比增长幅度/%	
备注	

【知识拓展】

1. 混凝土台身浇筑

1) 基本要求

（1）混凝土所用的水泥、砂、石、水、外掺剂及混合材料的质量和规格，必须符合有关技术规范的要求，按规定的配合比施工。

（2）不得出现空洞和露筋现象。

2）实测项目

墩、台身实测项目见表6.1.4。

表6.1.4　墩、台身实测项目

项次	检查项目	规定值或允许偏差	检查方法和频率	权值
1	混凝土强度/MPa	在标准允许范围内	按《公路工程质量检验评定标准 第一册 土建工程》（JTG F80/1—2017）附录D检查	3
2	断面尺寸/mm	±20	尺量，检查3个断面	2
3	竖直度或斜度/mm	0.3%H且不大于20	吊垂线或经纬仪，测量2点	2
4	顶面高程/mm	±10	水准仪，测量3处	2
5	轴线偏位/mm	10	全站仪或经纬仪，纵、横各测量2点	2
6	节段间错台/mm	5	尺量，每节检查4处	1
7	大面积平整度/mm	5	2 m直尺，检查竖直、水平两个方向，每20 m² 测1处	1
8	预埋件位置/mm	10或设计要求	尺量，每件	1

注：H为墩、台身高度。

3）外观鉴定

（1）混凝土表面平整，施工缝平顺，棱角线平直，外露面色泽一致。不符合要求时扣1~3分。

（2）蜂窝麻面面积不得超过该面面积的0.5%，不符合要求时，每超过0.5%扣3分。深度超过1 cm的必须处理。

（3）混凝土表面出现非受力裂缝时扣1~3分，裂缝宽度超过设计规定或设计未规定时超过0.15 mm的必须处理。

（4）施工临时预埋件或其他临时设施未清除处理时扣1~2分。

2. 台帽

1）基本要求

（1）混凝土所用的水泥、砂、石、水、外掺剂及混合材料的质量和规格必须符合有关技术规范的要求，按规定的配合比施工。

（2）不得出现露筋和空洞现象。

2）实测项目

墩、台帽或盖梁实测项目见表6.1.5。

表 6.1.5 墩、台帽或盖梁实测项目

项次	检查项目	规定值或允许偏差	检查方法和频率	权值
1	混凝土强度/MPa	在标准允许范围内	按《公路工程质量检验评定标准 第一册 土建工程》（JTG F80/1—2017）附录 D 检查	3
2	断面尺寸/mm	±20	尺量，检查 3 个断面	2
3	轴线偏位/mm	10	全站仪或经纬仪，纵、横各测量 2 点	2
4	顶面高程/mm	±10	水准仪，检查 3~5 点	2
5	支座垫石预留位置/mm	10	尺量，每个	1

3）外观鉴定

（1）混凝土表面平整、光洁，棱角线平直。不符合要求时扣 1~3 分。

（2）墩、台帽和盖梁如出现蜂窝麻面，必须进行修整，并扣 1~4 分。

（3）墩、台帽和盖梁出现非受力裂缝时扣 1~3 分，裂缝宽度超过设计规定或设计未规定时超过 0.15 mm 的必须处理。

任务二　缆索吊装系统施工

【任务认知】

任务描述

缆索吊装系统是拱桥施工中最重要的临时设施，其起重能力大、使用时间长、全部为高空作业，安全管理风险大。

课时计划

本任务课时分配见表 6.2.1。

表 6.2.1　课时分配

任务内容	参考课时			教学重点
	理论	实践	合计	
缆索吊装系统	1	1	2	缆索吊装系统安全管理

【理论知识】

1. 缆索吊装系统总体布置

根据现场地形、地质以及拱桥的整体布置缆索吊装系统。一般在两岸桥台上布置索塔，在台后布置锚碇，拱架侧抗风分别布置于主拱圈上下游岸边。

2. 锚碇施工

1）桩锚

在距离合适，地质为岩石，能承受索塔运行过程中的抗拔力时，可使用桩锚（图 6.2.1）。

2）重力式锚

在地质条件较差，无法依靠锚碇周边土体来承受索塔运行过程中的抗拔力时，使用重力式锚（图 6.2.2）。

图 6.2.1　桩锚

图 6.2.2　重力式锚碇

3）侧抗风地垄

对于索塔的侧抗风或以后拱架拼装时的侧抗风，需要在桥的上下游选择合适的位置进行布置，可以利用较大的孤石锚固，也可以做临时地垄。水中还可以做水锚（图6.2.3）。

索塔侧向缆风索锚碇拟选为与索塔底高程相接近且与水平线成30°夹角位置，经计算锚碇尺寸拟定为4 m×4 m×3 m重力式锚碇。并在浇筑锚碇顶面混凝土时预埋锚墩钢筋，浇筑锚墩。

图6.2.3 水锚

4）前抗风

在索塔前方，选择合适的墩台或孤石作为索塔的前抗风。

3. 索塔施工

1）索塔构造

索塔一般用万能杆件或六四式军用梁或贝雷片拼装而成。近几年，国内一些施工企业也研发了用钢管拼装索塔的施工工艺。根据施工企业设备状况以及场地运输条件，索塔拟采用M形万能杆件，共48 m高（包括塔帽6 m），由塔柱、横向联系及塔顶分配梁四部分组成。索塔设两根塔柱，单根塔柱横桥向宽2 m，纵桥向长4 m，两塔之间的净距为4 m。

2）索塔基础

索塔设一个基础，基础尺寸顺桥向宽6 m，横桥向宽10 m，高2 m。基础顶面对应索塔N21支承靴，对应预埋一个40 cm×40 cm×2 cm的钢板，每块钢板下焊接4根ϕ25的锚固钢筋，其锚固深度为80 cm。

索塔基础施工同明挖扩大基础施工。索塔的拼装采用人工拼装，万能杆件的运输，通过安装在正在拼装的索塔上的摇头扒杆吊运。索塔在拼装过程中，要边安装、边调整抗风索，以确保索塔安全。

3）索塔安装

（1）索塔第一节杆件安装（图6.2.4）。

利用吊车进行第一节万能杆件安装。安装前按照施工图纸进行准确放样，画出塔脚万能杆件边缘线，第一段杆件安装到位后，支垫钢板并设置限位装置，保证塔脚不发生移位。再利用缆风索调整上接头平面位置，使杆件处于铅垂位置，待上、下游索塔均调整到位后，再拼装横联进行连接形成整体。

图 6.2.4　第一节杆件安装

（2）上部索塔安装。

待索塔第一段索塔安装到位形成框架后，经检验合格，再进行上部索塔的安装。当塔吊提升高度不能满足安装条件时，运用手摇扒杆进行安装。上部索塔安装如图 6.2.5 所示。

图 6.2.5　上部索塔安装

安装过程中，现场人员应仔细检查操作人员对节点板螺栓是否栓结牢固，并正确佩戴安全带及安全绳。

（3）索塔塔顶结构安装。

根据吊重，利用扒杆分块进行塔顶结构吊装，并焊接固定（图 6.2.6）。

图 6.2.6　塔顶结构安装

4）索塔安装过程的测量控制

为保证索塔各项指标符合规范要求，需加强安装过程的施工控制，及时发现不符合规范要求的偏差，以便及早进行调整和纠偏。

（1）成立施工监控小组。

成立索塔安装监控小组，配备全站仪、水准仪、钢尺、水平仪等测量设备，对安装全过程进行有效的监控。

（2）制定完善的施测方案。

在安装索塔前对原控制网进行复核和网点加密，严密平差和定期复测，两岸进行跨河水准校测，保证两岸高程统一，高程控制网布设与平面控制网同时布置，并在控制测量时选择较好的测量时机。在安装就位时及时进行监控测量，为杆件调位提供准确依据，发现误差超过允许值时及时纠正。

（3）索塔安装的安全措施。

① 制定安全技术措施，在进行正式安装前，向作业人员进行安全技术交底，做到操作人员心中有底。

② 吊装作业设专人指挥，对参加作业的人员进行明确分工。

③ 安装工程设专职安全员，负责整个过程的安全检查、监督工作，及时发现和消除安全隐患。

④ 吊装作业前认真检查各起重设备的可靠性和安全性，并进行试吊。

⑤ 各起重设备不得超负荷运行。

⑥ 索塔拼装过程随塔高的增加而移动工作平台，工作平台四周设置安全网和护栏。

⑦ 索塔在安装过程中必须根据需要设置临时缆风索，保证塔身的稳定性。

⑧ 从事安装作业的人员必须进行岗前体检且上岗后需定期体检，发现有不宜登高的人员应调换工作岗位，严禁酒后作业。

⑨ 从事安装作业的人员配备防滑鞋、专用工具和通信设备，便于统一指挥。

⑩ 对用于安装索塔的起重设备和焊接设备电路进行专门设计，设置良好的绝缘措施和漏电保护措施。

5）索塔安装质量标准

索塔安装质量标准见表 6.2.2。

表 6.2.2　索塔安装质量标准

序号	检查项目	允许偏差
1	塔柱中心线和基础中心线	±15 mm
2	塔柱顶面标高和设计标高	±20 mm
3	塔柱顶面不平整度	±5 mm
4	塔柱柱不垂直度	长度的 1/1 000，最大不大于 25 mm
5	塔柱之间的间距	间距的 1/1 000
6	塔柱上下两平面相应对角线差	长度的 1/1 000，最大不大于 20 mm

6）塔架及拱架的变形观测

塔顶位移过大将使竖直方向产生较大的偏心弯矩，对索塔的整体稳定不利。塔架位移通过风缆进行控制和调整，桥梁塔架纵向位移应控制在 12 cm 内，横向位移应控制在±4 cm 内，施工过程中应根据塔架位移情况对塔架缆风张力进行调整。塔架位移通过全站仪进行观测，观测方法和仪器如下：

（1）在塔架垂直于桥轴线方向设一个测站点和一个后视点，在塔架顶面上下游两侧设一个固定标尺。

（2）吊装中用全站仪在测站对好后视，直接读取固定塔尺标尺读数，再与初始读数比较，即可得到偏移值。

（3）测站和后视的设置要求牢固可靠，标尺编号清楚，便于查找。

（4）需要用全站仪 2 台，测量人员 4 人。

4. 缆索系统设计及施工

缆索系统主要包括主索系统、工作索系统、缆风系统等，如图 6.2.7 所示。

图 6.2.7 缆索系统

1）缆索系统设计

（1）主索。

全桥设一组主索吊装系统，由 5 根 ϕ56（抗拉强度为 1 960 MPa）满充式钢丝绳组成。

每组主索系统上布置 4 组吊点，每组吊点采用 1 根 ϕ21.5（抗拉强度为 1 550 MPa）的钢丝绳走 12 线。拱架节段用主索上的 4 组主吊点抬吊，每组吊点用 1 台 100 kN 摩擦式卷扬机作为动力机械。

拱架间横联利用前后线各一组主吊点进行抬吊安装。

牵引系统每组主索上的两组吊点分别在两岸各用 1 台 100 kN 摩擦式卷扬机作为牵引动力机械，每组牵引索用 2 根 ϕ28 钢丝绳（抗拉强度为 1 550 MPa）。

（2）工作索。

在主索两侧各布置 1 组工作索（对应左、右线拱肋各一组），全桥共设 4 组，每组由 1 根

$\phi56$（抗拉强度为 1 960 MPa）满充式钢丝绳组成。

工作索、起重索、牵引索的规格及数量见表 6.2.3。

表 6.2.3　工作索系统钢丝绳选用规格

名称	承重索	起吊索	牵引索
型号	CFRC8×36SW	6×37+1	6×37+1
组数	4	4	4
直径/mm	56.0	21.5	21.5
单位质量/（kg/m）	14.98	1.638	1.638
面积/cm²	16.67	1.742 7	1.742 7
抗拉强度/（kN/cm²）	1 960	1 550	1 550
钢丝绳直径/mm	2.3	1.0	1.0
破断拉力/kN	2 777	222	222
折减系数	0.8	0.82	0.82

（3）缆风索。

缆风索主要分为索塔缆风、拱架八字缆风。其中，索塔缆风又分为纵向缆风、横向缆风。

索塔纵向缆风全桥共设置 2 组，背抗风由 2 组 $\phi28$ 钢丝绳，走 8 线组成，锚于岸侧锚碇。相应地，索塔的前抗风由 2 组 $\phi28$ 钢丝绳，走 6 线组成，锚于桥台预埋的工字钢上。

索塔横向缆风由 $\phi28$ 钢丝绳组成，走 6 线，分布在索塔两侧。

每组拱架八字缆风由 2 根 $\phi28$ 钢丝绳组成，单幅半跨共设置二组。拱架节段安装时依次交替安装在节段端部，保证在任意工况下最端部节段至少有 2 组八字缆风。锚固时交叉锚固，避免节段弦管横向连接型钢出现拉应力。

2）缆索布设

（1）布设准备。

①索卡。

索卡主要用于地锚处，$\phi56$ 主索索卡在每一个对接接头处为 36 个，固定端绳的接头索卡个数为 16 个（图 6.2.8）。

②转线及其滑车、滑车轮准备。

缆索过河时，前端牵引，后端拉拽，使缆索不致垂入水中。鉴于现场的实际情况，采用转线滑车，以通过该转线滑车牵引主索过河或系住主索不入水。工作天线及转线、收紧滑车组均设在锚碇附近。

③卷扬机及其钢绳准备。

主牵引、起吊卷扬机在一岸布置 4 台（1 台牵引、2 台起吊，1 台扣绳），另一岸布置 5 台（2 台牵引、2 台起吊，1 台扣绳），布设位置为主锚碇前端（实际布设时尽量布设在两岸通视条件好的位置）。工作索的主起吊、牵引卷扬机布设同主索。其他如辅助卷扬机、打杂卷扬机等分两岸布置。为了便于集中管理，两岸卷扬机均集中布置。卷扬机如图 6.2.9 所示。

图 6.2.8　索卡　　　　　　　　　图 6.2.9　卷扬机

④ 牵引索的布置。

在进行主索布置前，上、下游各设 1 根 $\phi21.5$ 钢绳作牵引绳（先头索，全桥设 2 根），牵引绳长为 1 000 m，两岸各经转向滑车后连在 5 t 卷扬机上。牵引绳的布置用人工配合进行，采用人工牵引到位，经转向滑车进马鞍式卷扬机（容绳量足够长）。其步骤如下：

　　a. 将牵引索整根抬至一岸卷扬机附近，一端头引自另一岸经转向滑车至卷扬机。

　　b. 主端用人工配合卷扬机经另一岸塔顶索鞍翻过塔顶。

　　c. 人工牵引主端过桥下河流至一岸。

　　d. 主端用人工配合卷扬机经一岸地面拖拉。

　　e. 将另一端经一岸转向滑车后进卷扬机。

　　f. 收起牵引索离地面一定高度。

（2）主索牵引。

① 由另一岸向一岸牵引时，另一岸牵引索先到一岸与主索相连，然后向一岸牵引，同时一岸也附带一根牵引绳作回牵之用。

② 在主跨间牵引主索时，均采用主动放索，以确保主索离水面不小于 30 m 的高度。由于要求主动放索，因此主缆索后端须用两台 10 t 卷扬机循环打梢。$\phi56$ 主索盘离转线较远，必要时，应主动放盘（放盘时绝对不允许采用抽芯或盘轴竖直放置不转动而直接抽出主缆的方式放索）。

（3）主索牵引就位。

① 已牵引过河的某根主索，由经扣锚处的牵引索将其拉到扣锚处逐根单独卡牢在扣锚上，当每组的各根主缆均已卡牢后，在另一岸用收紧滑轮逐根对其进行垂度调整。

② 主索的垂度控制。

主索的空载垂度为 11.8 m。调整垂度时，使 $\phi56$ 的主索的跨中最低点与两岸等高的标尺对齐（可用肉眼观测，也可由仪器观测）。在一岸主索的空载的标高处设水准仪，观测跨中该索的最低点位于两岸标尺所在的平面内即可。

布设时首先在北设一醒目标志，由一名工程技术人员在该处观测（目测）指挥操作人员收紧工作索，待垂度达到设计值时卡紧一岸卡头。

每组主绳在布设第一根时同时采用目测和全站仪观测两种方法进行控制。

其余主索在布设及收紧达垂度位置时,先采用吊篮配合工人至主索跨中近距离观测,再用全站仪观测法收紧主索,尽可能保证每组主绳在同一水平面上。

③ 主索的锚固及连接。

每调整好一根主索就卡牢一根,$\phi56$ 主索的对接接头用索卡 36 个,固端接头用卡子 16 个,卡子间的间距为 40 cm,所有索卡均采用骑马式(图 6.2.10)。

图 6.2.10 缆索安装

5. 主吊具设计及施工

1)主吊具设计

拱架节段采用两点抬吊的方法进行吊装,吊具设计时天车和吊具均设计为两组共 4 套。

2)主吊具安装

(1)安装天线滑车及上下吊点滑车组。

天线滑车及上吊点滑车组均为定型加工件,到现场验收合格后即可进行安装。

安装时,用运输车运到待安装位置,由人工配合汽车吊安装到位,安装时应特别注意将其临时固定在塔顶工字钢上,以防其顺主索下滑至跨间不便处理。下吊点同法置于预先搭好的上吊点下附近的平台上待用。

(2)起吊卷扬机及牵引卷扬机进线。

主起吊卷扬机为 10 t 中速卷扬机,共使用 3 台,其中一岸两台,另一岸一台。起吊卷扬机设置相应的机动卷绳盘,起吊卷扬机在就位系牢、接好电源调试合格后,通过卷扬机摩擦滚筒进线至卷绳盘,该绳另一端送到主吊具下备用。

牵引用卷扬机为 10 t 中速卷扬机,共使用 3 台,其中一岸一台,另一岸两台。两岸各布置 4 台 5 t 卷扬机作为帮拉,安装在起吊卷扬机附近,检验合格后即可将牵引钢绳一端入卷扬机,另一端经过转向滑车后备用。

(3)穿线。

① 穿起吊滑车组线。

起吊滑车组共 12 线,用预先备好的起吊线逐轮地将滑车组穿线完毕,穿起吊线时可用工作吊篮配合。安装工作吊篮滑车如图 6.2.11 所示。

图 6.2.11　安装工作吊篮滑车

起吊线穿好后,将"活头"牵至固定端的地锚(起吊均为"单抽")锚固,将吊点拉下至下吊点需要的位置(注意:下拉时,卷扬机卷盘内的绳应松出),至此该吊点穿线完毕,同法穿完全部的吊点。

工作索吊点穿法与主吊点基本相同,可参照施工。

② 牵引绳穿线。

牵引索每组吊点每端由 $\phi 28$ 钢绳走两线构成,在上吊点的天线滑车背离两吊点间的一侧设转线动滑车,先将牵引绳线端头至靠近吊锚的一个动滑车,拉回进入地锚处固定,再安装好两吊点间与牵引匹配的 2 根 $\phi 28$ 的距离绳(长度为 12 m 的闭合线),将另一吊点用单线牵引至另一岸靠吊锚前(牵引走移时,已进线的卷扬机要松绳出来,因双线松出较慢,单线牵引绳应间隔停顿一下,注意走移时吊点配重),通过该岸天线吊点上转线动滑车、索鞍转线至该岸地锚处固定。至此,该组天线的牵引索布设完成,同理完成全部的牵引索布设。

工作天线牵引为单线牵引,牵引布设为循环线,注意上吊点两起吊滑车(定滑车)间要拉开距离至少 3 m,以防吊篮在空中旋转。工作吊篮卷扬机共 8 台,采用 5 t 中速卷扬机。

(4)安装吊点调平滑车及配重。

主吊点配重置于下滑车上,由 2 t 的混凝土块(或同等的其他构件)来实现。

工作索下设吊篮,因无承索器,其跨度大,考虑配重为 2 t。

6. 卷扬机群布置

为了便于集中控制、管理,视线良好,吊装指挥信号、指令传输方便快捷。两岸卷扬机均集中布置。主卷扬机分设在两岸主锚碇前,其他如辅助卷扬机、打杂卷扬机等分两岸布置。卷扬机群布置如图 6.2.12 所示。

图 6.2.12　卷扬机群

7. 试吊

为检验缆索吊装系统的性能，须在正式吊装前进行试吊工作，试吊采用成捆钢筋模拟最大吊重（每片拱架重约 10 t）。

试吊前在地锚处、主索、钢绳接头卡子处、索塔顶做好标记，并派专人进行观测，发现超出规定的变形及时报告，以便处理。当吊重运至跨中时，观测各级荷载的工作垂度，做好记录以检验计算的正确性；如误差较大，则需进行相应调整。

试吊步骤：起吊卷扬机分次受力→逐次检查系统各受力部位→起吊节段距基准面 10 cm→再次检查各受力部位→启动牵引系统运至跨中→测试数据→试吊物运回。

地锚：在地锚上设定标志点，起吊后用全站仪观测有无位移变形。

主索：起吊前测量空载时的垂度，起吊后梁运至 1/2 跨时，再测重载最大垂度。观测方法为在两岸河堤上适当地方确定一控制点，测出控制点标高和距跨中的距离，在控制点上设置全站仪，观测主索跑车位置，读出竖直角，即可计算出垂度值，与计算值相比较，并可用频谱分析仪测试主索索力，与计算值相比较。

索塔：在塔顶设立水平标尺，用全站仪在左、右线和桥轴线两个方向上观测塔顶位移。按施工规范规定，塔顶最大偏移应控制在 $[\delta] = H/400$ 范围内。同时可用贴电阻应变片的方法测试索塔各不利位置结构内力，与计算值比较。

根据试吊观测结果，对缆索吊装系统工作性能作出评价后采取相应措施。另外，根据试吊还可检验卷扬机起吊系统和牵引系统工作性能以及供电、运输系统并采取相应措施。

【知识应用】

分组讨论识别缆索吊装系统设备名称，并进行阐述，评分标准见表 6.2.4。

表 6.2.4　评分标准

序号	实训内容	配分	评分标准	扣分	得分
1	点名，作业人数	10	小组点名，根据考勤情况打分。若缺勤，则得分为零		
2	分组讨论并阐述观点	90	观点阐述无误，得分为观点正确率×90 分基础分，计算结果保留至小数点后两位		
合计					

【综合评价】

综合评价见表 6.2.5。

表 6.2.5　综合评价

任务名称			班级	
课次			组别	
模块	评价内容	配分	得　分	
知识	缆索吊装系统组成	10		
	缆索吊装系统安装工艺	10		
技能	准备工作	15		
	现场管理	15		
	管理文件编制	10		
素质	数据分析能力	5		
	信息检索能力	5		
	综合分析能力	5		
	学习态度	5		
	专注力	5		
	动手能力	5		
	团队合作参与度	5		
	职业素养	5		
本任务综合评分				
前任务综合评分				
同比增长幅度/%				
备注				

任务三　拱箱放样、拱架制作与吊装

【任务认知】

任务描述

拱箱放样是在平地上按 1∶1 的比例放出箱梁外轮廓线，然后作为拱架和模板制作的依据，这是拱桥施工最重要的一个环节。

课时计划

本任务课时分配见表 6.3.1。

表 6.3.1　课时分配

任务内容	参考课时 理论	参考课时 实践	参考课时 合计	教学重点
拱箱放样、拱架制作与吊装	1	1	2	桥面防水

拱箱放样、拱架制作与吊装

【理论知识】

1. 拱箱放样

拱箱放样是拱桥施工最重要的一步，它不仅是拱箱模板制作的基础，而且拱架的设计和拼装都要在拱箱放样的基础上进行。

1）拱肋坐标计算

拱桥拱轴线为悬链线拱，设计图纸上已经给定了拱肋、拱轴线、拱腹、拱背半跨的坐标图。若不能满足施工要求，可根据拱轴系数、矢跨比、矢高、计算跨径等参数，用悬链线公式进行计算。施工预拱度按二次抛物线进行分配。

2）放样方式选择

以前，拱箱放样都是采用实地放样，然后实地采集拱肋参数的方式进行，但随着计算机技术的发展，一些项目已经在采用计算机绘制拱肋，计算机提取参数的方式节约成本。实地放样除了现场制作样板、提取相关参数以外，还有控制累计误差的作用，而这一项，是计算机提取参数无法做到的。为保证施工质量，一般采用实地放样的方式进行。

3）场地准备

实地放样有条件时应完成全拱或不少于 2/3 拱圈放样，至少需要完成半拱 1∶1 实作放样。现场放样首先需要满足以下要求的场地：

（1）场地面积（长、宽尺寸）满足拱肋布置的要求。

（2）场地应基本水平。

（3）场地应硬化，以保证测点和大样线较长时间保留。

4）实地放样及数据采集

现场采用经检定合格的钢尺、经纬仪或全站仪测放矩形，其对角点分别通过拱肋、拱脚和拱顶截面外廓。经过严格的对角线修正后，沿上下底边划分出 x 方向间距，并弹出连线，在连线上对应划出 y 方向距离，找到需要的拱轴线交点。如实际场地不能满足矩形角点同时通过拱脚和拱顶的要求，至少应能保证整个拱肋在场地内，调整置仪点位置，用计算距离和夹角的方式放线（相当于坐标平移和旋转）。

大样测放所用坐标应是加上预拱度后的坐标。坐标加密后的预拱度值计算以抛物线插值为宜；拱肋分段点、拱顶、拱脚、1/4L（L 为拱肋计算跨径）处是大样测放的关键控制点。拱轴线交点测放完成并经复核后，用自制的曲线板将控制点实现顺滑连接，沿拱轴线法线方向偏移拱圈厚度后，形成大样轮廓线，为拱肋节段底胎制作、模板加工取样提供数据采集依据。

模板、底胎的样板采用薄木板、层板等材料制作。样板制取应在大样台上比照轮廓线蒙板描绘后用刀片、锯条雕拓成型。每个节段端头处及每节段预制底胎均应取样，其他部位视模板设计而定。样板应编号，并保存于干燥阴凉的库房中，防止受潮、受热而变形。

2. 拱架布置方案

对于仅有一跨的桥梁，若通过预制吊装的方式进行施工，不但对缆索吊装系统和预制场龙门架起吊能力要求很高，要求投入更多的设备以外，还要求布置较大的预制场和使用率较低的拱箱预制台座。根据具体情况，拱箱施工采用钢拱架现浇的方案进行。

钢拱架可通过贝雷片与特制 T 形架组合的方式形成，也可特制钢拱架，还可以用六四式军用梁桁梁作为钢拱架。本次采用六四式军用梁桁梁作为钢拱架，并参考以前一些大跨现浇拱桥施工的成功经验及相关技术规范，拱圈拟采用分环分段进行浇筑。

1）总体构思

（1）为降低成本，充分利用原有构件，减少改制和加工件数量，将拱架设计成折线段，通过改变横向垫木的高度来形成拱盔，在折点位置的拱架上弦设置短连杆。

（2）拱架设计 1.5 m 桁高（销孔中心高度），横向桁架片数根据需要通过计算确定。横向连接采用标准套筒螺栓及联结系槽钢进行连接。

（3）拱脚设置铰支座，铰支座利用砂筒上设置型钢分配梁支承，以方便卸架。

（4）拱架分三段合龙，在距两端各 1/3 处设铰，以减小因销孔间隙及工字钢、砂筒压缩等非弹性变形产生的拱架附加内力，在拱架合龙并松索完成后，再现场连接拱架下弦，形成拱架来支撑拱圈浇筑时的荷载。

2）预拱度的设置

（1）弹性挠度。

拱肋施工期间的弹性挠度 δ_1 由拱架的自重挠度、浇筑一环时拱架挠度、浇筑二环时拱架挠度、拆架后拱肋挠度组成。

（2）拱架销孔间隙产生的非弹性挠度。

全桥拱架按 24 个销接接头计，每个接头非弹性变形（销孔间隙）为 0.75 mm，则全桥 $d_s =$

24×0.75=18 mm；近似按悬链线弧长与矢高的变化关系求得拱架销孔间隙产生的非弹性挠度 δ_2 = 1.8 cm。

（3）垫木、砂筒压缩值。

按以往的经验，工字钢压缩值取 0.5 cm，砂筒压缩值取 1.5 cm，则 δ_3 = 2 cm。

（4）由设计部门提供的因恒载、温度变化、混凝土收缩徐变及拱座水平位移产生的挠度 δ_u = 14.1 cm。

综合以上因素，取钢拱架总的预拱度值 $\delta = \delta_1 + \delta_2 + \delta_3 + \delta_u$ = 37 cm。

上述预拱度值按二次抛物线分配到拱架坐标上，形成拱架各主要节点坐标，用来控制拱架的下弦杆的加工和拼装。

3）拱架的具体布置

我国西南地区某桥拱圈混凝土现浇钢拱架系利用六四式军用梁的基本三角①及部分特殊加工件拼制而成。在设计中，为降低成本，充分利用原有构件，减少改制和加工件数量，将拱架设计成折线段，通过改变横向垫木的高度来形成拱盔。因而除拱脚和其他特殊节段及其他少量新加工件外，拱架的绝大部分利用六四式军用梁标准构件。

拱架每一折线段长度按尽量小的原则布置，以使拱架上下弦受力更为均匀，使拱盔垫木高度相对较小，以节约施工用木材，同时应满足上弦折点处连杆可连接的最小长度需要。因而拱架每一折线段按 2 片基本三角布置。为保证拱架结构的几何不变形，在折点连杆位置皆设置⑥号撑杆（六四式军用梁标准构件），与⑥号撑杆连接的基本三角①′利用标准基本三角①焊接连接钢板后改制而成。

根据受力和施工要求，拱架横向按 6 片六四式军用梁桁片布置，每片宽 52 cm，片与片间的净距为 8 cm，拱架横向总宽度为 7.48 m，桁架上下弦销孔中心高度为 1.5 m。片与片之间在上下弦（2[16 槽钢）位置通过标准套筒螺栓（M22 螺栓）进行连接；在上下弦连接钢销两侧及上下两基本三角对接钢销两侧的斜腹杆（2[8 槽钢）位置，利用联接系槽钢（[10 槽钢）和 U 形螺栓进行连接来增强拱架的整体性。在⑥号撑杆位置，利用联接系槽钢设置剪刀撑，以增强拱架的抗扭能力。上下弦及⑥号撑杆位置的联结系槽钢利用二号 U 形螺栓进行连接，上下两基本三角对接处的联接系槽钢利用三号 U 形螺栓进行连接，拱脚及拱顶特殊节段仍利用标准套筒螺栓及联结系槽钢进行连接，拱脚特殊节段连接用的 U 形螺栓需新加工。具体可参考《六四式军用梁使用说明手册》。

（1）基本三角①的结构形式。

如图 6.3.1 所示，单片基本三角①长 4 m（按销孔中心计算），高 1.5 m，宽 0.52 m，单片重 455 kg。主弦杆为 2[16 槽钢，斜腹杆为 2[8 槽钢，内腹杆为 2∟50×5 角钢，所使用材料材质皆为 16 锰桥梁钢（16 Mnq）。各杆件之间通过连接钢板焊接而成，横向两肢之间通过连接缀板焊接成组合截面。连接销孔直径为 50 mm，采用直径为 48.5 mm 的钢销进行连接，钢销材质为 35SiMn。

（2）标准弦杆的结构形式。

如图 6.3.2 所示，单片撑杆长 3.959 m，宽 0.52 m，单片重 231 kg。截面为 2[16 槽钢；所使用材料材质仍为 16 Mnq。两肢之间通过连接缀板焊接成组合截面。连接钢销直径为 48.5 mm，材质为 35SiMn。

图 6.3.1　基本三角①　　　　　　　　图 6.3.2　标准弦杆

（3）拱脚 1.5 m 辅助端构架的结构形式。

另一岸拱脚直接采用标准三角与支座连接，一岸采用 1.5 m 辅助端构架如图 6.3.3 所示。1.5 m 辅助端构架长 1.5 m（按销孔中心计算），高 1.5 m，宽 0.52 m，单片重 345 kg。主弦杆为 2[16 槽钢，斜腹杆为 2[8 槽钢，内腹杆为 2∟50×5 角钢；所用材料材质皆为 16 锰桥梁钢（16 Mnq）。各杆件之间通过连接钢板焊接而成，横向两肢之间通过连接缀板焊接成组合截面。连接销孔直径为 50 mm，采用直径为 48.5 mm 的钢销进行连接，钢销材质为 35SiMn。

图 6.3.3　辅助端构架

（4）卸拱设备及支座结构。

支座由厚 30 mm 的后座板、底座板及竖向肋板组成，在竖向肋板上设置 ϕ90+0.2 mm 的销孔与拱脚钢销连接。

卸拱设备由钢楔、型钢分配梁、砂筒及砂筒活塞等构成。在支座后缘设置铸钢对口楔块来进行支座标高及纵向位置的微调，上下楔块结合面抛光并涂油，以利卸架。型钢分配梁采用 2 根 I45a 工字钢梁焊接成组合截面，单根工字钢梁长为 1.2 m。砂筒活塞外径为 50 cm，高 57 cm，顶板厚 2 cm，筒壁厚 1.2 cm。砂筒外径为 55 cm，高 58 cm，底板厚 3 cm，筒壁厚 1.2 cm。在每个砂筒底部对称设置两个直径为 4 cm 的小孔以便卸砂，小孔卸砂前利用螺栓塞堵死。每岸横向共设置 6 个砂筒活塞。

砂筒用砂必须采用洁净干燥的中粗砂，砂筒与砂筒活塞之间的空隙应用沥青或黄油封闭，防止雨水或泥水渗入使砂体板结。

（5）拱架风缆。

拱架风缆绳采用 2 根 ϕ19.5（6×37+1）的麻芯钢索，公称抗拉强度 170 kg/mm²，钢绳破断拉力为 39.3 t（双线）。

上下河各设置 2 道风缆，全桥共 4 道风缆绳。风缆与地面夹角不大于 30°，风缆水平投影与桥轴夹角不小于 50°，为减小风缆垂度的非弹性影响，风缆初张力按 5 t 控制。拱架风缆绳用量约 2 200 m。

拱架风缆位置根据设计的风缆角度要求放样后确定，锚碇根据具体地质情况可采用锚环或埋置式地垄等形式，具体做法见任务二缆索吊装系统部分内容。要求每道风缆锚碇容许抗拉力不小于 15 t。

（6）模板系统。

拱箱模板采用木模，面板采用竹胶板。

在拱架上弦节点上每间隔 2 m 布置宽 15 cm 的纵向弓形木，根据形成拱盔弧度的需要，横木高度为 14～31.1 cm 不等，各纵向弓形木具体尺寸根据现场放样现场量取得出。全拱圈纵向设置 10 根 15 cm×15 cm 方木做底模背销，在横背销上设置 4 cm 厚木板做底模板。为保证混凝土外观质量，底模板上再铺设 1 cm 厚的竹胶板面板。

在上下河各设置宽 1 m 的人行支道，以便于施工操作及模板安装。支道横木每 3 m 一根，长 2.2 m，其截面尺寸为 0.12 m×0.1 m，支道面板为厚 4 cm 的木脚手板。

3. 拱架吊装

拱架运输安装利用缆索吊装系统进行，采用在拼装场地拼装成段，通过缆索吊装天线吊至拱座合龙的方式。

根据缆索吊装系统的吊重能力，拱架横向分 3 幅进行安装，每幅由 6 片军用梁桁架组成；纵向每幅分 3 段吊装，全桥拱架安装共分 9 个吊装节段。

拱架节段在起吊场地初拼完成，经检验节段几何参数和质量符合设计要求后，准备吊装；吊装段横向两片先连接好全部套筒螺栓，联结系槽钢在拱架安装完成后再进行连接，以方便安装及调整。拱架吊装利用千斤绳捆绑吊装，吊点位置设置在距端头 3 m 的上弦节点处。扣点因扣索力较大，在扣点的拱架下缘节点位置设置型钢梁，型钢梁与拱架下弦杆间利用 U 形螺栓定位，扣索与型钢梁间采用千斤绳、H 板及转向滑轮进行连接，节段安装到拱座后皆设置一道扣索。千斤绳采用 ϕ32 钢索，根据力的大小并按 8 倍安全系数确定千斤绳根数。注意吊扣点应设置于桁架节点位置。

1）拱架安装顺序

拱架安装按两岸及横向对称的顺序进行，纵向从拱脚至拱顶安装，横向从桥轴线向上下河安装。

（1）先吊装桥轴线上的拱架，单幅合龙整好拱架轴线和标高后，选择在夜间低温状态下合龙；合龙完成后，对称循环松出吊、扣索，收紧拱架临时风缆。在每个安装段皆设置拱架临时风缆，在拱架安装完成并设置好固定风缆后，临时风缆可拆除。

（2）进行上游次边幅的吊装，合龙调整好拱架轴线和标高后，仍选择在夜间低温状态下合龙；合龙完成后，对称循环松出吊、扣索，收紧拱架临时风缆，并连接拱顶上下弦及两幅之间的横向连接螺栓形成双幅拱架。

（3）双幅合龙，保留两幅风缆索，然后安装下游次边幅。下游次边幅安装可不设置风缆，利用倒链葫芦和木契块连接于已安装的两肋上来保证横向稳定和调整横轴线。

（4）同样的方法完成上下河边幅拱架的安装，并连接好横向连接螺栓，形成总宽 7.48 m 的拱架。进行联结系槽钢的安装以加强拱架的整体性，并按设置好上下河共 4 道固定风缆，按设计控制好每道风缆的初张力。然后解除先安装两幅的临时风缆，拱架安装完毕，即可进行后续模板的安装及拱圈混凝土的施工。

2）单幅拱架合龙施工工艺

（1）吊装两个拱脚段，设置不小于 4 cm 的施工预抬高值，并设置好一道扣索。

（2）安装合龙段，设置不小于 8 cm 的施工预抬高值。

（3）合龙松索控制。两岸同时对称循环逐渐下放扣索、合龙段吊点，当下放到各主要节点标高与设计基本一致时（在规范误差范围内），通过千斤顶和钢支撑来固定拱架位置，然后临时焊接中段与边段相连接的下弦杆，待下弦杆焊接结束后，对称循环从拱脚至拱顶放松扣索。扣索松索过程中，除应注意两岸对称外，各扣索一次松索长度应尽量小，通过增加循环次数来达到扣索完全放松的目的，以保证施工安全。松索采取定长松索方法进行，扣索一次松索量可采用 2~3 cm，并用粉笔在张拉端钢索上做好标记；每松一次索（对称），应进行一次各接头及拱顶的标高观测，并根据反馈的标高数据随时调整松索量。采用滑车组和卷扬机放松扣索。各扣索完全放松后，再进行一次拱幅轴线的精确调整。

若拱架合龙后高程与设计有差别，可对拱盔垫木高度进行必要调整，以求较准确地吻合设计高程。

3）拱架轴线、标高控制

拱架轴线横向偏位、标高是安装拱架的控制指标，是一个较复杂的控制过程。在整个吊装过程中，测量技术人员进行跟踪观测，使用风缆对轴线偏位进行调节，将风缆锚固设置在两岸陆地上。

拱架标高调节依靠调整扣索长度来实现，扣索调节是为了使拱架标高符合设计要求，但是在安装过程中频繁调索也会影响施工的进度和结构的内力，因此需要减少调索的次数。为此，拱架在安装阶段需要设一定的预抬高量。

拱架轴线横向偏位调节依靠调整拱架侧风缆长度来调节，扣索收紧、放松（合龙）的同时，测量小组对整个过程进行跟踪观测，确保吊装节段准确、快速完成对接就位并转换到完全扣挂状态。拱架完成合龙，扣挂体系基本放松以及标高调整完成后，应再一次通过侧风缆对拱架横向偏位进行一次精确调整。

4）单幅合龙的稳定性措施

由于单幅拱架本身横向宽度较小（1.12 m），单幅横向稳定性差，拱架的横向稳定主要依靠每吊装段上下河各设一道临时缆风索来保证。缆风索对拱架的作用，相当于拱架在横向的多点弹性支承，减小了拱架的自由长度，因而在布置风缆时，不仅要考虑它的强度，还要考虑它的刚度（风缆截面积），以保证在最大设计风力作用下拱架的横向位移尽量小。风缆的初始张力按在最大设计风力作用下拱架横向位移较小为计算原则，通过其较大的初张力减小垂度等非线性影响对拱架产生约束作用。

同时，在风缆布置时，尽量满足上下河对称的原则，并尽量满足《公路桥涵施工技术规范》（JTG/T 3650—2020）所要求的风缆角度。

5）拱架安装过程中应注意的问题

（1）在拱架安装的几个主要受力阶段，对塔架、主索、扣索、锚碇进行张力、应力、垂度和位移观测，并做好记录，以确保施工安全。

（2）各扣段安装应设置一定的施工预抬高值（拱脚段 4 cm，合龙段 8 cm）。此预抬高值为合龙前各段预抬高值。在各段安装过程中，应注意扣索及起吊滑车的调整，确保施工预抬高值始终不小于上述数值，以便拱顶段的顺利安装。在拱顶合龙完成后，此施工预抬高值消失。

（3）下弦连接应在拱架主要控制点标高、轴线调整符合设计规范要求后进行。

（4）施工过程中应注意千斤绳的配套使用，千斤绳的安全系数应大于 8 倍。同时各钢绳的索卡数量应满足规范及起重操作手册的要求，索卡间距应满足规范及起重操作手册的要求。

（5）拱架合龙应选择在夜间较低温状态下进行。

（6）大风（风力六级以上）及雷雨天气禁止吊装作业。

6）施工观测控制

拱架安装施工观测主要分为拱架轴线控制，塔架在拱架安装过程中的偏移控制，拱架各分段点在各阶段的标高控制，扣索各阶段索力观测，缆索吊装系统主缆垂度及索力观测，锚碇的位移观测六个方面。

【知识应用】

分组讨论识别拱架吊装顺序，并进行阐述，评分标准见表6.3.2。

表 6.3.2　评分标准

序号	实训内容	配分	评分标准	扣分	得分
1	点名，作业人数	10	小组点名，根据考勤情况打分。若缺勤，则得分为零		
2	分组讨论并阐述观点	90	观点阐述无误，得分为观点正确率×90分基础分，计算结果保留至小数点后两位		
			合计		

【综合评价】

综合评价见表6.3.3。

表 6.3.3　综合评价

任务名称			班级	
课次			组别	

模块	评价内容	配分	得　分
知识	桥面铺装质量控制要点	10	
	伸缩缝、栏杆质量控制要点	10	
技能	准备工作	15	
	现场管理	15	
	管理文件编制	10	
素质	数据分析能力	5	
	信息检索能力	5	
	综合分析能力	5	
	学习态度	5	
	专注力	5	
	动手能力	5	
	团队合作参与度	5	
	职业素养	5	

本任务综合评分	
前任务综合评分	
同比增长幅度/%	
备注	

【知识拓展】

拱架应进行专门设计，并应符合下列规定：

（1）拱架的设计应遵循安全可靠、结构简单、受力明确、制作和安拆方便的原则。所采用材料的性能和质量应符合国家或行业相关标准的规定。常备式构件用作拱架时，其设计与计算应依据该构件的技术要求进行。

（2）设计荷载除应符合《公路桥涵施工技术规范》（JTG/T 3650—2020）第 5.2.6 条的规定外，尚应根据拱桥的结构特点和施工荷载特性分析取用，拱圈的自重荷载宜乘以 1.2 倍系数。在计算荷载作用下，应按可能产生的最不利荷载组合验算拱架的强度、刚度和稳定性。

（3）对拱架各截面的强度进行验算时，应根据拱架的结构形式和所承受的荷载大小，按分环分段浇筑或砌筑施工的工况，分别验算其拱顶、拱脚和 1/4 跨等特征截面的应力，并应对特征拱架节点进行受力分析。

（4）应严格控制拱架的刚度，拱架受载后，对落地式拱架，其弹性挠度应不大于相应结构跨度的 1/2 000；对于拱式拱架，其弹性挠度应不大于相应结构跨度的 1/1 000。

（5）稳定性的验算应包括拱架的整体稳定和局部稳定，抗倾覆稳定系数应不小于 1.5。对拱架在拼装过程中的稳定性亦应进行验算，当不能满足拼装要求时，应采取必要的辅助稳定措施。

（6）拱架的地基与基础设计应符合现行《公路桥涵地基与基础设计规范》（JTG 3363）的规定，并应对地基承载力进行验算。

拱架的制作和安装应符合下列规定：

（1）制作拱架所采用材料的规格和质量应符合施工设计要求。对钢拱架，宜采用标准化、通用化的常备式构件，或型钢、钢管等材料；在特殊情况下采用木拱架时，应选择材质坚硬、无损伤且湿度较小的材料。拱架的制作应保证杆件或构件的尺寸准确，连接节点处的螺栓孔或焊接质量应满足施工设计要求。

（2）拱架在安装前，应对桥轴线、拱轴线、跨径和高程等进行校核，确认无误后方可进行拼装。拼装应根据拱架的构造确定适宜的方法进行，分片或分段拼装时应有保证拱架稳定的临时措施，必要时应设置缆风绳进行固定；拱架拼装时尚应设置足够的平联、斜撑和剪刀撑，保证其横向的稳定。

（3）拱架应设置施工预拱度和卸落装置，其施工要求除应符合规范规定外，拱式拱架尚应考虑其受载后产生水平位移所引起的拱圈挠度。各类拱架的顶部高程应符合拱圈下缘加预拱度后的几何线形，允许偏差宜为 ±10 mm；拱架纵轴的平面位置偏差应不大于跨度的 1/1 000，且宜不大于 30 mm。

（4）拱架安装完成后，应按设计荷载进行预压；并应对其平面位置、顶部高程、节点连接及纵横向的稳定性进行全面检查，符合要求后，方可进行下一工序。

（5）拱架应稳定、牢固，应能抵抗施工过程中可能发生的偶然碰撞和振动。

任务四 拱箱现浇施工

【任务认知】

任务描述

拱箱现浇施工就是在拱箱钢筋绑扎完成,按照均衡对称的原则在拱架上浇筑混凝土。这是拱桥施工最容易出质量事故和安全事故的部分。

课时计划

本任务课时分配见表 6.4.1。

表 6.4.1 课时分配

任务内容	参考课时			教学重点
	理论	实践	合计	
拱箱现浇施工	2	1	2	拱箱浇筑顺序

【理论知识】

1. 拱圈模板安装、钢筋绑扎

1）弓形木敷设

从拱脚沿拱腹向拱顶敷设纵向弓形木。弓形木长 4 m 左右,宽 20 cm、高 15~30 cm。为保证拱架对称均匀受力,弓形木从两边拱脚沿拱腹向拱顶对称敷设,相邻弓形木之间留 2 cm 的收缩缝,以适应拱架变形。

在敷设弓形木的同时,严格按照预先计算好的设计高程控制弓形木安装标高。对于标高不满足之处,用木楔支垫,支垫的位置选择在拱架节点上,这样有利于拱架受力。

在敷设弓形木期间,随时监测拱顶标高。若拱顶上顶标高高出设计值,应在拱顶压重,以使拱架均匀受力。

2）底模敷设

底模为 4 cm 厚木板,垂直于弓形木方向敷设,也是从两边拱脚沿拱腹向拱顶对称敷设,相邻底模之间留 0.3 cm 的收缩缝,以适应拱架变形。

在敷设底模期间,随时监测拱顶标高。若拱顶上顶标高高出设计值,应在拱顶压重,以使拱架均匀受力。

3）拱圈钢筋绑扎

在浇混凝土之前,先绑扎底板钢筋和腹板、横隔板钢筋,然后安装侧模、内模,再浇筑底板混凝土、腹板混凝土,然后绑扎顶板钢筋、安装顶模,最后浇筑顶板混凝土。

钢筋的绑扎也要从两边拱脚沿拱腹向拱顶对称绑扎。

在钢筋绑扎期间,随时监测拱顶标高,若拱顶上顶标高高出设计值,应在拱顶压重,以使拱架均匀受力。

4）拱圈侧模和内模安装

侧模和内模的安装也要从两边拱脚沿拱腹向拱顶对称进行。

在侧模和内模的安装期间，随时监测拱顶标高。若拱顶上顶标高高出设计值，应在拱顶压重，以使拱架均匀受力。

弓形木、模板以及钢筋均在预制场地起吊，然后运送至安装部位进行安装，所有工序都要对称均匀进行。拱架只能用作施工平台，不能作为堆放场地，特别是不对称的堆放。

2. 拱圈混凝土的浇筑

1）拱圈混凝土分环浇筑顺序

考虑到六四式军用梁的承载能力，本着节约成本、充分利用现有资源、安全可行的原则，并参考以前一些大跨现浇拱桥施工的成功经验及《公路桥涵施工技术规范》（JTG/T 3650—2020）、《公路施工手册：桥涵（下册）》等。拱圈拟采用分环分段浇筑。

考虑拱架承载能力等因素，拱圈分底板、横隔板与腹板、顶板三环（层）浇筑；为使拱架受力更为均衡，每环分 3 个浇筑段，分段平均长度约为 33 m。

2）拱圈混凝土的分段浇筑顺序

拱圈混凝土在纵向上应分为端段和顶段。在浇筑时，应首先同时浇筑端段，待端段浇筑完成后，再浇筑顶段。顶段的浇筑应从中间向两侧浇筑。

拱圈混凝土最终浇筑顺序按拱圈混凝土浇筑分环分段示意图进行，在施工中按照均匀、对称的原则进行。

拱圈混凝土采取现场拌和，在拱架拼装场地起吊，通过吊装天线运送至浇筑处。端段拱圈坡度比较陡，在浇筑时，混凝土塌落度不能太大，以免混凝土流淌。为保证混凝土振捣密实，混凝土倾倒和振捣顺序应从低处往高处实施。

拱圈混凝土中钢筋绑扎、模板安装、混凝土浇筑以及拆模等工艺同其他钢筋混凝土施工工艺，此处不再赘述。

3）拱圈混凝土施工阶段拱架的变形观测

拱圈混凝土浇筑是按分环、分段、多工作面和完全对称的情况下设计出的，但在实际施工时不可能做到完全与设计一致，因而尚应对拱架的变形进行严密的观测，在两岸 $L/8$、$L/4$、$3L/8$、$L/2$（拱顶）设置拱架变形观测点，测点在桥轴线及上下河分别布置（以反映扭曲情况）。在加载过程中，务求各节点的下沉变形比较均匀一致，不要产生局部位置的突出变形。如出现突出变形或变形与设计差异较大，需找出原因，并合理调整拱架上的浇筑顺序，使拱架变形恢复正常。夜间浇筑时应配设足够的照明设备，以能维持正常的观测。另外，如果条件许可，可对拱架各主要受力杆件进行应变-应力观测。

3. 钢拱架的拆除

在拱圈混凝土强度达到设计强度的 75% 及以上时，可允许卸架。

拱架拆除仍利用缆索吊装系统进行，拆除分幅、分段与安装时相同，顺序基本上逆安装顺序进行。每幅拱架在卸架前，缆索布置于拱圈边缘外 1 m，采用单组主索前后吊点抬吊运输上岸。

拱架卸落的过程，就是由拱架支承的拱圈（或已建成的拱上结构）的重力逐渐转移给拱圈自身来承担的过程。为了对拱圈受力有利，拱架不能突然卸除，而应按一定的程序和方法进行。在卸架过程中，只有当达到一定的卸落量时，拱架才脱离拱圈体并实现力的转移。卸落量应为拱圈体弹性下沉量与拱架弹性回升量之和，考虑未计入风缆初张力和部分非弹性及施工安全等因素，实际砂筒总卸落量应比计算卸落量大 10 cm。

1）砂筒卸落

当主拱圈全部浇筑完毕，混凝土强度达到设计强度的 75%及以上时，即允许卸架。

卸架前应先拆除主拱圈与拱架之间所有的连接螺栓。

卸落拱架时，应先对称松动两拱脚支座后缘的铸钢对口楔块，再逐次对称地卸砂落架。两岸砂筒的卸落量应基本相同，同一岸各砂筒的卸砂量亦应相等，最好用量杯计量卸砂量，防止卸落过程中拱架横向倾斜。

设计砂筒总卸落量为 16 cm，分 8 个落次卸完，每次卸落量为 2 cm 左右，每砂筒每次卸砂量约 4.4 L。

在拱圈卸落过程中，应在两岸 $L/4$ 及拱顶设置拱圈变形观测点，做好拱圈的变形观测；在卸落 16 cm 以后即可大卸，使拱架与主拱圈完全脱离。

2）拱架横移

拱架与主拱圈完全脱离后，将拱架支座置于走板和滚筒之上，然后用千斤顶顶着钢绞线，将拱架横移至拱圈外侧。

拱架要分两次横移，每次只横移拱架一半宽度的距离，当横移出一半拱架至拱肋外侧后，就开始拆除这一半的拱架。每次横移量也要分多次对称地横移；两岸横移量应基本相同，最好在拱座上做标记用钢卷尺计量横移量，防止横移过程中拱架倾斜。

3）拱架拆除

当拱架横移至拱圈外侧拱架宽度一半的距离后，先将拱盔模板、纵横木拆除，仅保留桁片间的连接系槽钢和螺栓套筒，然后在原顶段吊点处用缆索吊装天线吊点吊住拱架，并收紧卷扬机，在原两侧端段扣索扣点处用扣索重新扣住，并收紧扣索卷扬机。

将还在拱肋下方的另外半幅拱架用抗风收紧，开始拆除拱肋内外的连接系槽钢和螺栓套筒，然后拆除拱肋外侧拱架顶段与端段的连接销子，最后用吊点分别吊至拱架拼装平台进行拆卸。

另外半幅拱肋下方拱架按上述方法进行横移，但本次横移不能完全解除抗风。上下游抗风的收紧和放松与拱架横移同步同量进行，以确保剩下的半幅拱架在横移过程中的稳定性。

剩下半幅拱架的拆除方法同上。

拆除时拱架分段与安装时分段相同，拆除吨位控制在 25 t 以内；纵向分 3 个吊装节段，横向分 2 幅（每幅 5 片），全桥拱架分 6 个吊装节段拆除。

拱架纵向拆除顺序逆安装顺序进行，每幅拱架纵向从拱顶至拱脚两岸对称拆除，横向由上、下游向桥轴线对称拆除，拱架拆除后拱圈如图 6.4.1 所示。

图 6.4.1　拱圈混凝土浇筑完成

【知识应用】

分组讨论识别拱箱浇筑顺序,并进行阐述,评分标准见表 6.4.2。

表 6.4.2 评分标准

序号	实训内容	配分	评分标准	扣分	得分
1	点名,作业人数	10	小组点名,根据考勤情况打分。若缺勤,则得分为零		
2	分组讨论并阐述观点	90	观点阐述无误,得分为观点正确率×90 分基础分,计算结果保留至小数点后两位		
	合计				

【综合评价】

综合评价见表 6.4.3。

表 6.4.3 综合评价

任务名称		班级	
课次		组别	

模块	评价内容	配分	得 分
知识	拱箱浇筑顺序	10	
	拱箱浇筑质量控制要点	10	
技能	准备工作	15	
	现场管理	15	
	管理文件编制	10	
素质	数据分析能力	5	
	信息检索能力	5	
	综合分析能力	5	
	学习态度	5	
	专注力	5	
	动手能力	5	
	团队合作参与度	5	
	职业素养	5	
本任务综合评分			
前任务综合评分			
同比增长幅度/%			
备注			

【知识拓展】

1. 基本要求

就地浇筑拱圈的基本要求如下：

（1）混凝土所用的水泥、砂、石、水和外掺剂的质量和规格，必须符合有关规范的要求，按规定的配合比施工。

（2）支架式拱架必须严格按照施工技术规范的要求进行制作，必须牢固稳定。

（3）拱圈的浇筑必须严格按照设计规定的施工顺序进行。

（4）拱架的卸落必须按照设计和有关规范规定的卸架顺序进行。

（5）不得出现露筋和空洞现象。

2. 实测项目

就地浇筑拱圈实测项目见表6.4.4。

表6.4.4 就地浇筑拱圈实测项目

项次	检查项目		规定值或允许偏差	检查方法和频率	权值
1	混凝土强度/MPa		在标准允许范围内	按《公路工程质量检验评定标准 第一册 土建工程》（JTG F80/1—2017）附录D检查	3
2	轴线偏位/mm	板拱	10	经纬仪，测量5处	1
		肋拱	5		
3	内弧线偏离设计弧	跨径≤30 m	±20	水准仪，检查5处	2
		跨径>30 m	±跨经/1500		
4	断面尺寸/mm	高度	±5	尺量，拱脚、$L/4$、拱顶5个断面	2
		顶、底、腹板	+10, 0		
5	拱宽/mm	板拱	±20	尺量，拱脚、$L/4$、拱顶5个断面	1
		肋拱	±10		
6	拱肋间距/mm		5	尺量，检查5处	1

3. 外观鉴定

（1）混凝土表面平整，线形圆顺，色泽一致。不符合要求时扣1~3分。

（2）混凝土麻面面积不得超过该面积的0.5%。不符合要求时，每超过0.5%扣3分，深度超过1 cm的必须处理。

（3）混凝土表面出现非受力裂缝扣1~3分。裂缝宽度超过设计规定或设计未规定时超过0.15 mm的必须进行处理。

任务五　拱上建筑施工

【任务认知】

任务描述

拱上建筑包括拱上横墙、拱上立柱、盖梁、空心板，拱上建筑施工也要遵循对称均衡的原则进行。

课时计划

本任务课时分配见表 6.5.1。

表 6.5.1　课时分配

任务内容	参考课时 理论	参考课时 实践	参考课时 合计	教学重点
拱上建筑施工	2	1	3	拱上建筑施工施工顺序

【理论知识】

1. 拱上垫梁现浇

1）拱上垫梁的施工顺序

拱上垫梁也要按照均衡、对称施工，先拱脚，然后拱顶，最后在拱肋 1/4 处进行施工。

2）测量放线

拱上垫梁顺河向中心线高度均为 1 m，两侧高度随垫梁位置的变化而变化。垫梁宽 1.2 m，长 7.48 m。

拱圈施工完毕之后，测量人员精确放出拱上垫梁平面位置，施工人员用钢尺进行复核。

3）绑扎钢筋

拱圈施工期间做好垫梁钢筋的预埋，拱圈混凝土强度符合要求之后以预埋钢筋作为骨架绑扎垫梁其余纵横向钢筋，做好拱上立柱钢筋的预埋工作，钢筋绑扎要求参照拱座部分执行。

4）支护模板

垫梁处于拱肋部位，为方便支护模板，在拱圈施工期间提前预埋落地钢筋用以支护模板。

模板采用 15 mm 厚竹胶板作为面板，5 cm × 10 cm 方木作为竖肋，竖肋间距 40 cm，横向布置双排钢管整体加固，采用对拉螺栓连接前后模板。采用钢管作为斜撑进行外部支护，钢管底部固定于拱圈预埋钢筋上，顶部支撑于横向双排钢管处。拱上垫梁安装模板如图 6.5.1 所示。

图 6.5.1　拱上垫梁安装模板

5）混凝土浇筑

垫梁混凝土通过预制场拌和站拌和，然后用运梁平车运输至缆索吊装天线吊点下，通过吊装天线运送至垫梁位置浇筑。浇筑混凝土期间，需根据天气、运输距离、施工速度等合理确定混凝土坍落度。浇筑速度不宜过快，施工期间注意观察模板，防止上浮、胀模、漏浆等质量通病。

6）混凝土养护

垫梁混凝土标号高，早期强度快，根据这个特点，应加强前期养护工作。养护期间覆盖土工布，专人洒水养护，观察混凝土的温度变化情况。

2. 拱上立柱、系梁现浇

1）拱上立柱、系梁的施工顺序

拱上立柱、系梁也要按照均衡、对称施工，先拱脚，然后拱顶，最后在拱肋 1/4 处进行施工。

2）拱上立柱、系梁现浇

拱上立柱、系梁现浇施工工艺同墩上立柱系梁施工工艺，只是混凝土的运输是采用缆索吊装天线进行。

3. 拱上盖梁现浇、吊装

1）拱上盖梁的施工顺序

拱上盖梁也要按照均衡、对称施工，先拱脚，然后拱顶，最后在拱肋 1/4 处进行施工。

2）拱上盖梁现浇

拱上盖梁梁现浇施工工艺同墩上盖梁施工工艺，只是混凝土的运输是采用缆索吊装天线进行。

3）支座垫石（挡块）及支座安装

盖梁骨架定位后预埋垫石钢筋，初凝后凿毛垫石区域，修整钢筋并安装模板，复测后浇筑混凝土。橡胶支座安装前清洁垫石，标出中心线，涂抹环氧树脂固定，注意温度影响。

4. 拱上空心板预制

1）拱上空心板的施工顺序

拱上空心板也要按照均衡、对称施工。

顺桥方向，空心板安装先拱脚，然后拱顶，最后在拱肋 1/4 处进行施工。顺河方向，空心板安装是先中间，后两边。

2）底模形成及清理

首先，清理预制场地，并用水洗净；然后，放出底模位置线，沿底模边线均匀钻孔，预埋钢筋，以便底模混凝土立模，待底模模板安装完成，预埋 PVC 管，以保证空心板施工时穿拉杆；最后，浇筑底模混凝土。底模植筋及模板安装如图 6.5.2 所示。

图 6.5.2　底模植筋及模板安装

用电动磨刷清理底板至表面无杂物，且表面平整，线型平顺，然后涂脱模剂，做到表面均匀无残留。按板梁几何尺寸放线，弹线标示。

3）模板准备

梁板侧模和端模采用 5 mm 厚钢模板，刚度满足设计要求，并且组装方便。模板安装前清理干净并涂脱模剂保证梁板外观有较好的质量。

4）绑扎梁体钢筋

钢筋在加工房做成半成品，严格按照图纸要求加工。在顶板钢筋绑扎前安装芯模，芯模采用通长直径 26 cm 钢管，按设计要求加定位筋，防止芯模上浮。

安装顶板钢筋保证钢筋与侧模紧贴，易于脱模后扳出。为钢筋骨架安置于底模处如图 6.5.3 所示。

图 6.5.3　钢筋骨架安置于底模处

5）安装内模

内模采用抽拉式钢内模，现场加工，龙门吊吊装入槽。安装完成后再两两对接，接口处采用胶带包缝，确保接缝严密，不漏浆。为防止钢内模在施工中位置发生变动，采用内模压杆防止内模移动。内模与端模相接部位采用高效泡沫填缝剂填充的方法避免漏浆。

6）侧模、端模安装

预制梁的模板采用标准化的整体钢模，模板进场前进行试拼和检验，确保模板接缝密合平顺，不漏浆，无错台。安装前用油漆在模板上打上拼装顺序号，并抛光打磨、清除污垢、涂刷脱模剂。模板安装完成如图 6.5.4 所示。

图 6.5.4　模板安装完成

（1）先在底模上放出梁板的长度和角度，用龙门吊将模板吊装至底模上并用人工扶正。支撑时，下部用方木与楔块撑于传力柱上，上部采用拉杆、撑杆拉紧侧模。模板连接处贴双面胶填塞接缝，以保证浇筑中不漏浆。

（2）模板在安装后浇筑混凝土前，对模板的安装进行检查，尤其是梁宽、顺直度、模板各处拼缝、模板与台座接缝及各种预留孔洞的位置，其检查标准见表6.5.2。

表6.5.2　模板制作及安装质量检验标准

项目			允许偏差/mm
模板制作	外形尺寸	长和高	0，-1
		肋高	±5
	板面局部不平		1，0
	板面和板侧挠度		±1
模板安装	模板标高		±10
	轴线偏位		10
	模板表面平整		5

（3）端头模板用龙门吊配合人工安装，用线锤检测其垂直度，并与底模上的线相重合后，进行加固。

（4）侧模安装前在其内侧铰缝处每隔1 m嵌上500 mm长的$\phi 6$钢筋，以形成6 mm凹凸不平的粗糙面。

7）混凝土浇筑

采用混凝土一次性浇筑方法，从一侧向前不间断一次性浇筑完成。

混凝土由拌和站集中拌和，混凝土运输车和龙门吊装入模，采用插入式振捣器振捣。

浇筑过程中派专人全过程检查模板的严密性、垂直度，发现问题及时进行整改、加固，严把工程质量关。

混凝土振捣采用人工振捣，使用插入式50型振捣棒，振捣时移动间距不超过30 cm，与侧模保持5~10 cm的距离。振捣要做到"快插慢拔"，并避免碰撞模板、钢筋。

混凝土振捣密实，不出现过振或漏振现象。混凝土浇筑时，振动棒振捣采用先周边后中间的原则。当混凝土停止下沉，表面不再冒出气泡，并呈现平坦泛浆为止。对于表面浮浆，应及时清理并补充适量混凝土重新振捣。混凝土终凝前必须收面，且收面至少两遍。混凝土浇筑连续进行，如因机械故障必须间断，其间断时间要小于前层混凝土的初凝时间或重塑的时间。

混凝土浇筑完成后，对混凝土裸露面及时进行修整、抹平。

同时每片空心板需制作3组试件，拆模后送标准养护室养护28 d，其强度作为板体混凝土质量检验评定的依据。

8）拆模凿毛

（1）当混凝土强度达到2.5 MPa后方可拆模。

（2）模板拆除后及时对铰缝等需要新旧混凝土结合的位置用手动或电动凿毛工具进行凿毛，凿毛成凹凸不小于6 mm的粗凿面，有利于新旧混凝土结合。

（3）拆模后注意及时扳出与拆模紧贴的预埋铰缝钢筋。

9）养生

养护时间不少于 7 d。

10）移梁

当混凝土强度达到 75% 及以上，经监理同意后进行移梁。

5. 拱上空心板吊装

1）放线和控制位置

空心板吊装前根据实际放出桥轴线和盖梁梁中心里程，在盖梁面上放出每跨空心板的纵向中心线，支座横中心线及其轮廓线，在盖梁面上定出空心板梁端位置横线及在横线上定出各片空心板梁底部的支座中心线，同一片空心板两个端面的竖向中心线应互相平行。

在每片空心板的两个端面上标出梁的竖向中线，同一片梁两个端面上的竖向中线互相平行。

在空心板的顶部挂线锤，根据梁端面上的竖向中心线来检查板梁是否垂直，且不向两侧倾斜，以便调整。

2）空心板吊装

空心板经过运梁平车运至桥台后的起吊区域下，用前后两个主吊点进行起吊，按拱上空心板的安装顺序运至该处进行安装。对位于主索外侧的空心板，安装时利用工作索吊点进行调整。桥轴线空心板安装如图 6.5.5 所示。

图 6.5.5　桥轴线空心板安装

对于引桥的空心板，可以在主桥空心板安装之前一次性每跨分别安装到位，不受主桥空心板安装顺序的影响。

3）空心板湿接缝现浇

空心板吊装完成后，就应进行湿接缝浇筑工作，其施工步骤为：预埋钢筋调整→绑扎钢筋→安装模板→浇筑混凝土→养护。

（1）预埋钢筋调整。

由于预制空心板在预制场施工，钢筋预埋不可避免地存在误差，因此在吊装完空心板之后首先对预埋钢筋进行调整,保证两片空心板的铰缝钢筋能够互相对应。

(2)绑扎钢筋。

钢筋绑扎前须对预制空心板伸出钢筋进行整理调直。所有钢筋在钢筋加工场地按图纸和施工技术规范准确下料成型,拖车运至现场进行绑扎。

预制空心板伸出的顶板上层、底板下层纵向钢筋采用单面焊连接,焊接宜左右、上下对称进行,以免焊接温度引起空心板端部变位。预制空心板伸出的其他构造筋可用铁丝绑扎。钢筋绑扎时,钢筋要准确定位,以确保结构物尺寸符合设计及规范要求。

(3)安装模板。

湿接缝模板采用PVC管并做好端头模板。

(4)浇筑混凝土。

混凝土采用拌和站集中拌和,通过运梁平车运输缆索吊装天线吊点下,然后用缆索吊装天线运至浇筑地点,人工铲运入模,人工控制入模位置和入模速度。混凝土分层浇筑,分层振捣,每层20 cm。混凝土的振捣采用插入式振捣棒振捣,所有振捣时间的控制均以混凝土面不再下沉且混凝土表面呈现平坦泛浆为原则。

混凝土碎石粒径不大于2 cm,混凝土按设计和规范规定掺高效减水剂和微膨胀剂,坍落度控制在12~16 cm。浇筑每段混凝土在抹面时,应注意控制混凝土顶面平整度。现浇段浇筑完成后,应及时收浆、抹面,并控制好混凝土顶面平整度。浇筑湿接缝混凝土如图6.5.6所示。

图6.5.6 浇筑湿接缝混凝土

(5)养护。

覆盖塑料薄膜、洒水养生,养护期不少于7 d。

(6)注意事项。

①预制空心板绞缝面应凿毛成凹凸不小于6 mm的粗糙面,100 mm×100 mm面积中不少于一个点,并使预制空心板顶面表面粗糙,以利于新旧混凝土良好结合。

②浇筑铰缝及桥面现浇层混凝土前应将预制空心板板侧、板顶的浮浆、油污等冲洗清除干净,以保证新、老混凝土良好结合。

③浇筑铰缝前应全面撤离桥面上的重型荷载,待铰缝混凝土立方体强度达到设计混凝土

强度等级的 90% 后，才可进行桥面现浇层的施工。

【知识应用】

分组讨论拱上建筑施工顺序，并进行阐述，评分标准见表 6.5.3。

表 6.5.3 评分标准

序号	实训内容	配分	评分标准	扣分	得分
1	点名，作业人数	10	小组点名，根据考勤情况打分。若缺勤，则得分为零		
2	分组讨论并阐述观点	90	观点阐述无误，得分为观点正确率×90 分基础分，计算结果保留至小数点后两位		
合计					

【综合评价】

综合评价见表 6.5.4。

表 6.5.4 综合评价

任务名称		班级	
课次		组别	

模块	评价内容	配分	得 分
知识	拱上建筑施工顺序	10	
	拱上建筑质量控制要点	10	
技能	准备工作	15	
	现场管理	15	
	管理文件编制	10	
素质	数据分析能力	5	
	信息检索能力	5	
	综合分析能力	5	
	学习态度	5	
	专注力	5	
	动手能力	5	
	团队合作参与度	5	
	职业素养	5	
本任务综合评分			
前任务综合评分			
同比增长幅度 /%			
备注			

【知识拓展】

1. 混凝土墩身浇筑

1）基本要求

（1）混凝土所用的水泥、砂、石、水、外掺剂及混合材料的质量和规格，必须符合有关技术规范的要求，按规定的配合比施工。

（2）不得出现空洞和露筋现象。

2）实测项目

柱或双壁墩身实测项目见表 6.5.5。

表 6.5.5　柱或双壁墩身实测项目

项次	检查项目	规定值或允许偏差	检查方法和频率	权值
1	混凝土强度/MPa	在标准允许范围内	按《公路工程质量检验评定标准 第一册 土建工程》（JTG F80/1—2017）附录 D 检查	3
2	相邻间距/mm	±20	尺或全站仪测量，检查顶、中、底 3 处	1
3	竖直度/mm	0.3%H 且不大于 20	吊垂线或经纬仪，测量 2 点	2
4	柱（墩顶高程）/mm	±10	水准仪，测量 3 处	2
5	轴线偏位/mm	10	全站仪或经纬仪，纵、横各测量 2 点	2
6	断面尺寸/mm	±15	尺量，检查 3 个断面	1
7	节段间错台/mm	3	尺量，每节检查 2~4 处	1

注：H 为墩身或柱高度。

3）外观鉴定

（1）混凝土表面平整，施工缝平顺，棱角线平直，外露面色泽一致。不符合要求时扣 1~3 分。

（2）蜂窝麻面面积不得超过该面面积的 0.5%，不符合要求时，每超过 0.5% 扣 3 分，深度超过 1 cm 的必须处理。

（3）混凝土表面出现非受力裂缝时扣 1~3 分，裂缝宽度超过设计规定或设计未规定时超过 0.15 mm 的必须处理。

（4）施工临时预埋件或其他临时设施未清除处理时扣 1~2 分。

2. 盖梁

1）基本要求

（1）混凝土所用的水泥、砂、石、水、外掺剂及混合材料的质量和规格必须符合有关技术规范的要求，按规定的配合比施工。

（2）不得出现露筋和空洞现象。

2）实测项目

墩、台帽或盖梁实测项目见表6.5.6。

表6.5.6 墩、台帽或盖梁实测项目

项次	检查项目	规定值或允许偏差	检查方法和频率	权值
1	混凝土强度/MPa	在标准允许范围内	按《公路工程质量检验评定标准 第一册 土建工程》（JTG F80/1—2017）附录D检查	3
2	断面尺寸/mm	±20	尺量，检查3个断面	2
3	轴线偏位/mm	10	全站仪或经纬仪，纵、横各测量2点	2
4	顶面高程/mm	±10	水准仪，检查3~5点	2
5	支座垫石预留位置/mm	10	尺量，每个	1

3）外观鉴定

（1）混凝土表面平整、光洁，棱角线平直。不符合要求时扣1~3分。

（2）墩、台帽和盖梁如出现蜂窝麻面，必须进行修整，并扣1~4分。

（3）墩、台帽和盖梁出现非受力裂缝时扣1~3分，裂缝宽度超过设计规定或设计未规定时超过0.15 mm的必须处理。

3. 空心板预制

1）基本要求

（1）所用的水泥、砂、石、水、外掺剂及混合材料的质量和规格必须符合有关规范的要求，按规定的配合比施工。

（2）梁（板）不得出现露筋和空洞现象。

（3）空心板采用胶囊施工时，应采取有效措施防止胶囊上浮。

（4）梁（板）在吊移出预制底座时，混凝土的强度不得低于设计所要求的吊装强度。梁（板）在安装时，支承结构（墩台、盖梁、垫石）的强度应符合设计要求。

（5）梁（板）安装前，墩、台支座垫板必须稳固。

（6）梁（板）就位后，梁两端支座应对位，梁（板）底与支座以及支座底与垫石顶须密贴，否则应重新安装。

（7）两梁（板）之间接缝填充材料的规格和强度应符合设计要求。

2）实测项目

梁（板）预制实测项目见表6.5.7。

表 6.5.7 梁（板）预制实测项目

项次	检查项目			规定值或允许偏差	检查方法和频率	权值
1	混凝土强度/MPa			在标准允许范围内	按《公路工程质量检验评定标准 第一册 土建工程》（JTG F80/1—2017）附录 D 检查	3
2	梁（板）长度/mm			+15，-10	尺量，每梁（板）	1
3	宽度/mm	干接缝（梁翼缘、板）		±10	尺量，检查 3 处	1
		湿接缝（梁翼缘、板）		±20		
		箱梁	顶宽	±30		
			底宽	±20		
4	高度/mm	梁、板		±5	尺量，检查 2 处	1
		箱梁		+0，-5		
5	断面尺寸/mm	顶板厚		+5，-0	尺量，检查 3 个断面	2
		底板厚				
		腹板或梁肋				
6	平整度/mm			5	2 m 直尺，每侧面每梁长测 1 处	1
7	横系梁及预埋件位置/mm			5	尺量，每件	1

3）外观鉴定

（1）混凝土表面平整，色泽一致，无明显施工接缝。不符合要求扣 1~3 分。

（2）混凝土表面不得出现蜂窝麻面，如出现必须修整，并扣 1~4 分。

（3）混凝土表面出现非受力裂缝，扣 1~3 分。裂缝宽度超过设计规定或设计未规定时超过 0.15 mm 的必须处理。

（4）封锚混凝土应密实、平整，不符合要求时扣 2~4 分。

（5）梁、板的填缝应平整密实，不符合要求时扣 1~3 分。

4. 空心板安装

1）基本要求

（1）所用的水泥、砂、石、水、外掺剂及混合材料的质量和规格必须符合有关规范的要求，按规定的配合比施工。

（2）梁（板）不得出现露筋和空洞现象。

（3）空心板采用胶囊施工时，应采取有效措施防止胶囊上浮。

（4）梁（板）在吊移出预制底座时，混凝土的强度不得低于设计所要求的吊装强度。梁（板）在安装时，支承结构（墩台、盖梁、垫石）的强度应符合设计要求。

（5）梁（板）安装前，墩、台支座垫板必须稳固。

（6）梁（板）就位后，梁两端支座应对位，梁（板）底与支座以及支座底与垫石顶须密贴，否则应重新安装。

（7）两梁（板）之间接缝填充材料的规格和强度应符合设计要求。

2）实测项目

梁（板）安装实测项目见表6.5.8。

表6.5.8　梁（板）安装实测项目

项次	检查项目		规定值或允许偏差	检查方法和频率	权值
1	支座中心偏位/mm	梁	5	尺量，每孔抽查4~6个支座	3
		板	10		
2	倾斜度		1.2%	吊垂线，每孔检查3片梁	2
3	梁（板）顶面纵向高程/mm		+8，-5	水准仪，抽查每孔2片，每片3点	2
4	相邻梁（板）顶面高差/mm		8	尺量，每相邻梁（板）	1

注：板的安装按括号内的权值评定。

3）外观鉴定

（1）混凝土表面平整，色泽一致，无明显施工接缝。不符合要求扣1~3分。

（2）混凝土表面不得出现蜂窝麻面，如出现必须修整，并扣1~4分。

（3）混凝土表面出现非受力裂缝，扣1~3分。裂缝宽度超过设计规定或设计未规定时超过0.15 mm的必须处理。

（4）封锚混凝土应密实、平整，不符合要求时扣2~4分。

（5）梁、板的填缝应平整密实，不符合要求时扣1~3分。

桥梁见证历史

赵州桥（图6.5.7）是世界上现存年代最久、跨度最大、保存最完整的单孔坦弧敞肩石拱桥，其建造工艺独特，在世界桥梁史上首创"敞肩拱"结构形式，具有较高的科学研究价值。赵州桥雕琢刀法苍劲有力，艺术风格新颖豪放，显示了隋代浑厚、严整、俊逸的石雕风貌，具有较高的艺术价值。赵州桥在中国造桥史上占有重要地位，对全世界后代桥梁建筑有着深远的影响。

图6.5.7　赵州桥

项目七　斜拉桥施工

学习导航

斜拉桥施工主要包括主塔施工、主梁施工、主索施工，全部为高空作业。

知识目标

（1）掌握斜拉桥的构造。
（2）掌握斜拉桥的施工技术。
（3）熟悉斜拉桥的施工组织管理。
（4）了解斜拉桥施工的前沿技术。

能力目标

（1）学会斜拉桥的施工组织管理。
（2）学会相关文件编制。

素养目标

（1）培养学生规范应用习惯，能遵守国家法律法规、国家和行业的相关规范，作风严谨。
（2）培养学生团结协作精神，可以互相帮助、共同学习、共同达成目标。
（3）培养学生劳动精神，吃苦耐劳，勇于开拓，积极进取的精神。

任务一　主梁施工

【任务认知】

任务描述

斜拉桥主梁施工包括0号块托架现浇、两侧主梁梁段悬臂施工、边跨搭架现浇。

课时计划

本任务课时分配见表7.1.1。

表 7.1.1　课时分配

任务内容	参考课时			教学重点
	理论	实践	合计	
主梁施工	5	1	6	悬臂施工

【理论知识】

1. 主梁概况

主梁共 24 对悬臂施工节段，长度分别为 3 m+2×3.5 m+21×4 m。最重梁段 327.7 t。主梁 0 号块件长 12 m。墩顶梁高 6.5 m，跨中梁高 3 m，梁底曲线按二次抛物线形变化。9~20 号节段为索区梁段。顶宽 25.5 m，顶板设置 2%的双向横坡。底板宽度 1 419~1 622 cm。在斜拉索锚固区设置横隔板，横隔板设置人洞。

2. 主梁 0 号块施工

0 号块件高 6.5 m，长 12 m，C60 混凝土共 800 m^3。分两次浇筑，第一层避开腹板预应力管道，并且浇完隔板人洞。第二层浇筑剩余腹板、隔板及顶板。

0 号块件现浇支架采用常规的型钢三角托架，其上搭设分配梁和底模。

3. 主梁悬浇施工

采用菱形桁架式挂篮悬浇主梁，该类型挂篮已在多座桥成功运用。主梁悬浇施工如图 7.1.1 所示。

图 7.1.1　主梁悬浇施工

由于桥面较宽，因此采用四榀承重主桁，前上横梁采用 2I56a，后上横梁采用桁高 2 m 的桁架，前后下横梁均采用钢箱梁。

混凝土浇筑同项目五相关任务，在此不再赘述。

4. 梁体养护

混凝土浇筑完立即用薄膜覆盖，防止表面失水过快，48 h 后换用麻袋保水养护，箱体内采用鼓风机通风，降低内外温差如图 7.1.2、图 7.1.3 所示。

图 7.1.2　麻袋覆盖养护　　　　　　　图 7.1.3　主梁内通风

5. 主梁边跨现浇段施工

原设计边跨现浇段为 8.08 m，边跨合龙段为 2 m。以我国西南地区某桥处于在建水电站库区的桥为例，由于库区蓄水将在桥建成前蓄水，届时 56 m 高的现浇支架将有约 37 m 浸在水下。这样必定会对支架基础带来极为不利的影响，同时对支架的拆除带来极大的困难。

将边跨增加一 4 m 长的悬浇梁段，将边跨现浇段缩短为 4.08 m。同时边跨现浇段伸出交界墩盖梁范围仅 74 cm，在盖梁上现浇现浇段时，交界墩的偏心受力不明显，能够满足墩身受力要求。

通过数值分析，采用不对称悬浇施工时，为降低主墩产生的附加弯矩，中跨需配重 200 t。同时在浇筑边跨合龙段时取消边跨合龙段配重，降低主梁在施工阶段的压应力水平，并且可以降低主墩不平衡力矩。但是必须增强边跨合龙段劲性骨架刚度，保证合龙段混凝土的质量。

由于边跨增加一个悬浇节段，主梁边跨压应力较原方案增大 3 MPa，斜拉索尾索索力增大 120 t，通过桥面铺装完成后，进行局部调索，可将主梁应力及索力水平调至最佳状态。

在二期恒载作用下，岸侧主墩最大压应力为 5.6 MPa，江侧主墩最大压应力为 4.0 MPa，主墩应力状态满足规范要求。

索塔塔顶向岸侧偏位 3 cm，满足后期桥梁收缩徐变要求。

6. 改善塔墩受力措施

边跨悬臂浇筑 25 号节段时主梁的悬臂长度最大，达到 100 m，25 号节段重 219 t，塔、墩不平衡力矩大。为改善桥梁受力，采取如下措施。

增大顶板预应力，来改善主梁上缘受力。利用原设计的预备索预应力管道，增加 4 束 19 根 ϕ15.2 预应力钢绞线。

通过调整中跨配重来平衡边跨荷载的变化。待 24 号悬浇梁段完成后，采用在中跨 21～24 号块件边箱内砌筑隔水墙形成水箱。将各个工况的配重量，换算成水的高度，上下游对称配重。主梁边跨现浇段施工进程见表 7.1.2。

表 7.1.2　主梁边跨现浇段施工进程

序号	施工阶段	边跨	中跨
1	边跨现浇	搭设边跨现浇段托架	
2		浇筑边跨现浇段	
3		等待强度达到设计要求，拆除翼缘板支架	
4	边跨悬浇25号节段	挂篮移至25号梁段	中跨配重 20 t
5		悬浇25号梁段	中跨配重 200 t
6		等待强度达到设计要求，张拉顶板预备束	
7	边跨合龙	吊架现浇26号合龙段	中跨配重 200 t
8		锁定劲性骨架	
9		边跨现浇托架释放纵移	
10		挂篮改制成吊架并锚固	
11		浇筑边跨合龙段	
12		等待强度达到设计要求，分批张拉边跨合龙束	中跨配重 160 t
13		拆除吊架	

主梁边跨现浇段长 4.08 m，其中 3.34 m 主梁在盖梁范围内，0.74 m 伸到盖梁外。因此现浇段托架采用 8 组组合工字钢挑梁，其上铺设横向分配梁和铺设钢板形成底模。每根挑梁下设置两个卸载钢箱。

【知识应用】

分组讨论悬臂施工质量管理要点，并进行阐述，评分标准见表 7.1.3。

表 7.1.3　评分标准

序号	实训内容	配分	评分标准	扣分	得分
1	点名，作业人数	10	小组点名，根据考勤情况打分。若缺勤，则得分为零		
2	分组讨论并阐述观点	90	观点阐述无误，得分为观点正确率×90分基础分，计算结果保留至小数点后两位		
			合计		

【综合评价】

综合评价见表 7.1.4。

表 7.1.4 综合评价

任务名称		班级	
课次		组别	

模块	评价内容	配分	得　分
知识	0号块托架施工	10	
	主梁边段搭架现浇	10	
技能	准备工作	15	
	现场管理	15	
	管理文件编制	10	
素质	数据分析能力	5	
	信息检索能力	5	
	综合分析能力	5	
	学习态度	5	
	专注力	5	
	动手能力	5	
	团队合作参与度	5	
	职业素养	5	

本任务综合评分	
前任务综合评分	
同比增长幅度/%	
备注	

【知识拓展】

1. 0号块质量控制要点及验收办法

1) 基本要求

（1）混凝土所用的水泥、砂、石、水、外掺剂及混合材料的质量和规格必须符合有关规范的要求，按规定的配合比施工。

（2）不得出现露筋和空洞现象。

（3）施工过程中，梁体不得出现宽度超过设计规范规定的受力裂缝。一旦出现，必须查明原因，经过处理后方可继续施工。

2）实测项目

主墩上梁段浇筑实测项目见表 7.1.5。

表 7.1.5　主墩上梁段浇筑实测项目

项次	检查项目		规定值或允许偏差	检查方法和频率	权值
1	混凝土强度/MPa		在标准允许范围内	按《公路工程质量检验评定标准 第一册 土建工程》（JTG F80/1—2017）附录 D 检查	3
2	轴线偏位/mm		跨径/10 000	经纬仪或全站仪，纵桥向检查 2 点	2
3	顶面高程/mm		±10	水准仪，检查 3 处	2
4	断面尺寸/mm	高度	+5，-10	尺量，检查 2 个断面	2
		顶宽	±30		
		底宽或肋间宽	±20		
		顶、底、腹板厚或肋宽	+10，-0		
5	预埋件位置/mm		5	尺量，每件	1
6	平整度/mm		8	2 m 直尺，检查竖直、水平两个方向，每侧面每 10 m 梁长测 1 处	1

3）外观鉴定

（1）混凝土表面平整，线形顺直，色泽一致，不符合要求时扣 1~3 分。

（2）混凝土表面不得出现蜂窝、麻面，如出现必须修整完好，并扣 1~4 分。

（3）混凝土表面出现非受力裂缝时扣 1~3 分，裂缝宽度超过设计规定或设计未规定时超过 0.15 mm 的必须处理。

（4）梁体内不应遗留建筑垃圾、杂物、临时预埋件等。不符合要求时扣 1~2 分并应清理干净。

2. 混凝土斜拉桥梁悬臂施工质量控制要点及验收办法

1）基本要求

（1）混凝土所用的水泥、砂、石、水、外掺剂及混合材料的质量和规格必须符合有关规范的要求，严格按规定的配合比施工。

（2）千斤顶及油表等斜拉索张拉工具，必须事先经过检查和标定。

（3）穿索前应将锚箱孔道毛刺打平，避免损伤斜拉索。

（4）施工过程中必须对索力、高程及塔柱变形进行观测，并记录当时的温度。

（5）悬臂施工块件前，必须对 0 号块件的高程、桥轴线作详细复核，符合设计要求后方可进行悬臂块件的施工。

（6）悬臂施工必须对称进行，斜拉索张拉的次数、量值和顺序应按设计规定或施工控制要求进行。

（7）悬臂施工跨中合龙前，应调整超出允许范围的索力值。合龙段两侧的高差，必须在设计允许范围内。

（8）梁体不得出现露筋和空洞现象，不得出现宽度超过设计和规范规定的受力裂缝。若出现时必须查明原因，经过处理后方可继续施工。

（9）施工过程中，当索力和高程超过设计允许偏差时，必须按施工控制的要求进行调整。

（10）接头的形式、位置及其他技术性能必须满足设计要求。

2）实测项目

混凝土斜拉桥梁的悬臂浇筑实测项目见表 7.1.6。

表 7.1.6　混凝土斜拉桥梁的悬臂浇筑实测项目

项次	检查项目		规定值或允许偏差		检查方法和频率	权值
1	混凝土强度/MPa		在标准允许范围内		按《公路工程质量检验评定标准 第一册 土建工程》（JTG F80/1—2017）附录 D 检查	3
2	轴线偏位/mm		$L \leq 100$ m	10	经纬仪，每段检查 2 点	1
			$L > 100$ m	$L/10\ 000$		
3	断面尺寸/mm	高度	+5，-10		尺量，每段检查 2 个断面	2
		顶宽	±30			
		底宽或肋间宽	±20			
		顶、底、腹板厚或肋宽	+10，-0			
4	索力/kN	允许	满足设计和施工控制要求		测力仪，测每索拉力	3
		极值	设计规定，设计未规定时与设计值相差 10%			
5	梁锚固点或梁顶高程/mm	梁段	满足施工控制要求		水准仪或全站仪，测量每个锚固点或每梁段中点	2
		合龙后	$L \leq 100$ m	±20		
			$L > 100$ m	±$L/5\ 000$		
6	横坡/%		±0.15		水准仪，检查每梁段	1
7	锚具轴线与孔道轴线偏位/mm		5		尺量，全部	1
8	预埋件位置/mm		5		尺量，每件	1
9	平整度/mm		8		2 m 直尺，检查竖直、水平两个方向，每侧每 10 m 梁长测 1 处	1

注：① L 为跨径。
② 合龙段评定时，项次 4、7 不参与评定。

3）外观鉴定

（1）线形平顺，梁顶面平整，每段无明显折弯。不符合要求时扣 1~3 分。

（2）相邻块件的接缝平整密实，色泽一致，棱角分明，无明显错台。不符合要求时扣 1~3 分。

（3）混凝土表面不应出现蜂窝、麻面，如出现必须修整，并扣 1~4 分。

（4）混凝土表面出现非受力裂缝时扣 1~3 分，裂缝宽度超过设计规定或设计未规定时超过 0.15 mm 的必须处理。

（5）梁体内不应遗留建筑垃圾、杂物、临时预埋件等。不符合要求时扣 1~2 分并应清理干净。

任务二　主索施工

【任务认知】

任务描述

主索在工厂制造完成并运输至安装现场后，即可进行主索施工。主索是斜拉桥的主要承重构件，连接主塔和主梁，是斜拉桥特有的施工工艺。

斜拉索施工

课时计划

本任务课时分配见表 7.2.1。

表 7.2.1　课时分配

任务内容	参考课时			教学重点
	理论	实践	合计	
主索施工	1	1	2	主索施工

【理论知识】

1. 斜拉索构造

斜拉索由锚固段、过渡段、自由段、抗滑锚固段、塔柱内索鞍段、抗滑锚固段、自由段、过渡段、锚固段构成，如图 7.2.1、图 7.2.2 所示。

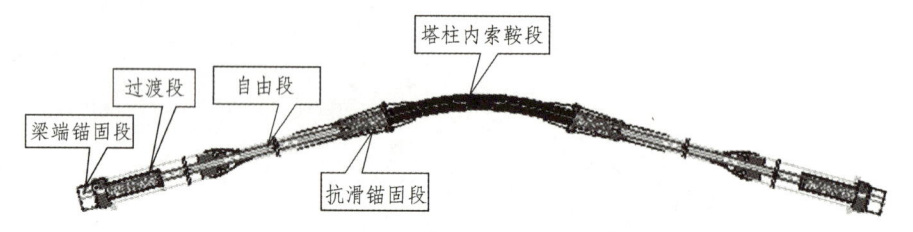

图 7.2.1　主索装配

图 7.2.2　主索

锚固段主要由锚板、夹片、锚固螺母、密封装置、防松装置及保护罩组成，如图 7.2.3 所示。在锚固段锚具中，夹片、锚板、锚固螺母是加工上的主要控制件，也是结构上的主要受力件。主要受力件除对其几何尺寸、表面处理等进行常规检测外，还需进行超声波探伤、磁粉探伤、硬度及材质等方面的检测。

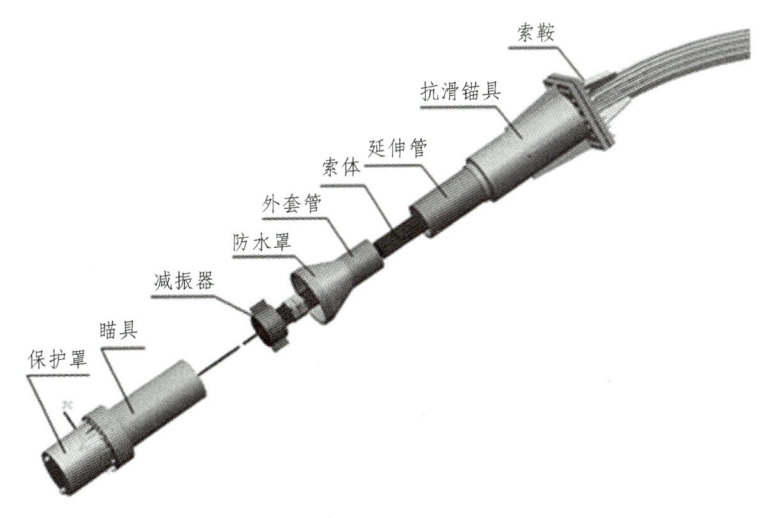

图 7.2.3　斜拉索构造

（1）密封装置：密封装置主要起防止漏浆、防水的密封作用。它由隔板、O 形密封圈、内外密封板、密封圈构成，在密封装置内注环氧砂浆对剥除 PE 层的钢绞线段起防护作用。

（2）防松装置：防松装置主要由锁紧螺母和压板构成，在钢绞线单根张拉结束后安装，对夹片起防松、挡护作用。

（3）保护罩：保护罩安装在锚具后端，并内注无黏结筋专用防护油脂，主要对外露钢绞线起防护作用。

（4）过渡段：过渡段主要由预埋管及垫板、减振器组成。

（5）预埋管及垫板：预埋管及垫板在体系中起支承及防护作用。

（6）减振器：减振器对索体的横向振动起减振作用，从而提高索的整体寿命。

（7）自由段：自由段主要由带 HDPE 护套的环氧涂层钢绞线、索箍、HDPE 外套管、梁端防水罩、梁端防护钢管及塔端连接装置构成。

（8）环氧涂层钢绞线：环氧涂层钢绞线为拉索的受力单元。

（9）索箍：一般因受张力大而采用钢质索箍，它是在紧索完成后安装的，主要作用是将索体保持成一个整体。

（10）HDPE 外套管：HDPE 外套管主要对钢绞线起整体防护作用，规格为 $\phi200 \times 7.7$ mm 整体圆管，其连接方式采用专用 HDPE 焊机进行对焊。

（11）梁端防水罩：梁端防水罩主要起 HDPE 外套管及预埋管之间的过渡及防水作用。

（12）梁端防护钢管：加强对桥面一定高度范围内斜拉索的保护。

（13）塔端连接装置：由于 HDPE 外套管的热胀冷缩特性，其主要为塔端 HDPE 自由端热胀冷缩过程提供空间和起密封防护作用。

（14）抗滑锚固段：抗滑锚固段主要由锚固筒、减振器及环氧砂浆体组成。

（15）锚固筒：锚固筒安装在塔外预埋的索鞍（分丝管）钢垫板上，内注高强环氧砂浆，以抵抗索塔两侧不平衡索力，同时对减振器起支承作用。环氧砂浆灌注应在二期恒载完成后进行。

（16）减振器：对索体的横向振动起减振作用，从而提高索的整体寿命。

（17）环氧砂浆体：环氧砂浆体主要由环氧树脂、复合固化剂和填料（主要成分为石英砂）组成，并按一定比例混合搅拌后使用。

塔柱内索鞍段即分丝管段，分丝管分别由 31 根、37 根 $\phi28 \times 3$ mm 的钢管焊接成整体，埋设于混凝土塔内，斜拉索钢绞线通过分丝管穿过塔身。

分丝管索鞍是通过一根根钢管拼焊而成。斜拉索每一根钢绞线穿过对应的钢管，形成分离布置，互不干涉。

2. 施工平台

塔上平台：采用悬挂升降式平台，用钢丝绳悬挂操作平台，并用钢丝绳固定在主塔上的预埋件上。

梁下平台：因斜拉索张拉工作在主梁上进行，挂索时可临时在挂篮上搭建扣管平台。

3. 钢绞线下料及运输

下料场地根据施工现场实际情况及索长，无法在工地现场下料，故考虑在钢绞线生产车间内进行下料施工。下料时要求丈量准确，尽量减小下料误差，同时要有必要的保护措施，严防 PE 护套受损。

1）下料长度

按式（7.2.1）计算出无应力状态下的自由长度，校核无误后供下料人员执行。下料长度计算公式为

$$L = L_0 + 2A_1 + 2L_1 + L_3 + L_4 + 5 \tag{7.2.1}$$

式中：L_0——边、中跨锚固端垫板底面之间的中心线或弧长（cm）；

A_1——锚固端锚具外露长度（cm）；

L_1——锚固端张拉所需工作长度（cm）；

L_3——有圆管限制的垂度影响长度（cm）；

L_4——塔梁施工误差的影响长度（cm）。

两端 HDPE 护套剥除长度为

$$L_剥 = L_1 + A_1 + A_2 - L_5 \tag{7.2.2}$$

式中：A_2——为支承筒长度（cm）；

L_5——为 HDPE 护套进入锚具内的长度（cm）。

2）下料

在铺垫好的下料场地上直线固定好机械下料线或卷扬机，安装好龙门吊，沿线量好所需的下料长度，校核后用红色油漆做好标记。然后将钢绞线盘放置到放线基架上，利用卷扬机钢丝绳端部的索夹夹紧钢绞线并将之牵引行走至标记线，然后切断。

下料时注意保护钢绞线外包 HDPE 护套不受损坏，若有破损之处，应马上修补，若损坏

严重难以修补，则应弃用此段钢绞线；为了保证钢绞线下料长度准确，除保证钢绞线行走路线直线外，还应遵守长度丈量、标识和复核的下料原则。

3）剥皮及清洗

钢绞线下料完成后，须将钢绞线两端的 HDPE 护套按给定的长度除掉。剥皮时应注意刀具一定不能伤及钢绞线本身。清洗钢绞线时要将钢绞线的两端头打散并用清洗剂清洗干净。

4）镦头

钢绞线清洗完成后，在钢绞线两端打散后在端头约 10 cm 长度范围内切掉外圈 6 丝，保留中心丝，然后将钢绞线复原，用镦头器将两端的中心丝镦成半圆形，以供挂索牵引用。

5）运输

在下料完成后，将钢绞线逐根卷回索盘，运至桥面便于挂索的位置。同样运输过程中仍要注意 HDPE 免遭损坏。

由于现场下料场地不能满足要求，因此在厂家下料后直接运输到工地现场。

4. HDPE 套管焊接

在主梁上按设计要求的长度将 HDPE 套管焊接好。摆放时用支架或枕木将套管架立，防止 HDPE 套管损伤。

HDPE 套管的连接采用发热式工具对焊方式（图 7.2.4）。

图 7.2.4　发热板热熔管口的焊接面

HDPE 套管焊接前，将管材放置于夹紧装置内并将之夹紧，在压力作用下用平行机动旋刀削平两个管材的被焊端面，并保证这两个端面相互接触时满足规范要求。

HDPE 套管焊接吊装过程中应注意以下要求：

（1）焊接严格按 HDPE 焊机操作规程，焊接应做好详细的施工记录，保证焊接质量。

（2）在 HDPE 套管搬运及吊装过程中，应防止 HDPE 护管刮伤、碰伤，如损伤严重应及时修复。

（3）严禁 HDPE 外护管弯折水平夹角大于 90°。

（4）HDPE 外护管计算长度，应考虑上下管口挂索操作空间及整体防护时热胀冷缩的影响长度。

（5）在焊接过程中，特别注意的是焊接压力都必须保持至焊缝完全冷却硬化后才能撤去。

5. 张拉端锚具及张拉撑脚安装

1）张拉端锚具安装

梁下锚具安装前应检查锚孔，使其保持清洁。由于锚具分别由多个零部件组成，出厂前已做调整，运到工地后不得随意拧动密封装置及定位螺钉。

锚具安装就位时要求：

（1）安装前锚具的锚孔均应事先编上对应孔号。

（2）中、边跨锚具组装件的锚板上明显成排的中排孔的中心线必须严格保持在同一垂直平面内。

（3）锚板的中心线与锚垫板的中心线应力求保持一致，两者偏差不得超过 5 mm。

（4）中、边跨锚板的相应锚孔也必须相互对齐，以确保各钢绞线的平行性。

（5）安装时注意灌浆孔位于低点，防止螺牙碰伤。

2）张拉撑脚安装

为了单根张拉需要，挂索张拉前，先安装张拉撑脚，调整张拉撑脚顶板孔位与锚孔对应后，用螺栓将顶板与支座连接稳固。

6. 抗滑锚、连接装置、HDPE 套管组装及吊装到位

将抗滑锚固筒、连接装置、HDPE 套管组装好（图 7.2.5），并用钢丝绳固定，在套管端头附近一定位置装上专用抱箍，在套管内穿上第一根钢绞线并与套管固定，然后用塔吊将 HDPE 套管一端连同抗滑锚固筒、连接装置及第一根钢绞线一同吊至塔上索鞍端头，用手拉葫芦固定好。塔另一侧的套管连同抗滑锚固筒、连接装置，用同样方法固定于索鞍的另一端，然后将第一根钢绞线穿过索鞍、塔另一侧的套管及两端梁下锚具，再在两端同时用 YDCS160-150 千斤顶张拉第一根钢绞线，索塔两侧套管随该钢绞线的拉紧而被吊起。

图 7.2.5 组装 HDPE 管

7. 单根挂索

钢绞线运输到施工现场后，将索盘吊装于放线架上，因挂索时从 PE 管下端向上牵引，将放线方向朝向梁端预埋管处，放线架与预埋管之间应设铺垫及导向，以防钢绞线 PE 损伤。

由于索塔较矮、索较短，采用人工挂索。拉索钢绞线在塔上内管是分层次排列的，为便于施工，该拉索的挂索顺序自上排到下排单根挂索张拉。挂索前，梁下锚具的锚孔内穿上 $\phi 5$ 的牵引钢丝，上端伸出预埋管口并安装好穿索器。

桥面工作人员将盘上钢绞线的一端从 HDPE 套管往上穿（图 7.2.6、图 7.2.7），到达塔上时由塔上工作人员送进索鞍相应分丝管中，过索鞍后穿进塔柱另一侧 HDPE 套管，到预埋管口时与穿索器连接好，继续将钢绞线往前送直至该端钢绞线穿出梁下锚具相应锚孔并达到规定工作长度，将钢绞线的另一端同样穿出梁下锚具相应锚孔并达到规定工作长度，然后两端用 YDCS160-150 型千斤顶按规定张拉力对称进行张拉，到位后安装工作夹片，卸压锚固。重复以上过程，直至将该束索挂完。在单根挂索时，应注意对钢绞线 HDPE 护套的保护，并避免发生打绞。

图 7.2.6　单根穿索　　　　　图 7.2.7　钢绞线逐渐将 HDPE 管挺直

穿索时按先上排孔，后下排孔，先上游，后下游的顺序进行。

8. 单根张拉

单根挂索时每束斜拉索各钢绞线均逐根挂索并随即用 YDCS160-150 型千斤顶进行张拉（图 7.2.8、图 7.2.9），为了保证单束拉索中每根钢绞线应力满足设计要求，保证索力的均匀度，张拉时应严格按工艺控制进行，做好张拉记录。斜拉索第一次张拉是通过单根张拉索力累积达到整束设计第一次张拉索力的，实际施工操作时按以下原则：

（1）第一、二根：为减小 HDPE 外套管对单根张拉力造成过大的非线性影响，第一、二根钢绞线用来承受 HDPE 外管的自重，第一根可比第三根钢绞线张拉力大 5%，第二根按第三根钢绞线张拉力张拉。

（2）第三根：根据整束拉索设计索力平均之后由主梁及索塔的变形量进行修正，使安装完成之后单根索力累计值与整束拉索设计值接近，避免单根挂索之后索力大调整。

单根钢绞线索力的均匀性控制采用等值张拉法进行，其原理是在安装第三根钢绞线时，在锚具端头安装一个测力传感器，当第三根钢绞线张拉锁定后，此时传感器读数即反映了此钢绞线的索力，当第四根钢绞线安装张拉时，第三根钢绞线索力因结构变形而降低，当第四根钢绞线张拉力与传感器示值相对应时，将第四根钢绞线进行锁定。如此类推直至该索号的钢绞线全部安装完毕。

单根张拉注意事项如下：

（1）张拉时过程中，两端应对称、同步进行。
（2）张拉端锚固时，亦同样保证夹片平整。
（3）夹片安装前，检查夹片是否完好，如果有隐患，该夹片要更换。
（4）单根张拉过程中，同一塔的两索钢绞线根数差不大于3根。
（5）控制每根斜拉索各股钢绞线的离散误差不大于理论值的3%。
（6）横桥向相同编号斜拉索之间差值不大于整索索力理论值的1%。
（7）斜拉索整索索力误差不大于理论索力的2%。

图 7.2.8　斜拉索单根张拉　　　　图 7.2.9　单根张拉

9. 整体张拉及调索

按照设计要求，在两个阶段有可能需要整体张拉以调整索力：一是在单根挂索安装完成后，二是在桥面铺装完成后。但是否需要整体张拉，须根据斜拉索实际索力与设计索力偏差是否符合设计要求来决定。整体张拉如图 7.2.10 所示。若需整体张拉，采用 YDCS5500-200 型千斤顶及其配件。

图 7.2.10　整体张拉

1）张拉系统

整体张拉系统主要包括千斤顶、撑脚、垫环、工具锚板、工具夹片。

张拉系统部件质量大，借助手拉葫芦将撑脚、千斤顶、垫环、工具锚板依次安装。安装时应保证系统整体的对中性满足整体张拉要求。

2）张拉力

根据要求张拉至设计吨位。在整体张拉过程中，当锚具螺母松动脱离垫板时以此作为其伸长值的测量起始点，即此时油表读数对应的张拉力作为整体张拉的初始拉力。

确定整体张拉的初始动力后，以此为起点分级加载张拉至设计要求的（超）张拉值，测量各级伸长值，张拉到位后旋紧螺母，千斤顶回油，锚固。

在张拉过程中，两端要求做到同步对称，相互呼应，级差应控制在设计允许范围之内。

10. 防松及减振措施安装

（1）防松装置安装：安装夹片防松装置，用专用扳手将各空心螺栓旋紧。

（2）索箍、减振器安装：利用专用紧索器按正六边形截面将整束紧固成形。索箍和减振器按设计位置进行安装，拧紧索箍紧固螺栓，减振装置不作最后固定，待整体张拉、全桥调索结束后再进行。

11. 减振器、索夹及安装

索力调整完成后即可进行减振器、索夹的安装。

12. 塔端锚固筒、梁端锚具内灌注环氧砂浆

二期恒载完成后方可进行塔端锚固筒、梁端锚具内环氧砂浆的灌注，塔端锚固筒内灌注环氧砂浆时须注意防止漏浆。

13. 斜拉索防护

斜拉索是斜拉桥的生命线，索体、锚头防腐需高度重视，而且必须按国家相关标准和平行钢绞线拉索体系有关技术标准进行防护。

1）索体防腐

索体材料采用带 PE 环氧涂层钢绞线，PE 层与钢绞线间涂专用油脂，如果在下料、挂索使用过程中发现 PE 有破损之处，立即用焊枪修补，谨防钢绞线锈蚀。

索体外用 HDPE 套管防护，成桥调索结束，并将减振器固定后，固定已预先套在管外的防水罩，与两端预埋管连接，可有效防止水分进入 PE 管内，并隔绝了紫外线照射，进而起到保护索体的作用。

2）锚头内防腐

锚头内钢绞线由于挂索、张拉需要，两端 PE 需剥除，剥除段钢绞线必须进行有效防护，其方法是在锚具内灌注环氧砂浆。待整体张拉后，用该泵把环氧砂浆压进锚具内。

利用注浆泵通过锚具注浆孔进行注浆，当锚具排气孔出浆，则证明浆已灌满，即可停止注浆，封好灌浆孔和排气孔。

3）锚头端面、夹片、外露钢绞线的防腐

调索结束后，在锚具外安装保护罩、内注油，对裸露钢绞线、夹片、锚板等进行防护。梁端锚垫板应设有排水槽。

【知识应用】

分组讨论斜拉索施工工艺，并进行阐述，评分标准见表 7.2.2。

表 7.2.2　评分标准

序号	实训内容	配分	评分标准	扣分	得分
1	点名，作业人数	10	小组点名，根据考勤情况打分。若缺勤，则得分为零		
2	分组讨论并阐述观点	90	观点阐述无误，得分为观点正确率×90分基础分，计算结果保留至小数点后两位		
			合计		

【综合评价】

综合评价见表 7.2.3。

表 7.2.3　综合评价

任务名称			班级	
课次			组别	
模块		评价内容	配分	得　分
知识		斜拉索施工工艺	10	
		斜拉索施工安全管理	10	
技能		准备工作	15	
		现场管理	15	
		管理文件编制	10	
素质		数据分析能力	5	
		信息检索能力	5	
		综合分析能力	5	
		学习态度	5	
		专注力	5	
		动手能力	5	
		团队合作参与度	5	
		职业素养	5	
本任务综合评分				
前任务综合评分				
同比增长幅度/%				
备注				

【知识拓展】

1. 斜拉索安装质量控制要点及验收办法

斜拉索的安装质量通过施工控制来确定，平行钢丝斜拉索制作与防护质量标准如下。

1）基本要求

（1）镀锌钢丝、锚头锻钢材料的各项技术性能必须符合设计要求。

（2）钢丝必须梳理顺直，热挤时平行钢丝束的扭转角度应满足技术规范要求。

（3）热挤防护采用的高密度聚乙烯材料的技术性能应符合设计要求。防护处理的程序、温度、时间与方法，均应严格控制。防护层不应有断裂、裂纹。

（4）锚头机械精加工尺寸应满足设计图纸要求。锚头必须按设计或规范要求进行探伤，检查结果必须合格。

（5）钢丝镦头不得有横向裂纹。每镦头一批，须仔细对镦头机进行检查调整，以保证镦头质量。

（6）冷铸材料配料应准确，加温固化应严格控制程序、温度和时间。

（7）斜拉索安装前，均应做 1.3～1.5 倍设计荷载的预张拉试验，锚板回缩量不大于 6 mm，试验后锚具完好。

（8）斜拉索成品在出厂前须做放索试验。

2）实测项目

平行钢丝斜拉索制作与防护实测项目见表 7.2.4。

表 7.2.4 平行钢丝斜拉索制作与防护实测项目

项次	检查项目		规定值或允许偏差	检查方法和频率	权值
1	斜拉索长度/mm	≤100 m	±20	尺量，每根	2
		>100 m	±1/5 000 索长		
2	PE 防护厚度/mm		+1.0，-0.5	尺量，抽查 20%	1
3	锚板孔眼直径 D/mm		$d<D<1.1d$	量规，每件	1
4	镦头尺寸/mm		镦头直径≥1.4d 镦头高度≥d	游标卡尺，每种规格检查 10 个	1
5	冷铸填料强度	允许	不小于设计	试验机，每锚 3 个边长 3 cm 试件	2
		极值	小于设计 10%		
6	锚具附近密封处理		符合设计要求	目测，全部	2

注：d 为钢丝直径。

3）外观鉴定

（1）斜拉索表面应平整密实，无畸形，色泽一致，不符合要求时扣 1～5 分。

（2）斜拉索表面无碰伤或擦痕，不符合要求时扣 1～5 分。

（3）锚头无伤痕、锈蚀，不符合要求时须处理，并扣 1～3 分。

2. 施工控制

1）主塔位移控制

单根张拉、整体张拉、整体调索（含单根调索）过程中，随时进行主塔水平位移，跟踪监测，随时反馈位移变化值以能够指导张拉控制。

2）主梁标高控制

张拉过程中，对主梁标高监控测量，以指导张拉施工。

3）索力控制

由于张拉采用液压千斤顶，千斤顶液压值与张拉力有标定关系，控制上以油压值为准。

另外，对于已完成安装的所有斜拉索的索力变化，可通过监控单位监控索力在任何时段、任何工况情况下的变化值，通过阶段性的跟踪测量、记录，以指导斜拉索施工。

桥梁见证历史

南浦大桥（图 7.2.11）是中国上海市境内连接浦东区和浦西区的过江通道，位于黄浦江之上，是上海市内最著名的桥梁之一。南浦大桥全长 8 346 m，主桥长 846 m，跨径 423 m，通航净高 46 m，桥下可通行 5.5 万吨级的船舶。南浦大桥是上海第一座跨越黄浦江的大桥，也是当时世界上同类桥梁中的第一座。该桥于 1988 年 12 月 25 日开工建设，1991 年 12 月 1 日通车运营。南浦大桥的建成通车，为上海的发展带来了重要的交通便利，也为上海的市容市貌增添了新的景观。

图 7.2.11　南浦大桥

项目八　悬索桥施工

学习导航

悬索桥施工包括锚碇施工、主塔施工、主缆施工、主梁施工、索夹及吊索施工。悬索桥施工工程量巨大、高空作业多、使用的机械设备多、施工要求高。

知识目标

（1）掌握悬索桥的构造。
（2）掌握悬索桥的施工技术。
（3）熟悉悬索桥的施工组织管理。
（4）了解悬索桥的前沿技术。

能力目标

（1）学会悬索桥的施工组织管理。
（2）学会相关图纸文件编制。

素养目标

（1）培养学生规范应用习惯，能遵守国家法律法规、国家和行业的相关规范，作风严谨。
（2）培养学生团结协作精神，可以互相帮助、共同学习、共同达成目标。
（3）培养学生劳动精神，吃苦耐劳，勇于开拓，积极进取的精神。

任务一　锚碇施工

【任务认知】

任务描述

锚碇施工先进行锚碇基坑的开挖施工，边开挖边对坑壁进行支护，开挖就位后，进行锚碇基础、锚块、散索鞍支墩、后浇段等大体积混凝土的施工。

课时计划

本任务课时分配见表 8.1.1。

表 8.1.1　课时分配

任务内容	参考课时 理论	参考课时 合计	教学重点
锚碇施工	3	3	锚碇混凝土水化热

【理论知识】

1. 测量放样

各项施工准备工作就绪后，根据建立的测量控制网，按图纸上断面形状及开挖范围对基坑各个角进行放样，并撒石灰线作为开挖控制线，各角点插设旗帜作标志。

2. 挡水墙及截水沟的砌筑

测量放样工作经监理工程师检查验收后，沿开挖边线外侧 1.5 m 周边砌筑挡水墙及修筑截水沟，以防止地表水汇入基坑内而引起塌方或基底土层破坏。

3. 基坑开挖

按设计坡度沿开挖线对基坑进行开挖。土方采用挖掘机直接开挖，石方主要采取爆破方式开挖，挖掘机、装载机装渣，自卸车装运，弃渣运输到指定场地。弃渣场砌筑挡土墙、排水沟进行防护，做好环保、水保措施。锚碇基坑开挖如图 8.1.1 所示。

(a)　　　　　　　　(b)　　　　　　　　(c)

图 8.1.1　锚碇基坑开挖

基坑开挖按"从上到下，由外到内"的顺序逐层逐段进行，遵循"边开挖，边防护"的原则。基坑主体开挖，采取深孔预裂爆破、预裂松动爆破和光面爆破技术。距离底基面 0.5 m 以内，采用风动凿岩机、破碎锤和人工方式进行开挖。

开挖时还要做好基坑排水工作，沿基坑底部周边挖设排水沟，设置集水井，利用水泵抽水方式，及时将积水排出。北锚由于基底标高较低，特别要做好排水设施。

4. 边坡防护

根据岩层情况，主要采用挂网喷射混凝土封闭新鲜岩层防护，岩层松动破碎较为严重时，可采取钢锚杆锚喷支护方式进行防护。

5. 锚碇大体积混凝土施工

（1）锚碇大体积混凝土采取竖向分块、水平分层的方式进行施工。

先进行分块混凝土的浇筑，然后进行分块间后浇段混凝土的施工，如图 8.1.2 所示。

图 8.1.2 锚碇基础混凝土浇筑

（2）配合比的选定。

锚碇大体积混凝土配合比设计既要符合力学性、耐久性以及温控要求，又要具有良好的和易性和施工性能。

（3）原材料的选定及质量控制。

采用低热矿渣水泥，严禁使用新出炉、储存期较短的水泥；采用Ⅰ级或准Ⅰ级粉煤灰，加大其掺量，以减少水泥用量。碎石、中粗砂、外掺剂等材料必须满足要求。

（4）锚碇混凝土温度控制措施。

大体积混凝土施工时，为避免混凝土产生温度裂缝，浇筑前应制定详细的施工方案，从原材料选用与混凝土配合比设计及试配、混凝土浇筑、混凝土内部降温、温度监测和表面养护等方面采取切实有效的措施。为降低承台大体积混凝土的最高温度，最主要的措施是降低混凝土的水化热。因此，必须做好混凝土配合比设计及试配工作。拟采取以下措施进行控制：

① 选用低水化热品种水泥。

② 采用合理的混凝土配合比设计。

根据以往的施工经验，通过使用缓凝减水剂，一方面减少水泥用量，另一方面延缓水化热峰值产生的时间，有利于减小混凝土的最高温升和内外温差。还可使用粉煤灰作为外掺剂以代替部分水泥，从而减少水泥用量，降低水化热。因锚碇平面面积和体积都较为庞大，在混凝土拌制时采用缓凝型减水剂，增长混凝土的初凝时间，以降低施工冷缝的可能性。

混凝土配合比设计时通过多组试验比选，在确保设计强度及浇筑施工质量的前提下尽可能降低水泥用量，有效控制水化热。因此，必须做好混凝土配合比设计及试配工作。

a. 水泥：大体积混凝土应选用水化热较低的水泥，并尽可能减少水泥用量。

b. 细集料：宜采用Ⅱ区中砂，因为使用中砂比用细砂可减少水及水泥的用量。

c. 粗集料：在可泵送情况下，选用粒径 4.5～31.5 mm 连续级配石子，以减少混凝土收缩变形。

d. 含泥量：在大体积混凝土中，粗细集料的含泥量是要害问题，若集料中含泥量偏多，不仅增大了混凝土的收缩变形，还严重降低了混凝土的抗拉强度，对抗裂的危害性很大。因此集料必须现场取样实测，含泥量控制在规范范围以内。

e. 掺合料：应用添加粉煤灰技术。在混凝土中掺用的粉煤灰，降低水化热，增强混凝土和易性，而且能够大幅度提高混凝土后期强度。粉煤灰掺量为水泥用量的 20%～25%。

f. 外加剂：采用缓凝减水剂，以改善混凝土拌和物的流动性、保水性，降低水化热，推迟热峰的出现时间。

③ 降低混凝土入仓温度。

采用淋水降温的方法，以降低混凝土出料温度。

④ 设置冷却水管。

在混凝土体内按照设计布置冷却水管，可使混凝土体内热量通过冷却水迅速散发至体外。冷却管采用公称直径为 48 mm 的金属管，管与管之间的连接采用与之配套的接头，布置于单层层高的中心位置，水管水平间距为 1.5 m，每层进出水口各一个，且各层进水口均布置于同一承台位置，冷却管平面布设按设计提供进行设置。在施工过程中，根据实际季节与环境温度、配合比、混凝土特性、水温等进行适当调整。水流量的控制利用水池的高差压力或增设小型加力泵。在冷却管安装完毕后，采用通水方法进行管的检测，确保冷却管的畅通和密闭。在开始浇筑混凝土时开始通冷水，并根据出水口水温调整水流量，控制出水口水温在 40 ℃ 以内。为防止在浇筑混凝土过程中损坏冷却管，在浇筑混凝土前，在模板上对应冷却管高度以及平面位置做好标记，在混凝土浇筑时，可根据相应的标记定位出冷却管的位置，避免振动棒盲目地振捣导致破坏。

⑤ 外部保温。

水化热表面裂缝的产生是由于混凝土内外温差过大，因此，在采取体内散热措施的同时应注意外表保温。一方面用散热管排出的温水浇淋混凝土表面养护并覆盖保温，另一方面不要过早拆模（一般宜 7 d 后再拆），以免风吹使混凝土表面降温过快导致内外温差过大。总的原则是将混凝土的内外温差控制在 25 ℃ 以内。

⑥ 其他措施。

搅拌混凝土用水采用饮用水，并对混凝土输送管道进行洒水覆盖冷却，若有必要，对混凝土运输罐车进行冷却。

混凝土养护措施：在混凝土表面覆盖 1～2 层麻袋，上面再铺一层塑料薄膜。混凝土浇筑完毕后，及时通水进行表面养护，若内表温差大于 25 ℃，则采取相应的措施，如提高养护水温度并用碘钨灯照射混凝土表面等，严格控制内表温差在 25 ℃ 之内。

混凝土施工注意事项：混凝土浇筑及养护过程应对混凝土外表面各部位温度变化及排出的冷却水进行监测，并根据监测数据及时采取调整冷却水流量、外部覆盖保温等有效措施。混凝土浇筑前应对散热管进行试通水，以保证水流畅通。由于大体积混凝土浇筑时间较长，夜间施工应特别注意监控施工过程，确保施工质量。

冷却管的压浆。在施工完毕且通水完毕后，采用同承台标号一致的水泥浆进行压浆封闭。

6. 主缆锚固系统施工

1）定位钢支架施工

定位钢支架主要通过布置在锚碇两侧的塔吊进行安装，定位钢支架可先在场地内焊接成片，再整体进行安装。在定位水平型钢时，水平型钢可适当降低 5~10 mm，避免预应力管道偏高时没有下调余地。

2）预应力管道的安装定位

锚体内设置的预应力管道为钢管，钢管在加工场下料接长后，现场进行安装，安装时利用布置在锚碇两侧的塔吊进行。预应力管道的安装要求与相对应索股的发散方向相同。

3）预应力穿束

主缆预应力系统钢绞线逐根编号，并在中间隔 3 m 左右设置分束器。预应力束拟采取塔吊提升整体穿束法。

4）锚垫板的安装定位

预应力管道锚垫板的平面位置与主缆线形位置垂直相交，为空间结构体系，锚垫板安装平面位置发生偏差，将直接影响到前锚面主缆索股锚固连接器的安装质量。通过定位钢支架加固方式进行锚垫板的精确定位。

5）预应力体系的张拉、压浆施工

锚体预应力张拉、压浆施工工艺与索塔横梁预应力张拉、压浆施工工艺基本相同，此处不再赘述。

7. 锚碇基坑回填

锚碇基坑回填由大型机械配合小型机具进行，严格控制填料质量、填筑厚度和压实度，保证基坑回填质量。

【知识应用】

分组讨论锚碇混凝土水化热防控措施，并进行阐述，评分标准见表 8.1.2。

【综合评价】

综合评价见表 8.1.3。

表 8.1.2　评分标准

序号	实训内容	配分	评分标准	扣分	得分
1	点名，作业人数	10	小组点名，根据考勤情况打分。若缺勤，则得分为零		
2	分组讨论并阐述观点	90	观点阐述无误，得分为观点正确率×90分基础分，计算结果保留至小数点后两位		
	合计				

表 8.1.3　综合评价

任务名称			班级	
课次			组别	

模块	评价内容	配分	得分
知识	锚碇开挖边坡稳定性	10	
	锚碇混凝土水化热防控	10	
技能	准备工作	15	
	现场管理	15	
	管理文件编制	10	
素质	数据分析能力	5	
	信息检索能力	5	
	综合分析能力	5	
	学习态度	5	
	专注力	5	
	动手能力	5	
	团队合作参与度	5	
	职业素养	5	

本任务综合评分	
前任务综合评分	
同比增长幅度/%	
备注	

【知识拓展】

1. 锚碇锚固体系制作

1）基本要求

（1）所采用金属材料的力学性能及化学成分必须满足设计要求。

（2）组成刚架杆件和锚杆、锚梁的元件的加工尺寸和刚架的预拼装精度应符合设计和有关技术规范要求，并经监理工程师检查验收签字认可后，方可进行下一道工序。

（3）在批量生产前，须按设计要求的抽样方法与频率，对拉杆、连接器进行破断拉力试验，试验结果应满足设计要求。

（4）构件防护应符合设计要求。

2）实测项目

预应力锚固体系制作实测项见表 8.1.4，刚架锚固体系制作实测项目见表 8.1.5。

表 8.1.4 预应力锚固体系制作实测项目

项次	检查项目		规定值或允许偏差	检查方法和频率	权值
1	连接器	拉杆孔至锚固孔中心距/mm	±0.5	游标卡尺，逐件检查	2
2		主要孔径/mm	+1.0，−0.0	游标卡尺，逐件检查	2
3		孔轴线与顶、底面的垂直度/(°)	0.3	量具，逐件检查	3
4		底面平面度/mm	0.08	量具，逐件检查	2
5		拉杆孔顶、底面的平行度/mm	0.15	量具，逐件检查	2
6		拉杆同轴度/mm	0.04	量具，逐件检查	2

表 8.1.5 刚架锚固体系制作实测项目

项次	检查项目	规定值或允许偏差	检查方法和频率	权值
1	刚架杆件长度/mm	±2	尺量，每件检查	2
2	刚架杆件中心距/mm	±2	尺量，每节间检查	1
3	锚杆长度/mm	±3	尺量，每件检查	3
4	锚梁长度/mm	±3	尺量，每件检查	2
5	连接	符合设计要求	超声或测力扳手，抽查30%	2

3）外观鉴定

杆件表面不得有擦痕，不符合要求时扣 1~5 分。

2. 锚碇锚固体系安装

1）基本要求

（1）锚固系统必须有合格证书，经验收合格后方可安装。

（2）施工放样方法须经监理工程师签字认可，并对测量仪器进行校正和标定。

（3）锚固系统必须安装牢固，在浇筑混凝土时不扰动，不变位。混凝土达到设计规定的强度后，方可按规定程序进行张拉。

（4）按设计要求进行防护处理。

2）实测项目

预应力锚固系统安装实测项目见表 8.1.6，刚架锚固系统安装实测项目见表 8.1.7。

表 8.1.6　预应力锚固系统安装实测项目

项次	检查项目	规定值或允许偏差	检查方法和频率	权值
1	前锚面孔道中心坐标偏差/mm	±10	全站仪，检查每孔道	1
2	前锚面孔道角度/(°)	±0.2	经纬仪或全站仪，每孔道检查	1
3	拉杆轴线偏位/mm	5	经纬仪或全站仪，每拉杆检查	1
4	连接器轴线偏位/mm	5	经纬仪或全站仪，每连接器检查	1

表 8.1.7　刚架锚固系统安装实测项目

项次	检查项目		规定值或允许偏差	检查方法和频率	权值
1	刚架中心线偏差/mm		10	用经纬仪检查	1
2	刚架安装锚杆之平联高差/mm		-2, +5	用水准仪检查	1
3	锚杆偏位/mm	纵	10	用经纬仪，每根检查	2
		横	5		
4	锚固点高程/mm		±5	用水准仪，每根检查	2
5	后锚梁偏位/mm		5	用水准仪，每根检查	1
6	后锚梁高程/mm		±5	用水准仪，每根检查	1

3）外观鉴定

表面清洁，防护完好，如发现损伤，应进行修复，并扣 1~5 分。

3. 锚碇混凝土块体

1）基本要求

（1）混凝土所用的水泥、砂、石、水、外掺剂及混合材料的质量和规格必须符合有关规范的要求，按规定的配合比施工。

（2）地基承载力必须满足设计要求。

（3）锚体上、下层不得有错台。先后浇筑的混凝土层间预埋钢筋的规格、长度、数量、间距必须满足设计和施工技术规范的要求。

（4）水化热产生的混凝土内最高温度及内外温差，必须控制在允许范围内。

（5）不得出现空洞和露筋现象。

（6）锚室不得积水、渗水。

2）实测项目

锚碇混凝聚力块块体实测项目见表8.1.8。

表8.1.8　锚碇混凝聚力块块体实测项目

项次	检查项目		规定值或允许偏差	检查方法和频率	权值
1	混凝土强度/MPa		在标准允许范围内	按《公路工程质量检验评定标准 第一册 土建工程》（JTG F80/1—2017）附录D检查	3
2	轴线偏位/mm	基础	20	经纬仪，逐个检查	2
		槽口	10		1
3	断面尺寸/mm		±30	尺量，检查3~5处	2
4	基底标高/mm	土质	±50	水准仪或全站仪，测8~10处	1
		石质	+50，-200		
5	顶面高程/mm		±20	水准仪或全站仪，测8~10处	1
6	预埋件位置/mm		符合设计要求	尺量或经纬仪，每件	2
7	大面积平整度/mm		8	2 m直尺：每20 m²测1处	1

3）外观鉴定

（1）混凝土表面平整，施工缝平顺，色泽一致。不符合要求时，扣1~3分。

（2）混凝土表面不得出现蜂窝、麻面。不符合要求时应修整，并扣1~4分。

（3）混凝土表面出现非受力裂缝时，扣1~3分。裂缝宽度超过设计规定或设计未规定时超过0.15 mm的必须处理。

任务二 索塔施工

【任务认知】

任务描述

索塔施工同其他高墩台施工工艺一样，主要采用爬模施工工艺，其施工持续时间长、工作量大、全部为高空作业，安全管理风险大。

课时计划

本任务课时分配见表 8.2.1。

表 8.2.1 课时分配

任务内容	参考课时			教学重点
	理论	实践	合计	
索塔施工	1	1	2	索塔施工安全管理

【理论知识】

1. 索塔桩基施工

1）索塔承台及墩座施工

承台和塔座混凝土一次性浇筑完成。待左、右幅承台和塔座施工完成后，再进行承台间地系梁的施工。承台钢筋采用后场集中加工，经平板车运输至施工现场绑扎成形。承台模板采用大块钢模板。混凝土在拌和站集中生产，通过混凝土罐车运输至施工现场，采用混凝土输送泵进行浇筑。

2）桩头处理

承台施工前，必须将灌注桩高于设计标高的部分破除。桩头混凝土用风镐凿除，凿除的混凝土残渣转运至指定位置。桩头处理及调平层施工如图 8.2.1 所示。

桩头处理好后，将桩头钢筋调理顺直并弯至设计角度。

图 8.2.1 桩头处理及调平层施工

3）混凝土调平层施工

根据设计图纸，承台与地系梁地面设 50 cm 厚 C25 混凝土调平层，要将底面清除松散岩石之后再进行调平层的施工，且要求调平层下岩层的地基承载力不小于 0.6 MPa。在基坑底部浇筑调平层混凝土至设计标高，以此作为承台底模，然后进行下一道工序的施工。

4）钢筋及冷却水管施工

（1）钢筋加工。

钢筋在加工厂加工成半成品，运至现场绑扎。对直径≥25 mm 的钢筋采用镦粗直螺纹接头连接，并满足《钢筋机械连接技术规程》(JGJ 107—2016)中Ⅰ级接头的有关要求。其他钢筋绑扎按规范进行焊接或搭接。

主筋均按 9 m 定尺长度下料，在钢筋加工场对钢筋接头处进行套丝，并在一端丝头上拧上套筒，为保护钢筋丝口及套筒内螺纹，在加工好的主筋丝头上及套筒端头分别套上塑料保护帽及塑料密封盖，其他钢筋加工成半成品，编号分类堆放。

（2）钢筋定位、绑扎。

承台内钢筋用量较大，钢筋网格、层次较多，为保证设计钢筋能正确放置和混凝土浇筑质量，采用设架立筋或劲性骨架定位，做到钢筋上、下层网格对齐，层间距正确，并应确保顶层钢筋的保护层厚度。

承台钢筋绑扎时要注意控制钢筋间距、保护层厚度，不准漏筋与少筋。为了方便施工，钢筋采用汽车吊和专用吊具逐捆吊装就位，安装顺序为主筋、箍筋、水平筋和防裂钢筋网。

承台钢筋绑扎时，应保证桩内钢筋及受力钢筋位置的准确性；预埋塔柱钢筋，保证预埋筋数量及位置准确。在承台施工过程中，应注意预埋塔柱模板支立、电梯等预埋件（预留孔）和塔柱施工的劲性骨架，防雷接地等附属设施预埋件，预埋承台及塔柱在施工过程中的沉降观测控制点。当预埋件与承台钢筋或冷却水管位置冲突时，可适当调整钢筋和冷却水管位置，以保证预埋件位置准确。

（3）冷却水管制作与安装。

承台按照大体积混凝土温控要求进行施工。为降低大体积混凝土水化热，需在承台内部按照设计图纸布置和固定冷却水管。冷却管采用 U 形定位筋卡焊在设计位置，保证在浇筑混凝土过程中不发生移位现象，接头采用套管焊接连接。

5）模板工程

承台模板均采用大块钢模板进行施工，模板之间采用螺栓连接，对拉螺杆固定。模板工程施工要点如下：

（1）模板安装前应预先组拼，确保模板平整度和整体尺寸符合规范及设计要求。

（2）模板的刚度、强度、稳定性、顺直度和接头平整度应符合模板设计要求，模板板面之间应平整、接缝严密，以满足混凝土浇筑时水泥砂浆不流失，确保混凝土外表美观。

（3）每次立模前先将模板表面清理干净，去除污垢、不洁物或铁锈（如有），涂上适量脱模剂后方可立模。

（4）每次拆模后均及时将模板表面清理干净并涂抹脱模剂，确保在下一次使用时不生锈。

（5）模板拼装完成后，要详细检查模板间连接螺栓以及对拉螺杆螺母是否拧紧，发现有松动情况，立即拧紧。

6）大体积混凝土浇筑

承台混凝土一次性浇筑完成。混凝土由拌和站集中生产，混凝土罐车运输就位，采用混凝土输送泵泵送入模，$\phi 50$ 插入式振捣器振捣，人工抹面。

整个承台混凝土采用分层浇筑、连续浇捣的方法。浇筑每层厚度控制在 30 cm 左右，混凝土的振捣采用插入式振动，振动机插入点的间距适当，并应做到快插慢拔。当混凝土覆盖完一层冷却水管后，根据混凝土内部温升情况进行适时的通水冷却。

混凝土施工缝处理采用人工凿毛的方法，其中立模前凿毛清理至露石后，用高压气冲洗。

7）混凝土养护

承台混凝土采用自然养护的方法，混凝土顶面采用覆盖保温、保湿养护，侧面采用保湿养护。在混凝土浇筑完成后即开始养护，在顶面覆盖土工布，并利用冷却水管内的水蓄水养护，在混凝土脱模前，保持模板湿润，以减小混凝土的收缩。同时根据环境气温变化，及时调整保温层厚度，当气温较高、温降较缓时，减小保温层厚度，加速降温；当气温较低、温降较快时，增加保温层厚度，减缓降温。

8）底横梁施工

待索塔左右幅承台施工完成后，再进行承台间底横梁施工。底横梁钢筋采用后场集中加工，经平板车运输至施工现场一次性绑扎成形，模板采用大块钢模板，混凝土在拌和站集中生产，通过混凝土罐车运输至施工现场，采用混凝土输送泵一次性浇筑完成。

9）大体积混凝土温控措施

承台属大体积混凝土，为防止温度应力、混凝土收缩徐变等引起的裂缝，将严格按照温控专题研究结果进行施工，温控措施如下：

（1）混凝土配合比中，水泥采用低热矿渣水泥，承台分层浇筑，内设循环冷却水系统，现场利用水的循环降低混凝土的温升峰值，每层冷却水管均在混凝土浇筑至其标高后，根据温控检测要求及时通水，通水流量和通水时间根据温控专题研究结果进行确定。通水期间，定时记录冷却水管进、出水口温度。在承台混凝土施工过程中必须掌握混凝土的温度状态，因此在每层混凝土中埋设温度计，为采取降温措施提供依据。混凝土表面用麻袋、草袋或塑料薄膜覆盖保温，确保大体积混凝土内外温度差控制在允许范围以内。24 h 由专人负责测温，根据温差随时调整流量，并做好测温记录工作。

（2）严格控制混凝土浇筑入模温度。冬季温度较低时，采用热水进行混凝土拌和；夏季温度较高时，在拌和水中掺入冰块。

（3）缩短上、下节段之间的浇筑间歇时间，保证施工连续性。

（4）加强混凝土的保湿和养护，在每层混凝土浇筑完成后，应及时覆盖并养生，确保混凝土施工质量。

2. 索塔墩柱及横梁施工

1）施工总体方案

索塔塔柱与横梁采取异步施工，塔柱采用塔吊配合爬模施工，横梁采用预埋型钢牛腿搭设悬空支架立模现浇。

2）索塔施工方案

索塔为等高门式框架结构，采用具有横向连接的分离式承台、灌注桩基础。两岸塔柱总高分别为 126.5 m、120.5 m。索塔塔身由钢筋混凝土塔柱，预应力混凝土箱形上、下横梁等组成。塔柱中心竖直，采用箱形截面，纵向为变宽截面，塔顶宽均为 6 m，横向采用 5.6 m 的等宽截面。

（1）施工总体构思。

① 承台施工完毕后，采用与混凝土同标号砂浆灌注冷却水管，并对承台基坑进行回填。
② 根据索塔工程特点，采用悬臂外架钢模板进行塔柱工程的施工。
③ 索塔横梁与塔柱异步进行施工。
④ 在索塔两个塔柱分别安装一台电梯和一台塔吊。
⑤ 索塔为竖直结构，垂直度控制是施工成败的关键，必须加强施工观测。

（2）索塔塔柱施工。

索塔施工为高空作业，具有较大的施工安全风险，应制定安全操作实施细则，加强安全控制管理。由于索塔垂直高度较大，材料和混凝土泵送存在一定的难度，可分别采用塔吊提升和随塔吊标准节爬升方法予以解决，施工人员乘坐电梯上下。

① 模板结构。

索塔截面为矩形空心式，采用悬臂式外架钢模板进行施工，外侧采用大块定型钢模板，以保证索塔外观质量。模板的加工以保证塔柱的外观和利于安装为原则，外侧模板的单节高度为 6 m，面板为 5 mm 厚钢板，模板设加劲骨架，模板设横向背楞，最大间距为 1.2 m。模板拉杆横向的密度根据模板分块确定。模板固定及调整通过对拉拉杆和两层钢模板间的连接螺栓实现。空心截面内模采用定型组合钢模，与外模对拉并脚手架钢管支顶加固。模板安装前采用镜面打磨工艺打磨面板，使其达到镜面效果。塔柱爬模施工如图 8.2.2 所示，塔柱横梁异步施工如图 8.2.3 所示。

图 8.2.2　塔柱爬模施工　　　　图 8.2.3　塔柱横梁异步施工

② 塔柱劲性骨架安装。

安装时，在塔脚地面上按照相应尺寸焊接成型，吊装就位与前段骨架焊接，斜撑焊接加固。逐节接升，直至满足要求。

③塔柱钢筋制作安装。

塔柱钢筋主筋采用钢筋直螺纹套筒连接，其余钢筋均采用焊接或绑扎连接。

a. 直螺纹套筒连接工艺。

（a）钢筋切割：钢筋下料用砂轮切割机或切断机下料，要求钢筋切割端面垂直于钢筋轴线，端面偏角不允许超过4°。

（b）钢筋套丝：钢筋套丝在钢筋螺纹套丝机上进行，端头有弯钩的采用加长型丝头，其余的用标准型丝头。要求套丝的钢筋接头无破损、表面无裂纹，否则割掉。直螺纹套筒及套丝长度根据拉拔试验确定。套丝完成后，采用塑料封盖拧紧丝口，防止丝口受到损伤。

（c）钢筋连接：直螺纹接头连接前，先回收接头上的塑料封盖，检查接头丝口是否完好，有无油污、锈蚀。将拟连接的钢筋放在套筒上，然后拧紧钢筋，完成连接；或者先将套筒拧至一端钢筋上，然后回转套筒并拧紧，完成接头的连接。

（d）接头检验：接头连接完成后，用目测法检验两端外露螺纹长度是否相等，且不超过一完整丝口。

b. 钢筋加工。

钢筋在钢筋棚内切割下料、弯曲，用钢筋直螺纹机两端套丝，试验室对每批钢筋原材料、接头等进行抽样检验。钢筋弯曲弧度、钢筋接头焊接质量、直螺纹钢筋接头质量等由质检人员现场进行检验。

c. 钢筋安装。

钢筋运输至现场，塔吊提升至工作平台上进行安装。安装顺序为：主筋→箍筋→拉筋→防裂钢筋网。主筋依靠已接升的劲性骨架进行定位，将定尺钢筋在地面将螺纹套筒套好一端，安装时将另一端套上并用钢筋扳手旋紧，逐根就位进行直螺纹连接，箍筋和拉筋利用主筋定位绑扎。在主筋及箍筋安装好后，进行钢筋网的安装工作。塔柱钢筋遇人孔处或锚口处局部中断时，在中断处布置型钢框架或用同等钢筋连接被切断钢筋，塔柱钢筋焊接于框架上。

在钢筋安装时进行两阶段控制，第一阶段质检人员对钢筋直螺纹连接、焊接、绑扎接头，布置间距等进行检验，控制主筋接头、主筋间距、箍筋间距在设计规定范围内，同时控制钢筋数量，避免出现少筋现象，符合设计及相关技术规范要求后，方可进行下道工序模板的安装。第二阶段在完成模板安装定位后，再次检查、调整内外层钢筋间距及保护层厚度。

④塔柱混凝土施工工艺。

a. 混凝土配合比。

塔柱混凝土设计为C50高强混凝土，泵送高度大（最大高度为192.3 m），混凝土的可泵性、和易性、凝结时间、强度上升周期等必须满足要求。混凝土拌和物坍落度控制在14~16 cm，掺加高效缓凝减水剂，使混凝土初凝时间控制在8 h，3 d强度达到75%。混凝土配合比随着塔柱的升高，可作适当调整。为了使混凝土能满足各项指标要求，进行多组索塔混凝土配合比试验，择优选用。

b. 混凝土浇筑工艺。

（a）混凝土由拌和站集中拌制，罐车运输，输送泵泵送到浇注点，搭架溜槽布料，通过串筒入仓。若泵送高度达不到要求时，采取二次接力泵送，接力泵布置在下横梁上。

（b）混凝土浇筑前，应对钢筋、预埋件及模板系统进行全面检查，发现问题及时解决。

（c）由于塔柱浇筑节段高度为 6 m，为防止混凝土的离析，在混凝土管口设置串筒，保证混凝土自由下落高度不超过 2 m。

（d）混凝土应分层进行摊铺，摊铺厚度为 30~40 cm。在进行振捣作业时，振捣棒应做到快插慢提，棒头不得接触钢筋、模板及预埋件，振捣棒移动间距不应超过其作用半径的 1.5 倍。振捣时间控制在 15~20 s，不得出现漏振、欠振或过振等现象。

c. 塔柱混凝土施工缝处理及养护。

塔柱施工缝采用人工凿毛的方式进行处理，凿毛在混凝土强度达到要求后才能进行，凿毛后采用高压水将结合面冲洗干净。

混凝土养护采用塑料养生薄膜包裹保温养生，同时防止施工对塔身的污染。

⑤ 塔柱施工高度控制。

塔柱施工高度在塔顶一次性进行调整，在塔柱封顶时进行。塔柱施工最终标高控制综合考虑混凝土收缩徐变、沉降、温度等因素的影响，根据设计、监控单位提出的修正参数进行调整。塔柱高度应有一定的预留高度。

⑥ 各类预埋件的埋设。

在塔柱施工过程中，注意塔吊及电梯附墙架、横梁支架预埋牛腿、索鞍钢格栅等预埋件、猫道（施工步道）预埋件、索鞍吊架和顶力架以及缆索吊装等埋件的埋设。埋设时注意控制埋件的平面位置，并使埋件低于混凝土表面 3~5 cm，方便进行塔身修补。

⑦ 塔柱外观的修复。

在索塔施工过程中，不可避免地要埋置一些预埋件，比如钢牛腿、塔吊埋件、电梯埋件等。施工时，为了保证混凝土外观的整体性，采取以下措施：

a. 埋件尽量采用定型箱（盒）预埋，定型定尺加工安装，使用完毕后，尽量予以全部回收，采用相同色泽混凝土填补，能有效保证混凝土外观。

b. 预埋钢板时，要留够混凝土保护层厚度，一般不小于 3 cm，安装后，在钢板表面涂刷环氧或油漆进行防护，防止发生锈蚀，造成污染。使用完毕后，采用与塔柱混凝土相同色泽混凝土进行填补。

3）索塔横梁施工

横梁拟采取与索塔塔柱异步施工的方法进行施工。横梁采用两端钢牛腿（采用 2 cm 钢板拼焊而成）及型钢反力架共同支承贝雷梁形成的整体支架立模现浇。横梁分两次浇筑成型，施工支架考虑整个横梁的荷载。横梁底面和外侧面采用大块钢模，内模采用木板，横梁钢筋在现场进行绑扎，横梁混凝土由塔底混凝土输送泵随塔吊标准节爬升进行供应。横梁混凝土分两次浇筑，第一次浇底板和 3.8 m 侧板，形成槽形开口箱，第二次浇余下的侧板和顶板，这样既保证了外观，又便于内模安拆。在横梁处塔柱施工时，在模板侧壁预留横梁预埋钢筋及预埋波纹管，钢筋接头采用直螺纹接头，接头埋设按规范要求错开。

（1）施工支架设计。

根据索塔工程特点，索塔横梁采用型钢反力架支承型钢与贝雷梁形成的整体支架立模现浇。型钢反力架采用型钢焊接成型，通过张拉预应力钢筋与塔柱连接。在型钢反力架上布置贝雷梁，连接加固后形成整体平台结构，再搭设分配梁，共同形成现浇支架。

横梁施工时，按模板和横梁的开口箱混凝土重量进行加载。

（2）横梁模板的安装和拆除。

横梁底面和外侧采用大面积钢模，内侧模板采用木模，周转使用，下部横梁施工完毕后，周转进行上部横梁的施工。

①模板安装用塔吊进行起吊，吊点应确保起吊钢丝绳合力与模板重心重合。

②内模用短钢管支撑定位，内、外侧模间安装型钢支撑进行水平定位，当内模定位准确并基本稳固后，安装外侧模的顶口拉杆和内支撑。

③模板安装拼缝间夹泡沫双面胶，双面胶应在模板安装前粘贴在模板上。

④待第一次底板和 3.8 m 腹板混凝土浇筑后，拆除内侧模板，安装顶板模板和余下腹板的侧模板，安装顶板钢筋。

⑤横梁上层混凝土施工时，在横梁顶板预留人孔，方便进行内箱模板、支架拆除。

（3）钢筋工艺。

①根据经过审核、校对的设计图纸编制配料单，然后在预制场内按照配料单进行横梁各类钢筋的下料、加工。

②横梁钢筋运输到塔位后，采用塔吊提升，现场绑扎成形。

③钢筋保护层设置采用混凝土砂浆垫块支垫。

④索塔施工时，预留横梁钢筋机械接头，接头按相关要求错开布置。

⑤注意做好各种预埋件及钢筋预埋。

（4）预应力管道安装及钢绞线下料、穿束。

①预应力管道设置定位钢筋网片，每个定位网均与骨架焊接，以保证预埋波纹管道位置准确和预应力管道的线型顺直。

②将已加工好的波纹管分段依次穿过各定位筋，接头处用稍大的接头管道连接，并用胶布黏结，接头长度 20～30 cm。

③在横梁外侧搭设工作平台，方便进行预应力的施工，按照设计图纸进行钢绞线下料，采用人工穿束。

（5）混凝土工艺。

①混凝土拌和与输送。混凝土采用在混凝土搅拌站集中拌制，由混凝土输送泵泵送入模。

②混凝土浇筑顺序与摊铺。横梁混凝土分两次浇筑，第一次浇底板和 3.8 m 侧板，形成槽形开口箱，第二次浇顶板。竖向分层浇筑厚度控制在 30～40 cm。浇筑横梁底板时，先由一端的底板开始，向另一端推进；底板浇筑完后，由先浇筑的一端开始进行腹板的斜分层浇筑。第二次进行横梁余下腹板和顶板的浇筑。底板、腹板和顶板的浇筑均呈阶梯状推进，当接近另一端时，为避免梁端混凝土产生蜂窝等不密实现象，改从另一端向相反方向投料，在距该端 2～3 m 处合龙。

③混凝土振捣。

a. 混凝土的振捣采用插入式振捣方式。

b. 插入式振捣器振捣混凝土时，一般以横梁纵向间隔 30～40 cm 为一个插点，每一插点要掌握好振捣时间，一般每点振捣时间为 10～30 s，同时要使混凝土表面泛浆、不出气泡、不显著下沉为止。

④混凝土的养护。

横梁混凝土养护采用覆盖洒水养护法。即在横梁混凝土浇筑完毕，且混凝土达到终凝后，在横梁顶板上覆盖不褪色的麻袋，然后洒水养护。

（6）预应力张拉、压浆及封锚。

当横梁混凝土强度达到设计要求后，进行预应力张拉施工。施工过程严格按照设计及施工技术规范要求控制。

【知识应用】

分组讨论爬模施工工艺，并进行阐述，评分标准见表8.2.2。

表8.2.2 评分标准

序号	实训内容	配分	评分标准	扣分	得分
1	点名，作业人数	10	小组点名，根据考勤情况打分。若缺勤，则得分为零		
2	分组讨论并阐述观点	90	观点阐述无误，得分为观点正确率×90分基础分，计算结果保留至小数点后两位		
			合计		

【综合评价】

综合评价见表8.2.3。

表8.2.3 综合评价

任务名称			班级	
课次			组别	
模块	评价内容		配分	得分
知识	大体积混凝土温度控制		10	
	爬模施工工艺		10	
技能	准备工作		15	
	现场管理		15	
	管理文件编制		10	
素质	数据分析能力		5	
	信息检索能力		5	
	综合分析能力		5	
	学习态度		5	
	专注力		5	
	动手能力		5	
	团队合作参与度		5	
	职业素养		5	
本任务综合评分				
前任务综合评分				
同比增长幅度/%				
备注				

【知识拓展】

1. 基本要求

（1）混凝土所用的水泥、砂、石、水、外掺剂及混合材料的质量和规格必须符合有关规范的要求，按规定的配合比施工。
（2）分段浇筑时段与段间不得有错台。
（3）不得出现露筋和空洞现象。
（4）横系梁施工中，不得因支架变形、温度或预应力而出现裂缝。

2. 实测项目

悬索桥塔柱段实测项目见表8.2.4。

表8.2.4 悬索桥塔柱段实测项目

项次	检查项目	规定值或允许偏差	检查方法和频率	权值
1	混凝土强度/MPa	在标准允许范围内	按《公路工程质量检验评定标准 第一册 土建工程》（JTG F80/1—2017）附录D检查	3
2	塔柱底水平偏位/mm	10	经纬仪，纵横各检查2点	1
3	倾斜度/mm	设计规定，设计无规定时按塔高的1/3 000，且不大于30	经纬仪，纵横各检查2点	2
4	外轮廓尺寸/mm	±20	尺量，每段检查3个断面	1
5	壁厚/mm	±5	尺量，每段每侧面检查1处	1
6	预埋件位置/mm	5	尺量，每件检查	1
7	索鞍底板面高程/mm	+10，−0	水准仪或全站仪，每索鞍1处	1

3. 外观鉴定

（1）混凝土表面平整，色泽一致，轮廓线顺直。不符合要求时扣1~3分。
（2）混凝土表面不得出现蜂窝、麻面，如出现必须修整完好，并扣1~4分。
（3）混凝土表面出现非受力裂缝时扣1~3分。裂缝宽度超过设计规定或设计未规定时超过0.15 mm的必须处理。
（4）施工临时预埋件或其他临时设施未清除处理时扣1~2分。

任务三　索鞍安装

【任务认知】

任务描述

索鞍安装是主桥上部结构安装工程施工的第一步。索鞍安装施工包括塔顶主索鞍和锚碇散索鞍及其附属构件安装施工，安装构件包括格栅、底座和主、散索鞍鞍体等部分。索鞍及其附属构件吊装，均通过塔顶门架和锚碇门架吊装完成。

索鞍安装

课时计划

本任务课时分配见表8.3.1。

表8.3.1　课时分配

任务内容	参考课时		教学重点
	理论	合计	
索鞍安装	2	2	施工工艺

【理论知识】

1. 吊装门架的设计

索鞍及其附属构件的安装，通过塔顶门架吊装系统完成。塔顶门架位于主塔塔顶。门架在上部施工中，不仅承担着索鞍及其附属构件的吊装工作，而且在牵引系统、猫道架设、索股架设、缆索吊装系统等工作中发挥着极其重要的作用。

散索鞍及其附属构件采用大吨位汽车吊和塔吊进行安装。索鞍的埋板等直接用塔吊提升进行安装并精确定位，鞍体本身由于重量较大，在锚碇完成，并回填完毕后直接用50 t汽车吊进行安装。散索鞍门架吊装方案，安装较为复杂，用时较多，只作为吊装的备选方案。

根据门架的用途，本着安全、经济、适用、方便的原则。塔顶门架采用在塔顶主索鞍的两侧预埋钢板，在钢板上用型钢焊接框架结构，在框架上搁置贝雷梁与钢框架相连接，在贝雷梁上放置轨道和起重平车，索鞍通过起重平车起吊至横梁高度后，通过轨道平移至安装位置就位。锚碇散索鞍备选方案采用门架进行，锚碇门吊采用钢管和贝雷梁组合形式。在散索鞍支墩的横向设置4排直径为100 cm，壁厚1 cm的钢管立柱，在立柱的顶端搁置贝雷梁，贝雷梁上设置轨道和平车，散索鞍起吊后横向移动到指定位置。经过验算，门架的应力及稳定性满足要求。

2. 索鞍吊装施工

1）运输条件

现有的便道直达主塔前沿，主索鞍的最大运输吨位为22.449 t，可以直接运输到塔底；散索鞍的最大运输吨位为38.764 t，待锚碇施工完毕，回填土石方后，采用汽车吊安装。

2）主索鞍的吊装

格栅、上、下承板和主索鞍鞍体等构件运至施工现场后，用塔顶门架吊装格栅。吊装过程要保证平稳,当起吊至施工设计高度后,收拉门架尾部的链条葫芦,移动门架顶部平车,使格栅由跨中朝上横梁方向移动。在靠近型钢立柱时,停止拉动链条葫芦,在横梁的另外一侧用链条葫芦将格栅拉入型钢立柱框架内,松掉提升平车起重吊钩,将平车继续移动到格栅安装位置对应的横梁上,再次提升格栅到设计位置后,缓缓下放格栅至塔顶。利用精密水平仪及经纬仪等测量仪器,通过格栅调整框架和设在格栅底部的楔形钢垫块,调整格栅的高程及平面位置,使格栅精确定位,严格控制坐标和标高误差符合设计要求,最后浇筑格栅混凝土。施工中应确保格栅在混凝土浇筑及振捣过程中位置保持不变。索鞍吊装如图 8.3.1 所示。

图 8.3.1 索鞍吊装

格栅吊装完成后,吊装上、下承板和主索鞍鞍体,吊装方法与格栅吊装基本相同,鞍体吊装时先吊装边跨侧半个主索鞍,再吊装中跨侧半个主索鞍,最后将两半鞍体用高强螺栓连接。在主桥上部结构安装过程中,随着钢箱梁的吊装和桥面铺装的完成,索鞍逐步顶推到位,最后割除格栅千斤顶反力架,并补浇塔顶缺口处混凝土。

3)锚碇散索鞍安装

散索鞍系统由底板、底座、散索鞍等组成,其中底板质量仅为 4.727 t,可直接利用汽车吊安装。先将埋板吊至散索鞍支墩顶部的混凝土预留槽口内,再通过手拉葫芦配合,慢慢将预埋螺栓穿入埋板上的螺栓孔内,精确调整埋板的位置,并与混凝土表面标志对齐,使其标高和坐标符合设计要求,拧紧埋板螺栓。根据下部结构施工需要,埋板提前预埋。

再利用汽车吊将底座吊至埋板上设计位置安装。

结合现场实际,两岸的底座及鞍体均可以采用运输车辆直接运至锚碇位置,直接用吊车将底座吊至埋板上设计位置安装。鞍体安装方式同底座。具体步骤如下:

① 用运输车将散索鞍鞍体运送至锚碇散索鞍安装位置前沿,用吊车将散索鞍吊运至设计位置。

② 散索鞍距安装底座 100 mm 时调整吊臂位置使索鞍与底座纵桥向的导向标记对准。

③ 缓慢调整索鞍位置,使索鞍与底座横向导向标记对齐。

④ 缓慢下降索鞍鞍体,同时采用导链葫芦配合调整散索鞍与鞍座的导向标记对准,直至鞍体与底座安装面完全对准结合。

⑤ 调整鞍体前的链条葫芦和后面的定位钢架,将鞍体固定。

⑥ 利用全站仪等测量仪器配合索鞍定位调整定位钢架将索鞍调整到设计空缆位置。

为确保散索鞍的安装质量，使其安装精度满足设计要求，为此专门设计了散索鞍安装定位钢架，散索鞍在吊车和定位架的共同作用下，缓缓下放至设计位置。安装就位后，将定位钢架的活动定位调节块焊接牢靠，以保证散索鞍在主缆索股架设到一定数量之前能够保持稳定。

【知识应用】

分组讨论索鞍施工工艺，并进行阐述，评分标准见表8.3.2。

表8.3.2　评分标准

序号	实训内容	配分	评分标准	扣分	得分
1	点名，作业人数	10	小组点名，根据考勤情况打分。若缺勤，则得分为零		
2	分组讨论并阐述观点	90	观点阐述无误，得分为观点正确率×90分基础分，计算结果保留至小数点后两位		
			合计		

【综合评价】

综合评价见表8.3.3。

表8.3.3　综合评价

任务名称			班级	
课次			组别	

模块	评价内容	配分	得分
知识	索鞍施工工艺	10	
	索鞍施工质量控制要点	10	
技能	准备工作	15	
	现场管理	15	
	管理文件编制	10	
素质	数据分析能力	5	
	信息检索能力	5	
	综合分析能力	5	
	学习态度	5	
	专注力	5	
	动手能力	5	
	团队合作参与度	5	
	职业素养	5	

本任务综合评分	
前任务综合评分	
同比增长幅度/%	
备注	

【知识拓展】

1. 悬索桥索鞍制作

1）基本要求

（1）鞍槽铸钢件出厂前须出具质量合格证明书，其内容应有制造厂名称代号、图号或件号（发运号）、炉号、化学成分、机械性能试验报告、无损检测报告，以及合同明确规定的其他内容。

（2）鞍座钢板必须按有关标准逐张进行超声波探伤，成批钢板应按设计和有关规范规定的频率和方法抽样进行化学成分和机械性能试验，探伤和试验结果须合格后才能使用。

（3）焊接材料必须采用经焊接工艺评定合格，并经验收符合要求的焊条、焊丝和焊剂，对所有焊缝应按设计要求进行无损探伤，探伤结果必须合格。

（4）施焊前，应对母材、焊条及坡口形式、焊接质量等，按焊接规范和设计要求进行焊接工艺评定，实施的焊接工艺应经监理工程师签字认可。

（5）铸钢件、钢板和焊缝经检测后如发现表面、内部有超标缺陷，必须按有关规范和设计要求的方法进行修补，修补后应检验合格，并做好修补记录备查。

（6）出厂前必须进行试拼装，各零部件应印有识别标记和定位标记，当符合要求并由监理签发合格证后才可发运到工地安装。产品在搬动运输和储存过程中应妥善保护，不得使任何零部件和涂装受到损伤和散失。

（7）索鞍防护处理应符合设计要求。

2）实测项目

主索鞍制作实测项目见表8.3.4，散索鞍制作实测项目见表8.3.5。

表 8.3.4　主索鞍制作实测项目

项次	检查项目	规定值或允许偏差	检查方法和频率	权值
1	主要平面的平面度/mm	0.08/1 000，且 0.5/全平面	量具，检查每主要平面	1
2	鞍座下平面对中心索槽竖直面的垂直度偏差/mm	≤2/全长	机床检查	2
3	上、下承板平面的平行度/mm	0.5/全平面	量具，检查上、下承板	1
4	对合竖直平面与鞍体下平面的垂直度偏差/mm	<3 mm/全长	百分表，检查每对合竖直平面	1
5	鞍座底面对中心索槽底的高度偏差/mm	±2 mm	机床检查	1
6	鞍槽轮廓的圆弧半径偏差/mm	±2/1 000	数控机床检查	2
7	各槽宽度、深度偏差/mm	+1/全长及累积误差+2	样板、游标卡尺、深度尺	1
8	各槽对中心索槽的对称度/mm	0.5	数控机床检查	2
9	各槽曲线立面角度偏差/(°)	≤±0.2	数控机床检查	1
10	喷锌层厚度/μm	不小于设计	测厚仪，每检测面10点	2

注：项次1主要平面包括主索鞍的下平面，对合的竖直平面，上、下支承板的上、下平面，中心索槽的竖直（基准）平面。

表 8.3.5　散索鞍制作实测项目

项次	检查项目	规定值或允许偏差	检查方法和频率	权值
1	平面度/mm	0.08/1 000，及 0.5/全平面	量具，检查每主要平面底板下平面、中心索槽竖直平面	1
2	支承板平行度/mm	<0.5	量具	1
3	摆轴中心线与索槽中心平面的垂直度偏差/mm	<3	机床检查	2
4	摆轴接合面到索槽底面的高度偏差/mm	±2	直尺、拉尺	1
5	鞍槽轮廓的圆弧半径偏差/mm	±2/1 000	数控机床检查	2
6	各槽宽度、深度偏差/mm	+1/全长及累积误差+2	样板、游标卡尺、深度尺	1
7	各槽对中心索槽的对称度/mm	0.5	数控机床检查	2
8	各槽曲线立面角度偏差/(°)	0.2	数控机床检查	1
9	加工后鞍槽底部及侧壁厚度偏差/mm	±10	尺量，各不少于3处	1
10	喷锌层厚度/μm	不小于设计	测厚仪，每检测面10点	2

3）外观鉴定

（1）鞍槽内加工表面和各隔板全部表面按规定要求进行喷锌处理时，涂层应均匀致密，无漏喷涂和附着不牢层，无未完全熔化大颗粒，不符合要求时扣1～2分。

（2）各外露不加工表面防护涂层平整光洁，均匀一致，无破损、气泡、裂纹、针孔、凹陷、麻点、流挂和皱皮等缺陷。不符合要求时扣1～3分。

（3）各孔，平面的加工表面应涂脂防锈，不符合要求时扣1～3分。

2. 索鞍安装

1）基本要求

（1）索鞍成品必须按设计和有关技术规范要求验收合格，并有产品合格证，方可安装。

（2）必须按设计和有关技术规范要求放置底板，并与底座混凝土连成整体。底座混凝土应振捣密实，强度符合设计要求。

（3）安装前应进行全面检查，如有损伤，须做处理。索槽内部应清洁，不应沾上减少缆索和索鞍之间摩擦的油或油漆等材料。

（4）索鞍就位后应锁定牢靠。

2）实测项目

主索鞍安装实测项目见表8.3.6，散索鞍安装实测项目见表8.3.7。

表 8.3.6　主索鞍安装实测项目

项次	检查项目		规定值或允许偏差	检查方法和频率	权值
1	最终偏位/mm	顺桥向	符合设计要求	经纬仪或全站仪，每鞍测量	3
		横桥向	10		2
2	高程/mm		+20，-0	全站仪，每鞍测量1处	3
3	四角高差/mm		2	水准仪或全站仪，每鞍测量四角	2

表 8.3.7　散索鞍安装实测项目

项次	检查项目	规定值或允许偏差	检查方法和频率	权值
1	底板轴线纵、横向/mm	5	经纬仪，每鞍测量	3
2	底板中心高程/mm	±5	水准仪，每鞍测量	2
3	底板扭转/mm	2	经纬仪或全站仪，每鞍测量	2
4	安装基线扭转/mm	1	经纬仪或全站仪，每鞍测量	1
5	散索鞍竖向倾斜角/(°)	符合设计要求	经纬仪或全站仪，每鞍测量	2

3）外观鉴定

索鞍表面必须清洁，涂装如有损伤，必须修补，并扣 1~3 分。

任务四 猫道设计与施工

【任务认知】

任务描述

猫道作为悬索桥上部结构施工中重要的高空工作通道和临时作业平台，平行于主缆布置。在整个上部施工期间，猫道作为索股牵引、索股调整、主缆紧固、索夹及吊索安装、钢桁梁吊装、主缆缠丝防护，以及主缆除湿系统等施工的作业平台。其结构的合理性、安全性、架设方案的可操作性将直接影响上部结构施工各个主要工序的质量和进度。

猫道架设

课时计划

本任务课时分配见表 8.4.1。

表 8.4.1　课时分配

任务内容	参考课时		教学重点
	理论	合计	
猫道设计与施工	3	3	猫道设计与施工

【理论知识】

1. 猫道设计

1）猫道系统总体设计

猫道的设计应遵循以下原则：

（1）除猫道本身的架设满足施工线形要求外，不能对其他部位（如塔顶偏移）产生附加影响，以致影响主缆最终成形。

（2）由于猫道几乎贯穿整个上部结构施工过程，且全部为高空作业，因此在安全上应保证有足够的强度和抗风稳定性。

（3）作为施工临时脚手架，尽量减轻自重，减小挡风面积，做到既能防火，又能满足机械作业所需要的工作面和操作净空要求，在结构上应尽量为施工作业提供便利条件。

（4）猫道系统本身要构造简单，架设、调整和拆除方便，节约临时工程的作业时间。

猫道承重索在塔顶跨越形式通常将其分为"分离式"和"连续式"两种构造形式。分离式结构猫道索在主跨和边跨分为三段，各自锚固，需在每跨锚固端设置长度调节装置。

2）猫道结构设计

猫道由猫道承重索、扶手绳、猫道制振装置、扶手网、面网、横向通道、锚固体系等组成。

猫道设计主跨为 660 m，某岸（本任务中命名为 J 岸）边跨均为 215 m，另一岸（本任务中命名为 X 岸）边跨为 268 m，在上下游对应于主缆中心线下方各设一幅猫道，单幅猫道横桥向与主缆轴线呈对称布置，猫道层面到主缆中心距离 1.4 m，宽度 4.0 m。

（1）猫道承重索及扶手索。

每条猫道设 6 根 $\phi 52$ 钢丝绳作承重索，安全系数大于 3.0，采用三跨分离的布置形式。承重索两端分别锚固于散索鞍定位钢架及塔顶的预埋型钢上，并于锚固外设置长度调节装置。使猫道线形与主缆线形保持一致。

猫道每侧每 3 m 设置一栏杆立柱，用以固定上下 2 根 $\phi 26$ 扶手索。

（2）猫道面层。

猫道面层由一层粗面网和一层细面网构成，第一层为 $\phi 5.0$（孔 150 mm×75 mm）的焊接钢丝网，以增大面层刚度。其上第二层为 $\phi 1.0$ 的小孔（16 mm×16 mm）钢丝网，以防小工件坠落。其上每隔 0.5 m 绑扎一根防滑木条。在猫道面层网上每隔 3 m 交替设置一道 12 号槽钢，用于主缆成形完毕猫道的悬挂。

（3）横向通道。

猫道在中跨设置 3 道横向通道，每道间隔约 165 m。横向通道采用型钢和钢管焊接的三角形桁架形式，除满足上下游猫道之间人员的通行外，还能通过其提高猫道自身的整体稳定性，使其具备足够的抗风能力。位于中跨跨中的横向通道安装时向一岸偏 50 cm，使其不影响吊杆的安装。

（4）制振系统。

为了改善猫道的稳定性，提高人员施工操作时的舒适性，根据需要在相应的横向通道部位设置制振装置，支撑架上安装竖向制振索和水平制振索。制振装置主要由水平制振索、转向轮等部分组成，在制振索上施加一定的张力，使其在横向通道部位形成一个整体，达到良好的制振效果。

（5）猫道锚固体系及调节装置。

三跨分离式猫道承重索，通过主塔两侧的预埋件型钢以及锚碇散索鞍后的定位钢架进行锚固，猫道的锚固调节系统是由转向滑轮、牵引卷扬机、锚桩构成。承重索垂度随时通过该系统进行调节。

2. 猫道架设

1）猫道牵引索架设

牵引系统是悬索桥上部结构施工的重要组成部分，它主要用于猫道架设、主缆索股的架设、索夹和吊索的安装。在牵引系统设计中，采用预制平行钢丝索股法（PPWS）施工，架设顺序如下。

（1）先导索架设。

牵引索架设系统包括两岸锚碇各布置的一台牵引卷扬机、塔顶导轮组、两根牵引索、拽拉器等，在主缆中心线以上，上下游各一套牵引系统。首先把一根 $\phi 21$ 钢丝绳缠在 X 岸锚碇 5 t 牵引卷扬机上，然后利用主塔底的 5 t 卷扬机将钢丝绳牵引至塔底，利用 X 岸主塔塔吊将钢丝绳牵引提升通过塔顶导轮将钢丝绳翻越塔顶，采用人工放索至河谷底，再用小船牵引将钢丝绳跨过河至对岸；以同样的方式将 J 岸的钢丝绳放至谷底，将两股先导索联接，启动牵引卷扬机，收紧先导索，至此即完成了先导索的架设。

（2）牵引索、工作承重索架设。

牵引索架设系统由锚碇后的主副卷扬机、$\phi 32$ 牵引索、拽拉器、锚碇门架导轮组、主塔顶门架导轮组以及滑轮、滚筒组成。首先将 $\phi 32$ 牵引索从位于 X 岸锚碇的副卷扬机拉出，经散索鞍支墩顶滚筒拉至锚碇前与 $\phi 21$ 先导索用拽拉器连接，启动卷扬机牵引至 J 岸锚碇缠在主卷扬机上，然后将先导索移至缆索吊装系统索鞍位置，作为缆索主承重索的牵引，这样就将 $\phi 32$ 先导索换成 $\phi 32$ 牵引索。利用相同方法架设 $\phi 52$ 的工作承重索，并锚固在两岸锚碇上，至此，基本构成往复式牵引系统。

2）猫道承重索制作和架设

（1）猫道承重索的制作。

猫道承重索采用 $\phi 52$ 的钢丝绳，每条猫道 6 根。钢丝绳的非弹性变形非常大，这种非弹性变形将影响猫道承重索垂度的变化，严重时可以造成施工人员站在猫道层面上触不到主缆位置而无法进行施工操作。但找一个比较大的张拉场地比较困难，只能采用分级张拉，因此我国西南地区某桥的猫道主索在端部设置为单根可调节性，随时可以采用卷扬机、导向滑轮组成的调节装置进行承重索调节。

（2）猫道承重索的架设。

猫道承重索的架设顺序的原则是：边跨→中跨→中跨→边跨上下游对称安装，尽可能使索塔受力均匀，并对索塔轴线进行观测。若超出设计规定的范围，应调整承重索安装顺序或者进行索力纠偏。

猫道承重索对称架设，架设时将承重索各放一半在两岸。首先将中跨猫道承重索置于 X 岸锚碇区域的索盘上，把承重索的绳头用塔吊牵引至塔顶，穿过锚固调节装置的转向滑轮，在距离绳头约 5 m 外安装 1 根 $\phi 17.5$ 的短索和 1 根 $\phi 32$ 的调节索，短索索端与牵引索用索夹连接牢固，并在索夹和工作承重索之间安放单头连接器；启动 J 岸牵引卷扬机，牵引索将猫道承重索由 X 岸向 J 岸牵引，在单头连接器后约 30 m 开始安放双头连接器，并按 60 m 不间断安放。牵引过程中，通过索盘架的制动作用调整承重索的拉力以控制猫道承重索在连接器间的垂度。当猫道承重索在索盘上剩下 20~30 m 时，用塔底 5 t 卷扬机拉住承重索尾部保持其稳定上升，并施加一定的反拉力。当承重索的尾端即将到达塔顶时，在距离承重索的尾部约 10 m 的位置用索卡将 $\phi 36$ 的调节索固定在承重索上，再将调节索穿过塔顶滑轮，与塔底卷扬机相连，这时将承重索的索头按照设计位置绕过锚固装置的转向滑轮用索卡锚固在承重索上，完成 X 岸承重索的锚固。J 岸继续牵引，承重索牵引到主塔后，塔顶滑轮起吊锚头，利用短索控制锚头的位置和方向，同样将承重索穿过锚固滑轮，将调节索的索头穿过塔顶转向滑轮与塔底卷扬机相连，启动卷扬机，将承重索收紧，使主承重索的垂度约大于设计垂度，用索卡将索头按照设计位置进行锚固，慢慢放松塔底卷扬机，将主承重索交由锚固装置承受，J 岸的锚固完成。拉动牵引索在塔顶不断卸去双头连接器，使猫道承重索呈自由悬挂状态。如此循环往复，完成猫道中跨承重索的安装。

边跨承重索直接利用上下游的牵引系统直接拽拉猫道承重索，当承重索到达塔顶的锚固系统位置时，直接进行锚固。

猫道承重索横移就位后，对其高程进行测量调整，其顺序是先中跨后边跨。测量调整方法如下：

①初调：利用塔、锚碇门架上卷扬机将承重索的标志点调整到塔锚相应标志点位置上。

②精调：首先进行中跨猫道承重索调整，用全站仪实测中跨跨中点的垂度以及跨径，并根据实测温度，计算出各索的调整量，利用塔底卷扬机调整，直至跨中垂度满足要求后，在塔顶转索鞍处固定并做好标志。同样方法进行边跨承重索的垂度调整，垂度调整精度为±3 cm。

（3）猫道面层铺设（图8.4.1）。

图8.4.1　猫道面层铺设

猫道面层采用下滑铺设法，在地面将组成猫道面层的各种材料，如防滑木条，面网、横梁等按设计位置绑扎好，用塔吊将其吊至塔顶工作平台上。

首先在塔中跨侧安装横向通道，利用横向通道自重带动面网下滑。由于塔顶两侧坡度较陡，为控制面网下滑速度，通过塔顶门架上设置的转向滑轮，用塔底的8 t卷扬机进行反拉。当面网下滑至坡度平缓地段，利用自重不能下滑时，则利用牵引索由拉动面网下滑，直至跨中合龙。面网铺装完毕后，从塔顶往中跨紧固U形螺栓，固定面层。随后完成猫道扶手索、栏杆以及侧面网的安装工作（见图8.4.2）。

图8.4.2　猫道扶手索、栏杆安装

边跨铺设采用相同的方法自塔顶向锚碇处进行下滑铺设，直至铺完整个边跨猫道。为了减小主塔的不平衡受力，先从塔顶向中跨铺设100～150 m后，再从塔顶向中、边跨同时进行对称铺设，尽量使面网铺设速度保持一致。猫道面网铺设时定期观测主塔的扭转和偏位。

猫道面层铺设完毕后，开始猫道扶手侧面防护钢板网的安装，在安装防护网之前，首先按照设计要求每隔 3 m 安装栏杆立柱，栏杆立柱采用 $\phi 26$ 的钢丝绳连接。

（4）横向通道。

根据场址的风力条件，一般是通过设计抗风缆系统来提高猫道结构的抗风稳定性。风缆系统结构复杂，施工周期长，拉索的索力很难精确控制，若施工误差控制不好，将会极大降低风缆的抗风能力，甚至会加大猫道承重索的荷载，降低结构安全度。结合其他桥梁的经验，我国西南地区某桥设置 3 道横向通道，不设置抗风缆。横向通道安装如图 8.4.3 所示。

图 8.4.3 横向通道安装

在猫道面层铺设过程中，在塔底拼装横向通道，根据其在猫道上的具体位置适时利用工作吊缆安装。上述工作完成后，着手进行猫道制振装置等安装，并完善整个猫道系统，使其具备作业条件。猫道在钢桁梁吊装前拆除。

3）猫道改吊

在钢桁梁吊装时，主缆的线形随着各类恒载的增大而不断变化，因此在钢横梁吊装前需要把猫道悬挂于主缆，使其保持与主缆线形一致。并在吊装过程放松猫道锚固系统调整装置，控制猫道与主缆间距离相对不变，满足高空作业需要。

猫道改吊是在猫道上每隔 6 m 有猫道横梁型钢的地方，用一道 $\phi 17.5$ 钢丝绳交替将猫道悬挂于主缆上。猫道悬挂的顺序：中跨由跨中开始，同时由跨中往南北塔方向进行；边跨由中点开始，同时往塔顶和锚碇方向进行。

猫道改吊施工步骤如下：

①在槽钢两侧猫道面网上剪两个小孔，以便 $\phi 17.5$ 钢丝绳穿过。
②用手拉葫芦收紧猫道，猫道面与主缆中心的距离控制 1.4 m 左右。
③把 $\phi 17.5$ 钢丝绳在主缆上绕一圈，然后穿过猫道面网上的小孔，套住猫道承重索和槽钢。
④上紧钢丝绳卡子，放松葫芦。
⑤适当放松猫道与塔顶锚固调节装置的连接，搭好便桥。

⑥ 调整塔顶变位架。

重复以上施工步骤，直至猫道改吊工作全部完成。

4）猫道拆除

猫道拆除是在主缆缠丝防护、除湿系统安装和试运行、索夹螺栓最后一次紧固等工作全部完成后进行的。

猫道拆除的工作内容包括拆除猫道改吊绳，拆除侧网、扶手索、猫道面网、横梁等结构物，拆除猫道承重索，拆除锚固预埋件、猫道工作平台及其预埋件等。

（1）横向通道的拆除。

在吊装钢桁梁之前，拆除中跨横向通道。由于我国西南地区某桥的上部吊装采用缆索吊机，吊机可以在桥轴线左右两侧 7 m 的范围内纵向移动，因此，直接将缆索吊机吊住横向通道，再移动到主塔下，完成横向通道的拆除。

（2）扶手索、侧网、扶手索立柱等拆除。

侧网分片从塔顶向中跨拆除，并堆放在猫道面层网靠内侧部位，等堆放约 10 片以后，利用工作承重索将侧网吊起，然后用系在侧网上的牵引绳牵拉，使其缓慢地放至桥面上。在侧网拆除的同时，拆除扶手索立柱并用同样的方式放到桥面上，侧网及扶手索立柱拆除完毕之后，利用塔吊或者布设于塔顶门架上的卷扬机放松扶手索，使其放于猫道的面网上，利用桥面上卷扬机，将其收回至桥面，并上盘存放。

（3）猫道面层拆除。

猫道面层的拆除，由于工期紧张，采用多点人工拆除，将拆除的钢板网片分点集中堆放，用工作吊缆将网片吊到桥面上的汽车上，运到指定位置堆放。

（4）猫道承重索的拆除。

在完成猫道面网拆除之后，用猫道调节装置将猫道的承重索重新进行锚固，在工作吊缆吊起工作吊篮进行改吊钢丝绳的拆除和型钢的拆除，将承重索重新恢复到自由悬吊状态。将 $\phi 36$ 钢丝绳绕过塔顶转向滑轮，和塔底卷扬机相连，收紧钢丝绳，拆除猫道承重索与猫道锚固系统的连接，放松卷扬机，将猫道承重索缓缓放到桥面上，两岸猫道承重索的下放方式相同，然后用卷扬机在桥面上卷盘，运至指定位置。猫道的承重索拆除上下游、中边跨、左右对称进行。

【知识应用】

分组讨论猫道施工工艺，并进行阐述，评分标准见表 8.4.2。

表 8.4.2 评分标准

序号	实训内容	配分	评分标准	扣分	得分
1	点名，作业人数	10	小组点名，根据考勤情况打分。若缺勤，则得分为零		
2	分组讨论并阐述观点	90	观点阐述无误，得分为观点正确率×90分基础分，计算结果保留至小数点后两位		
			合计		

【综合评价】

综合评价见表 8.4.3。

表 8.4.3 综合评价

任务名称			班级	
课次			组别	

模块	评价内容	配分	得分
知识	牵引索施工工艺	10	
	猫道安装工艺	10	
技能	准备工作	15	
	现场管理	15	
	管理文件编制	10	
素质	数据分析能力	5	
	信息检索能力	5	
	综合分析能力	5	
	学习态度	5	
	专注力	5	
	动手能力	5	
	团队合作参与度	5	
	职业素养	5	

本任务综合评分	
前任务综合评分	
同比增长幅度/%	
备注	

任务五　主缆索股架设

【任务认知】

任务描述

悬索桥主缆是悬索桥的重要构件之一，它由多根钢缆组成，主要作用是将桥面荷载传递给吊索和锚锭，并通过吊索和锚锭将荷载最终传递至地基。主缆的架设是悬索桥施工的关键步骤之一。在架设前，需要先进行猫道的架设，然后利用猫道将主缆从桥塔顶部牵引至桥面，再通过吊索将主缆与桥面板连接起来。主缆一般采用高强度钢丝，以保证其具有足够的承载能力和耐久性。

主缆施工

课时计划

本任务课时分配见表 8.5.1。

表 8.5.1　课时分配

任务内容	参考课时 理论	参考课时 合计	教学重点
主缆索股架设	3	3	主缆索股架设施工工艺

【理论知识】

1. 索股牵引系统设计

1）双线往复式牵引系统总体布置

在猫道架设完毕后，猫道承重索全部移交到猫道锚固系统承担，利用单线往复式牵引系统在猫道托滚上牵引第二根牵引索，在 X 岸塔底布置第二根牵引索的卷扬机，利用第一根牵引索牵引第二根牵引索到达 J 岸塔顶上，形成双线往复式牵引系统。

一套牵引系统结构主要包括牵引卷扬机、锚碇鞍部转向导轮组、塔顶导轮组、牵引小车、拽拉器、猫道托轮等。

主缆索股牵引是依靠牵引系统完成的，根据场地地形特点及工期安排等，主缆架设阶段采用双线往复式牵引系统，全桥共布置两套，分别位于上游和下游侧。8 t 牵引卷扬机布置在 X 岸锚碇上，放索机构布置在 X 岸锚碇后的地面上。

索股架设施工前，施工现场应预存一定数量的索股。根据 X 岸引道场地情况，在 X 岸引道上设置面积约 2 000 m² 的场地作为存索区，存索区内布置 1 台 40 t 吊车和 1 台平板运输车，以满足场内运输装卸的需要。

在存索区和锚碇之间设置放索区，放置 2 套放索支架，以保证上、下游侧同时进行放索作业。

2）索股托滚的设计

索股托滚的设计考虑到主缆索股断面为正六边形，将托滚锥角设计成60°，牵引过程中索股贴靠边缘，可以保持一个面接触，避免锥坡影响。为了对索股缠包带及索股镀锌层有较好的保护，托滚采用滚轴形式。

2. 主缆索股牵引、整形、入鞍

1）主缆索股牵引

猫道架设完成，待双线往复牵引系统架设完成后，即可开始进行索股架设。

主缆索股架设分为基准索股架设和一般索股架设两类，1#索股为基准索股，其他索股为一般索股。索股架设顺序按编号从1#～91#依次进行，首先架设1#基准索股，待基准索股线形调整完成后，再依次开始一般索股的架设。

索股架设前，先将待架设的基准索股从存放区运至放索区内，利用40 t吊车安装在放索支架上，拉出索股前锚头，用专用连接器将索股锚头与牵引系统拽拉器连接，将X岸塔底卷扬机的绳头通过塔顶的转向滑轮再经过猫道与索股锚头后5 m位置相连，启动X岸塔底牵引卷扬机进行索股牵引。通过塔顶门架时用塔吊辅助通过塔顶门架，将索股锚头与拽拉器连接，第二根牵引索与索股再次连接，启动J岸的塔底卷扬机，工作吊缆跑车配合，将索股牵引至J岸塔顶，采用X岸主塔的方式将索股穿越J岸主塔的塔顶门架，用牵引卷扬机再次牵引到达J岸前锚室。牵引过程中同一牵引系统中的两台卷扬机保持同步运行，收、放速度一致。索股牵引速度一般控制在20～30 m/min。当索股前锚头接近J岸锚碇前锚室时在牵引卷扬机和塔吊的共同作用下，将锚头放入锚室适当位置。

索股架设过程中，在散索鞍支墩顶、塔顶、猫道上，均安排人员监视看护索股牵引情况，若发现索股扭转、散丝、鼓丝、缠包带断裂等情况，及时纠正并处理，以确保索股架设质量。索股架设时，原则上，上下游两根主缆应基本对称进行架设施工。索股牵引如图8.5.1所示，放索区与放索支架如图8.5.2所示。

（a）　　　　　　　　　（b）　　　　　　　　　（c）

图8.5.1　索股牵引

图 8.5.2　放索区与放索支架

2）索股横移整形

当索股牵拉到位后，利用放置于散索鞍门架与塔顶门架顶上的卷扬机进行索股的上提、横移和整形、入鞍工作。在距离主索鞍前后各 20 m 的位置处和散索鞍前 20 m、鞍后 10 m 左右的位置处，将索股握索器安装在主缆索股上，拧紧握索器上的夹紧螺栓，确保主缆索股与握索器不产生相对滑移，卷扬机钢绳经动、定滑车组绕线后与握索器相连组成提升系统，待全部握索器和提升系统安装完毕后，启动塔顶门架和锚碇悬臂挡墙翼缘上的卷扬机，将整条索股提离猫道托轮，同时利用门架上的吊挂手拉葫芦，将散索鞍支墩顶和主塔处索股提离索鞍处托轮，此时，索鞍前后两握索器之间的索股呈无应力状态，在此状态下将该段索股整形入鞍。索股横移如图 8.5.3 所示。

(a)　(b)

图 8.5.3　索股横移

整形时，在距离索鞍前后约 3 m 的地方，分别安装上六边形夹具，解除两夹具间索股的绑扎带，开始整形。在塔顶从边跨向中跨方向进行整形，在散索鞍支墩顶由锚跨向边跨方向进行整形，边整形边人工用木槌敲打索股，并用钢片梳进行断面整理，使其由六边形变为四边形，再用专用四边形夹具夹紧，待主、散索鞍处索股全部整形完毕后，将该索股置入主、散索鞍相对应的鞍槽内。

3）索股入鞍

索股入鞍的顺序为塔顶处由边跨侧向中跨侧，散索鞍支墩顶由锚跨向边跨方向依次将索股放入鞍槽内。入鞍时应注意索股着色丝在鞍槽里的位置，以确保索股不发生扭转。为防止已经入鞍的索股挤压隔板使鞍槽隔板变形，应在其他鞍槽内填塞楔形木块。索股入鞍后，调整索股上的标记点与设计位置吻合，并适当调整索股垂度，防止索股间相互挤压。索股入鞍完成后，将索股两端锚头与该索股相对应位置的锚固系统通过拉杆相连，将索股临时锚固。索股入锚如图 8.5.4 所示。

图 8.5.4　索股入锚

4）主缆索股架设常见问题及解决办法

针对以往悬索桥主缆索股架设中经常出现的"呼啦圈"、扭转、散丝、鼓丝及索股表面划伤等问题，通过总结以往工程经验及深入的研究，提出了一系列防止和克服这些常见问题的有效方法，具体措施如下。

（1）研究主缆放索支架，提高放索质量。

放索支架采用组合式被动放索支架。其优点为：在索股牵引过程中，使索股始终保持一定的反拉力，克服索盘转动惯性引起的"呼啦圈"等不良现象。

（2）克服索股牵引过程中的散丝现象。

①保持放索速度与牵引速度的一致性，在索股牵拉期间，主缆索股始终保持一定的张力，避免索盘上的索股松散下垂磨损而导致散丝。

②加密塔顶、散索鞍支墩位置处的托滚，在不影响索股横移入鞍的情况下，尽可能增大塔顶、散索鞍支墩处索股滚筒所组成的曲线的竖向曲率半径。

③全部采用滚轴托滚，对索股缠包带有较好的保护，防止缠包带断裂造成散丝。

（3）克服主缆索股牵引过程中出现的扭转现象的措施。

①猫道设计时，采用合理分布猫道承重索的间距等方法，尽可能减小荷载造成的猫道倾斜。

②将牵引系统设计成双线往复式，对称于猫道布置，调整牵引系统大小导轮组位置，使拽拉器与索股支承托滚保持同一竖直面。

③拽拉器与索股锚头之间采用刚性连接。

④主缆索股断面为正六边形，因此将托滚锥角设计成60°，牵引过程中索股贴靠边缘，可以保持一个面接触，以避免托滚形状造成的影响。

⑤在索股上安装鱼雷夹具，内为六边形断面，与索股的断面尺寸一致。鱼雷夹具每隔300 m安装一个，安排一名工人跟踪控制，防止发生扭转。

（4）避免索股产生鼓丝现象的措施。

①确定合理的整形入鞍工艺和顺序。

②索股牵引过程中，严密监控，杜绝局部钢丝受挂现象。

③确定适度的预提高量，减小或消除索股调整时产生的鼓丝。

④调整索股时，采用木槌在调整部位附近反复敲打，并用手拉葫芦适当上提索股，以减小鞍槽摩擦影响。

⑤对于锚跨，将锚跨鼓丝人工赶至边跨侧，远离散索鞍，便于后期恒载增加后，达到消除鼓丝的目的。

（5）保护索股表面的措施。

①选择恰当的托滚间距，适当加大托滚直径，对索股镀锌层有较好的保护。

②将握索器及夹具边角打磨成圆角，并增大握索器与主缆索股的接触面积，以降低对索股表面的损伤。

③防止钢绳与索股钢丝相摩擦造成镀锌层损伤。

④塔顶、锚碇门架处采用尼龙吊带吊挂索股整形入鞍，保护索股镀锌层。

⑤索股表面局部镀锌层出现损伤，立即按要求涂抹环氧富锌漆修复保护。

3. 索股调整（图 8.5.5）

主缆索股调整分为基准索股垂度调整和一般索股垂度调整两种。索股调整要求在风速较小、温度稳定的夜间进行。基准索股垂度调整方法是采用绝对高程法，一般索股垂度调整采用相对基准索股进行垂度调整。索股各跨垂度调整完成后，用拉伸器调整锚跨张力。当索股架设到一定数量后，为便于各索股的有序排列和保持其形状，应及时安装索股形状保持器。

图 8.5.5　索股调整

1）索股垂度调整顺序

在主缆的架设中，关键在于线形的调整控制，且主缆的线形又主要取决于基准索股的架设线形。在主缆架设时，有效的监测控制和精心施工是达到设计要求的重要环节。

索股调整的顺序为先中跨后边跨。基本方法是先将索股的特定标志点对准西塔主索鞍上相应的标志点，并用千斤顶和木楔固定；然后调整索股在东塔主索鞍中的位置，直至中跨垂度符合要求，固定后再调整两边跨的垂度，达到要求后，在散索鞍中固定；最后用千斤顶张拉调整两锚跨索股的张力。为了便于索股的调整，在制索时，在索股上对应于散索鞍处、边跨跨中、主索鞍处、中跨跨中设置了相应的标志点，作为索股垂度调整参考值，并用特定标记标好。主缆索股共设置了 9 个标志点，分别为散索鞍圆弧顶点、边跨跨中点、中跨跨中点、主索鞍圆弧顶点及两锚头附近的标志点。在调整索股垂度时，以西塔索鞍处标志点为基准进行调整。线形调整好后在索鞍口处用彩色油笔做好标志，方便后续索股架设前检查该索股是否有滑移。

2）基准索股垂度调整

（1）基准索股绝对垂度的监测。

基准索股垂度的监控就是对基准索股重要部位（中、边跨跨中）绝对垂度（标高）的测量，并与相应工况下监控计算的垂度值相比较，以控制和调整基准索股线形。基准索股的线形实质上就是以后主缆的线形，因为主缆中其他索股的线形，是根据基准索股的线形而进行相对控制的，因而基准索股的测量，应绝对可靠并满足设计精度的要求。同时应顾及温度变化的影响，温度的变化将对索股的长短有较大的影响，继而影响中跨跨中基准索股的绝对垂度。因此绝对垂度的测量，必须在夜间无风、温度变化较小的时间段内观测。

基准索股测量的方法是：南北两岸同时对同点进行单向三角高程测量，在数据处理时考虑当地大气折光系数改正和地球曲率的改正，最后采用改正后的垂直角计算待测点的高程。

对上部关键部位可采用单向三角高程中间法进行复核。

垂度测量要在夜间气温稳定时进行，一般要进行连续三天的稳定观测。

（2）基准索股垂度的调整。

基准索股的垂度测定与调整在夜间气温稳定且风速较小无雨无雾时进行。主缆架设前需根据大桥的地理环境和气候条件，经实测确定温度稳定基本条件和调整时段。一般情况下，在午夜十点以后至第二天凌晨六点前为最佳调整时段。索股调整的温度稳定条件为：长度方向索股的温差 $\Delta T \leqslant 2 \ ℃$，横断面方向的温差 $\Delta T \leqslant 1 \ ℃$。

利用两台全站仪分别从不同的方向同时观测，进行三角高程测量，在主缆中跨跨中，穿过猫道面层，悬挂全站仪反光棱镜，置全站仪于观测站控制点上，利用已知水准控制点，测出仪器高，根据竖直角测出跨中点水平距离、垂直距离，反算主缆跨中点高程。若水平距离有偏差，则在主缆前后移动棱镜，直至符合设计要求后，测量出索股跨中点垂度（注意进行地球气差改正），并与设计垂度进行比较。依据垂度调整图表，计算出索股需移动调整的长度，并进行温度、跨度修正。根据计算出的调整量，通过控制索股在鞍槽内的移动量来达到垂度调整的目的，直至中跨跨中点垂度符合设计要求后，在东塔主索鞍处将索股固定在鞍槽内，并做好索股固定标志，方便后续索股架设前检查该索股是否有滑移。

中跨跨中点垂度符合要求后，开始调整两边跨跨中垂度，两边跨跨中垂度调整方法同中跨，同样采用三角高程法测量调整垂度，直至边跨跨中垂度满足设计要求后，在散索鞍的鞍槽处将索股固定。

中跨、边跨索股垂度调整好后，进行锚跨索股张力调整。由测量组负责复核，使每根索股的张力控制在设计要求范围内并拧紧拉杆螺母固定。

在绝对垂度满足设计要求，同时进行上下游两根基准索相对垂度调整。其相对垂度差不大于 10 mm。

基准索股的垂度调整好后，应至少连续观测三个晚上，确认线形符合要求后，将连续三个晚上观测的数据经算术平均后作为基准索股的最终线形。

3）一般索股相对垂度的测量及调整

一般索股的调整方法是以基准索为参照，采用相对垂度调整法，其调整顺序与基准索的调整顺序相同。

一般索股的调整用卡尺测出待调整索与基准索股的相对垂度差，根据垂度差，计算索股在索鞍处的放松或收紧调整量，并经温度修整后，通过移动索股在鞍槽内的位置达到垂度调整的目的，直至相对垂度差与设计垂度差之间的误差≤5 mm 为止。至此即完成一般索股的调整。

为保证调整一般索股的精度时方便，在一般索股入鞍时，应将一般索股预抬高 200 mm 左右，使索股不致压在基准索股或已调好的索股上，影响索股的调整精度。

索股在猫道的托轮上，在提起入鞍前要对其进行编号工作，以便于晚上辨认。在索股正六边形的三个面上都编号，在测点 1 m 左右范围内各编一组，并缠上透明胶带，防止雨水侵蚀字迹。测点位置辨认索股时，在索鞍部位用木槌敲打所需要寻找编号的索股，在测量部位用手触摸，震颤的索股就是要寻找的索股。

索股在日间太阳照射升温后，发生线性伸长，索股数量较少时，索股间温差小，相互间的变形较小。当索股架设较多时，内外索股的温度变化不一致，日间在太阳的照射下，出现上层索股挤压下层索股的现象。当上层索股与其下层索股伸长量差达到一定量后，上下层索股将发生错位，导致上层索股与下层索股并层；当夜间温度下降时，外围索股温度回缩快，内部索股温度下降慢，造成内部索股挤压底层索股的现象。另外，大风的作用也可能造成已架设的索股相互绞结。因此对索股采取有效的措施保证其相对位置。措施如下：

（1）鞍处锚固：索股一旦调整完毕，即在索鞍处安放竖向千斤顶，通过设置在索鞍上的反力架对索股施加压力，来增大索股与索股、索股与鞍槽之间的摩阻力，从而达到锚固作用。

（2）设置线性保持器：在架设调整好 1~6 号索股后即可安装线性保持器，线性保持器有 V 形线性保持器和竖向分层插片保持器两种形式，分别用于不同索股的架设。索股第一节段，采用 V 形线性保持器，间距 159 m，索股架设第二阶段，7 号以后的索股用竖向分层插片保持器，间距和 V 形保持器相同位置设置。保持器用软质铁丝固定在主缆底部外围除 1 号基准索以外的其他索股上，但要保持基准索处于自由状态。

（3）捆绑定型：为更好保持线性，在线性保持器两侧以及保持器之间，采用直径为 2 cm 的麻绳捆绑。在夜间索股调整完毕后即对已调索股绑扎，在第二天调整后续索股时解开。

4. 索股温度的监测

由于主缆标高受温度的影响很大，精确的架设离不开准确的温度测量。在基准索股的施工过程中，需在沿跨度方向布置温度测点，以监控各点的温度，提供标高调整的控制数据。

在架设非基准索股施工时，必须考虑前后索股施工的温度差异的影响，因此需要测试索股不同断面、不同位置的索股温度。测点主要布置在散索附近、边跨跨中、塔顶、中跨跨中等共7个位置。

主缆线形的控制与调整是通过多方面的工作紧密结合在一起才能够顺利完成的，包括在主缆架设前对主塔的偏位、散索鞍主缆中心线的交点（中心点，又称 IP 点）的测量、三跨跨径的测量。采集完这些数据后对主缆基准索股线形及线形受温度及跨径变化的影响系数计算等。需要指出的是：当上下游两侧索股的弹性模量不同时，需计算出弹性模量对将来成桥线形的影响，以便在主缆线形调整时就将由于不同弹性模量所产生的影响考虑进去。这样就可以更进一步地保证成桥后钢箱梁桥面线形满足设计要求。

5. 紧缆施工（图 8.5.6）

悬索桥全部索股的垂度调整结束后，由于索股之间、索股内部都存在空隙，主缆表观直径比设计要求的直径大得多。为了能够顺利地进行索夹安装及缠丝作业，需要把主缆截面紧固为圆形，并达到设计要求的空隙率，因此必须使用专用的紧缆设备对主缆进行紧固。紧固后的主缆直径（索夹处）为 512.5 mm，索夹间为 518.9 mm。

图 8.5.6　紧缆施工

6. 主缆缠丝

主缆缠丝是用专用的缠丝设备以一定的张力使镀锌软钢丝密匝牢固地缠绕在主缆上的作业，用于保护主缆钢丝，保证涂装防护效果。

我国西南地区某桥主缆直径索夹内为 512.5 mm，索夹间为 518.9 mm，采用 4.1 mm 软质钢丝缠绕、涂装进行主缆防护。

7. 主缆涂装

（1）表面处理。
（2）主缆的涂装。
（3）主缆和索夹交接环缝的密封。
（4）索夹对接缝的密封。

（5）主缆鞍座的密封（主塔鞍座及散索股鞍座）。

（6）主塔鞍座外侧主缆（不规则段）防护。

在主塔鞍座的外部 3~4 m，因有大型索套封住，对主缆涂装的要求也有不同。通常这 3~4 m 的主缆是不需要缠丝保护的。针对此特殊部位，有专门的系统即锚室内主缆的保护涂装流程为：涂环氧磷酸锌底漆→涂环氧云铁底漆→批刮聚硫密封剂腻子→聚氨酯面漆。

（7）锚室内散索股钢丝缆绳的保护涂装。

这些散索股长期处于室内并且有抽湿机持续工作的保护，故在清洁完成之后，可以采用以下方式保护涂装：

① 主缆锚锭的密封保护涂装。
② 索夹螺栓与螺母结合的密封。
③ 索夹及索套钢结构表面的涂装。
④ 检修道立柱、锚头、支架等表面的涂装。
⑤ 检修道扶手钢丝绳、栏杆钢丝绳，吊索表面防护。
⑥ 防护层缺陷的预防和修补（见表 8.5.2）。

表 8.5.2　防护层缺陷分析

名称	现象	原因	处理
流挂	密封剂批刮表面流坠，油漆沿涂覆表面流淌的现象	1.涂层太厚；2.喷枪距涂覆表面太近；3.密封剂过稀	用腻刀清除流坠的密封剂；涂层未干时用刷子刷掉流挂的油漆，如油漆已干，则用砂纸将其砂掉再喷
腻子外流	在缠丝表面有自缠丝缝间溢出的不干腻子	不干腻子批刮过厚	用腻刀清除
干喷	油漆在到达涂覆表面前已交干，涂覆表面形成一层像砂纸一样粗糙的膜	1.喷枪距涂覆表面太远；2.雾化气量太大；3.风速太高	除掉干喷层，重新喷涂，同时调整好操作参数并注意环境条件
橘皮	涂覆表面形成类似橘皮的漆膜	1.油漆黏度太大；2.喷枪距涂覆表面太近；3.溶剂挥发太低；4.喷枪表面太热	涂层未干时用刷子刷掉橘皮，如涂层已干则用砂纸砂掉橘皮重喷
大龟裂	涂层表面上形成网状裂纹，形状类似干裂的泥地（多发生于快干型油漆）	1.涂层太厚；2.油漆过分雾化；3.涂覆表面太热	除掉龟裂的涂层，调整好操作参数，重喷
皱折	涂层表面呈现出类似皱纹一样的漆膜	1.涂层太厚；2.涂覆表面气温太高	铲除皱褶层重新喷涂
针孔	漆膜上出现小而深的肉眼可见的小孔，通常一簇一簇地出现	1.过高的雾化压力且喷枪距表面太近；2.油漆压力太大而雾化压力不足；3.油漆配方有误或被涂表面条件不合适	采用多次喷涂将针孔封闭或采用刷子用机械法进行修补
脱层	两层漆膜之间或作层与底材之间出现分离	1.涂覆下道油漆前上道涂层表面被污染；2.两层涂层之间的间隔时间太长	去掉分离层，重新进行处理和喷涂

【知识应用】

分组讨论主缆索股架设施工工艺，并进行阐述，评分标准见表 8.5.3。

表 8.5.3　评分标准

序号	实训内容	配分	评分标准	扣分	得分
1	点名，作业人数	10	小组点名，根据考勤情况打分。若缺勤，则得分为零		
2	分组讨论并阐述观点	90	观点阐述无误，得分为观点正确率×90分基础分，计算结果保留至小数点后两位		
	合计				

【综合评价】

综合评价见表 8.5.4。

表 8.5.4　综合评价

任务名称		班级	
课次		组别	

模块	评价内容	配分	得分
知识	主缆架设施工工艺	10	
	先导索架设工艺	10	
技能	准备工作	15	
	现场管理	15	
	管理文件编制	10	
素质	数据分析能力	5	
	信息检索能力	5	
	综合分析能力	5	
	学习态度	5	
	专注力	5	
	动手能力	5	
	团队合作参与度	5	
	职业素养	5	

本任务综合评分	
前任务综合评分	
同比增长幅度/%	
备注	

【知识拓展】

1. 悬索桥索股和锚头的制作与防护

1）基本要求

（1）索股和锚头钢材的化学成分和力学性能必须符合设计和有关技术规范的要求。

（2）索股的锚杯和锚板必须逐件进行无破损探伤检测，合格后方可使用。

（3）索股在成批生产前，必须按设计要求进行拉伸破坏试验，试验后锚头进行剖面检查，合格后方可生产。

（4）索股钢丝应梳理顺直平行，长度一致，无交叉、鼓丝、扭转现象，严禁弯折；绑扎带牢固，索股上的标志点应齐全、准确，防护符合设计要求。

（5）应对索股的上盘和放盘进行工艺试验。

（6）运输和存储过程中应保证索股不受损伤、污染和腐蚀。

2）实测项目

索股和锚头的制作与防护实测项目见表 8.5.5。

表 8.5.5　索股和锚头的制作与防护实测项目

项次	检查项目	规定值或允许偏差	检查方法和频率	权值
1	索股基准丝长度/mm	基准丝长/15 000	钢尺，测量每丝	3
2	成品索股测长精度/mm	索股长/10 000	钢尺，每件检查	2
3	热铸锚合金灌铸率/%	>92	量测计算，每件检查	2
4	锚头顶压索股外移量（按规定顶压力，持荷 5 min）/mm	符合设计要求	百分表，每件检查	2
5	索股轴线与锚头端面垂直度/(°)	±0.5	仪器量测，每件检查	2
6	锚头表面涂层厚度/μm	符合设计要求	测厚仪，每件检查	2

注：项次 4 外移量允许偏差应在扣除初始外移量之后进行测量。

3）外观鉴定

（1）缠包带完好，钢丝防护无损伤，表面洁净。不符合要求时扣 1~3 分。

（2）锚头表面平滑，涂层完好，无锈迹。不符合要求时扣 1~3 分。

2. 主缆架设

1）基本要求

（1）索股成品应有合格证，必须按设计和有关技术规范要求验收合格方可架设。

（2）索股入鞍、入锚位置必须符合设计要求，架设时严禁索股弯折，扭转和散开。

（3）索股锚固应与锚板正交，锚头锁定装置应牢固。

2）实测项目

主缆架设实测项目见表8.5.6。

表 8.5.6　主缆架设实测项目

项次	检查项目			规定值或允许偏差	检查方法和频率	权值
1	索股高程/mm	基准	中跨跨中	±L/20 000	全站仪，测量跨中	3
			边跨跨中	±L/10 000		
			上、下游高差	10		
		一般	相对于基准索股	0，15	全站仪或专用卡尺，测跨中	2
2	锚跨索股力偏差			符合设计要求	测力计，每索股检查	2
3	主缆空隙串/%			±2	量直径和周长后计算，测索夹处和两索夹间	2
4	主缆直径不圆度/%			2	紧缆后横竖直径之差，与设计直径相比，测两索夹间	1

注：L 为中跨跨径。

3）外观鉴定

（1）架设后索股钢丝平行顺直无鼓丝，不重叠。不符合要求时应处理，并扣1~3分。

（2）索股顺直，不交叉，否则应进行处理。如有扭转现象，每处扣3~5分。

（3）索股钢丝镀锌层保护完好，表面清净。不符合要求时扣1~3分。

3. 主缆防护

1）基本要求

（1）防护前必须清除主缆钢丝表面的灰尘、油污和水分，保持干燥、干净。涂膏应均匀地填满主缆外侧钢丝与缠丝之间的间隙，涂膏性能必须符合设计要求。

（2）缠丝前应对缠丝机进行标定。

（3）缠绕钢丝应嵌进索夹端部留出的凹槽内不少于3圈，绕丝端部必须牢固地嵌入索夹端部槽内并予焊接固定，不得松动。

（4）主缆防护的缆套安装，其各处密封性能必须良好。

2）实测项目

主缆防护实测项目见表8.5.7。

表 8.5.7　主缆防护实测项目

项次	检查项目	规定值或允许偏差	检查方法和频率	权值
1	缠丝间距/mm	1	插板，每两索夹间随机量测 1 m 长	2
2	缠丝张力/kN	±0.3	标定检测，每盘抽查 1 处	2
3	防护涂层厚度/μm	符合设计要求	测厚仪，每 200 m 测 1 点	3

3）外观鉴定

（1）缠丝腻子应填满，并去除残留在裹覆层处的多余涂膏。不符合要求时扣 1~3 分。

（2）缠丝不重叠交叉，不符合要求时应进行处理，并扣 1~3 分。

（3）涂层应平滑，无凹凸不平，无破损和气孔，无流挂和漏涂等现象，保护完好，不符合要求时扣 1~3 分。

任务六 索夹与吊索安装

【任务认知】

任务描述

悬索桥吊索是将加劲梁悬吊于主缆并将加劲梁的荷载（包括一、二期恒载、车辆荷载和风荷载等）传递到主缆的构件。索夹是连接吊索与主缆并将吊索索力传递到主缆的重要部件。

悬索桥主缆索夹采用销接式，通过高强螺杆相连。索夹采用铸钢铸造。

吊索与索夹采用销接式，吊索采用平行钢丝束，利用锚头上的叉形耳板与索夹下部的耳板销接。

课时计划

本任务课时分配见表 8.6.1。

表 8.6.1　课时分配

任务内容	参考课时		教学重点
	理论	合计	
索夹与吊索安装	3	3	索夹与吊索安装

【理论知识】

1. 索夹安装

1）索夹特点

索夹结构采用上下两半的形式，上下两半索夹用螺杆夹紧，接缝处用氯丁胶进行密封。索夹耳板孔眼采用与主缆中心线平行设计。

2）索夹放样

索夹的施工放样在悬索桥施工中是相当重要的一环。在施工过程中必须精确地放出各个索夹的位置。索夹位置容许偏差为 10 mm。

（1）准备工作。

主缆紧缆完成以后，根据实测出主缆的空缆线形，主、散索鞍间的实际里程以及跨径作为索夹施工放样的初始数据，监控单位计算各个索夹的坐标和吊索长度。

（2）现场实测。

索夹放样时，首先放出天顶线，而天顶线随温度的变化而变化，故索夹放样选择夜间气温相对稳定的时段进行。另外，索夹中心里程是根据特定的结构状态（如温度、跨径等）计算出来的。在实际操作时，结构的实际状态与计算采用的状态存在一定误差（但误差很小），因此在放样时，必须进行修正。

现场放样时，全站仪架设在塔顶中心点上，后视另一塔顶主鞍中心点（IP 点）或散索鞍中心点（IP 点），先在索夹位置放出主缆的天顶线，再采用测距法确定出吊索中心线与主缆的天顶线交点位置，同时采用量距的方法确定出索夹两边缘的位置，此外，为了便于索夹安装，在边缘线外 10 cm 的地方作上参考标志。

在索夹放样完成后，对所放点位进行检查。采用距离法，检验相邻两索夹的吊索中心线与天顶线的交点之间的距离是否与计算值相符。

3）索夹安装（图 8.6.1）

通过锚碇和主塔处的塔吊将索夹从地面垂直运输到塔顶或支墩顶。针对不同型号索夹尺寸、重量差异较大，安装过程中分别采取不同的方法。

图 8.6.1　索夹安装

① 在靠近塔柱或支墩的部分索夹可以通过塔吊辅助，直接进行定位安装。

② 其余各类索夹利用缆索吊进行运输，然后通过设置在缆索吊上的电动葫芦依次进行定位安装。

索夹安装时应仔细检查其编号，使索夹安装位置与编号对应。分别由塔顶向跨中和锚碇方向安装，如索夹位置有紧缆扁钢带，应予以拆除。

主缆索股受自重影响，横竖径不同，横径略大于竖径，索夹结构为上下两半，直接安装可能会因为横竖径不同而比较困难。如果出现上述问题，采用工装夹具对主缆两侧面施加一定的压力，使得主缆横径小于索夹内径 512 mm。具体施工中采取在辅助线外侧 20 cm 左右，分别安装两个工装夹具，用拉伸器或液压扭矩扳手等工具对其施加压力，从而减小横竖径差，直到索夹能正常顺利安装。

当主缆形状满足索夹安装要求后，用缆索吊或塔吊自塔顶向安装位置处吊运整个索夹，先将索夹放在猫道面上，拆分为上下两部分，利用起吊装置将上半索夹安装在主缆上方设计位置，再将下半索夹吊在主缆一侧，然后从主缆另外一侧放下吊绳并将其吊起至同一高度后与上半索夹合龙，穿好螺杆，人工预紧后，精调索夹位置，使用拉伸器对拉杆施加轴力，此时索夹两侧企口缝未咬合，轴力导入过程中应特别注意防止主缆索股钢丝夹进企口缝内。同时，应使索夹两半合缝均匀。当索夹螺杆张拉至企口缝咬合一部分，再次检查索夹位置，确认无误后，拉伸器导入轴力至预定值，并锁紧螺母。

4）螺杆紧固（图 8.6.2）

索夹螺杆紧固是分次完成的，存在预紧力过程损失问题，所以针对不同类型索夹的螺栓数量确定具体螺栓张拉顺序，其原则为：中间向两边对称进行。

5）索夹螺栓轴力导入（图 8.6.3）

在索夹安装时，进行第一次索夹螺栓轴力导入；第二次为钢桁梁吊装完毕时进行；第三次为桥面铺装及永久设施施工完毕时进行。由于相邻两次轴力的导入间隔时间过长，在间隔时间内，要随时监控、检查，发现轴力下降值超过设计值的30%时，应及时紧固螺栓，使轴力达到设计规定值，确保施工安全。

图 8.6.2　索夹紧固　　　　图 8.6.3　安装好的索夹

2. 吊索安装

吊索架设方法是先在猫道上铺设滚筒，在安装位置下放的猫道面层钢丝网开出工作口，用边吊缆将吊索吊放在猫道面层，再将吊索上端挂在边缆跑车上，用跑车牵引吊索在滚筒上移动至吊索下端到达安装位置，将吊索下端放下钢丝网工作口，跑车吊挂吊索上端退回安装位置，人工配合将吊杆从猫道开口缓慢放下直至由跑车吊挂自由下垂。调整跑车起重索将吊索上端处于安装位置，将吊杆上端销板插入索夹销夹板，插销固定即告完成。

吊索在起吊前应核对吊索编号和上下锚头的差别，安装过程中不得损伤吊索。

【知识应用】

分组讨论索夹与吊索安装施工工艺，并进行阐述，评分标准见表 8.6.2。

表 8.6.2　评分标准

序号	实训内容	配分	评分标准	扣分	得分
1	点名，作业人数	10	小组点名，根据考勤情况打分。若缺勤，则得分为零		
2	分组讨论并阐述观点	90	观点阐述无误，得分为观点正确率×90分基础分，计算结果保留至小数点后两位		
		合计			

【综合评价】

综合评价见表 8.6.3。

表 8.6.3　综合评价

任务名称		班级	
课次		组别	

模块	评价内容	配分	得分
知识	索夹与吊索安装施工工艺	10	
	索夹与吊索安装施工质量控制要点	10	
技能	准备工作	15	
	现场管理	15	
	管理文件编制	10	
素质	数据分析能力	5	
	信息检索能力	5	
	综合分析能力	5	
	学习态度	5	
	专注力	5	
	动手能力	5	
	团队合作参与度	5	
	职业素养	5	

本任务综合评分	
前任务综合评分	
同比增长幅度/%	
备注	

【知识拓展】

1. 悬索桥索夹制作与防护

1) 基本要求

（1）铸钢及螺杆材料的化学成分、力学性能必须符合设计和相关技术规范的要求。

（2）分批热处理的铸钢件和合金结构钢均必须按设计和相关技术规范的要求进行验收，验收结果必须合格。

（3）每一件加工成品（索夹和螺杆）都必须按设计要求和相关技术规范的规定进行无损探伤，检测结果须合格。每对索夹两半部分必须先进行试拼装，经过监理签发产品质量合格证后方可按编号包装运输到工地安装。运输和存放要按规定妥善保护好，不得使任何部件受到永久性损伤。

（4）每一半索夹如有超标缺陷应按设计要求进行修补，但修补点不允许超过 2 个，同一修补点不允许修补 2 次。要求做好修补记录备查。

（5）铸钢件加工面不得有气孔、砂眼、缩松等肉眼可见的缺陷，如检查发现，必须按设计要求修补。

（6）索夹与螺杆的螺母和垫圈的接触面，须与螺杆轴线相垂直，加工精度必须符合图纸要求。

（7）各表面防护处理应符合设计要求。

2) 实测项目

索夹制作与防护实测项目见表 8.6.4。

表 8.6.4　索夹制作与防护实测项目

项次	检查项目	规定值或允许偏差	检查方法和频率	权值
1	索夹内径偏差/mm	±2	量具，每件检查	1
2	耳板销孔位置偏差/mm	±1	量具，每件检查	2
3	耳板销孔内径偏差/mm	+1，-0	量具，每件检查	2
4	螺杆孔直线度/mm	≤L/500	量具，每件检查	2
5	壁厚/mm	符合设计要求	量具，每件检查	3
6	索夹内壁喷锌厚度/mm	不小于设计	测厚仪，每件检查	3

注：L 为螺杆孔深度。

3) 外观鉴定

（1）索夹内外表面防护涂层完好，如有局部破损或锈蚀应进行处理，每处扣 1~3 分。

（2）索夹螺杆丝口部分长度均匀，螺牙保护完好。不符合要求时扣 1~3 分。

2. 悬索桥吊索和锚头的制作与防护

1）基本要求

（1）吊索、锚杯铸钢、锌铜合金及耳板锻钢等材料的化学成分和各项力学性能必须符合设计和相关技术规范的要求。

（2）吊索锚杯和耳板必须逐件按设计要求进行无损探伤检测，检测结果须合格方可使用。

（3）吊索、耳板的防护应符合设计要求。

（4）必须按设计要求进行组装件拉伸破坏试验，试验结果符合要求后方可成批生产吊索和锚头。

（5）吊索和锚头的装配成品必须有经监理工程师签认的产品质量合格证才能绕盘包装运输到工地进行架设。运输和存储过程中应保证成品不受损伤。

（6）吊索的下料及长度标记，应在设计要求的拉力下测量，在锚头附近必须同时设置长度标志点和方向标志点。

2）实测项目

吊索和锚头制作与防护实测项目见表8.6.5。

表 8.6.5　吊索和锚头制作与防护实测项目

项次	检查项目		规定值或允许偏差	检查方法和频率	权值
1	吊索调整后长度（销孔之间）/mm	≤5 m	±1	尺量，检查每根	2
		>5 m	±L/5 000		
2	销轴直径偏差/mm		+0，−0.15	量具，检查每个	1
3	叉形耳板销孔位置偏差/mm		±5	量具，检查每个	1
4	热铸锚合金灌注率/%		>92	量具检测、计算，检查每个	2
5	锚头顶压后吊索外移量（按规定顶压力，持荷5 min）/mm		符合设计要求	量具，检查每个	2
6	吊索轴线与锚头端面垂直度/(°)		≤0.5	量具，检查每个	2
7	锚头喷锌厚度/μm		符合设计要求	测厚仪，检查每个	2

注：①项次5顶压外移量允许偏差应在扣除初始外移量之后进行量测。
　　②L 为吊索长度。

3）外观鉴定

（1）防护涂层表面光滑、连续、均匀、致密，无锈迹。不符合要求时扣1~2分。

（2）吊索护套质地紧密，无气泡，厚度均匀，色泽一致。不符合要求时扣1~3分。

3. 索夹和吊索安装

1）基本要求

（1）螺栓紧固设备应事先标定，按设计和有关技术规范要求分阶段检查螺杆中的拉力，并补紧。

（2）螺杆孔、上下索夹缝隙及其端部接合处和主缆缠丝处必须用合格的密封材料填实，确保螺杆被密封材料环绕并与主缆钢丝隔开。密封前螺杆孔里须清除水分，保持干燥。

（3）锚头锁定装置须牢固。

（4）工地涂装用防护材料必须符合设计和相关技术规范的要求，涂装前索夹和锚头表面应按设计要求进行处理，达到要求后方可进行涂装防护施工。

2）实测项目

索夹和吊索安装实测项目见表8.6.6。

表 8.6.6 索夹和吊索安装实测项目

项次	检查项目		规定值或允许偏差	检查方法和频率	权值
1	索夹偏位/mm	纵向	10	全站仪和钢尺，每个	2
		横向	3	全站仪，每个	2
2	上、下游吊点高差/mm		20	水准仪，每个	3
3	螺杆紧固力/kN		符合设计要求	压力表读数，每个	3

3）外观鉴定

（1）索夹密封良好，不符合要求时应进行处理，并扣1~3分。

（2）索夹螺栓端头长度均匀，螺牙保护完好，不符合要求时扣1~2分。

（3）吊索顺直无扭转现象，不符合要求时扣3~5分。

（4）吊索及索夹的防护完好，无划伤、擦痕、断裂、裂纹等缺陷，不符合要求时扣1~3分，必要时应修补。

任务七　缆索吊装系统

【任务认知】

任务描述

悬索桥的缆索吊装系统不同于拱桥施工时的缆索吊装系统，它是利用悬索桥的主塔作为缆索吊装系统的主塔，缆载吊机作为起重机械对主梁进行起吊、运输，其跨度和起吊重量都远远大于拱桥施工用的缆索吊装系统。

课时计划

本任务课时分配见表8.7.1。

表 8.7.1　课时分配

任务内容	参考课时		教学重点
	理论	合计	
缆索吊装系统	3	3	缆索吊装系统施工工艺

【理论知识】

1. 缆索吊装系统设计

我国西南地区某桥主跨为660 m的悬索桥，主缆的矢跨比为10∶1，主桥的加劲梁采用钢桁梁，梁高 5 m，宽 28 m。该桥的上构钢桁梁和桥面板的安装采用缆索吊装系统，根据吊装单元划分为3种吊装单元，最长节段为 B_1+B_1' 跨中段，长度为22.08 m，其他的吊装单元长度分别为 16.00 m 和 14.66 m，最大吊装节段质量为180 t。根据上述的参数设计本缆索吊装系统。

1）主承重索

主跨径为660 m，后锚端跨径为220 m，全桥设两组独立的主索系统，上下游各一组，每组主索系统由14根 $\phi52$ 的合成纤维芯钢丝绳，公称抗拉强度为1 870 MPa，工作垂度为 $L/15$（L 为跨径）。由于每组跑车是由两个独立的跑车组成，因此每一组主承重索由两个独立的循环索构成，即每7线组成一个循环索。

2）起重索

每组主索上布置1个吊点，总共设置2个吊点，采用 $\phi24$ 钢丝绳作起重索，每个吊点的起重钢丝绳走8线，公称抗拉强度为1 870 MPa，采用8 t起重卷扬机。

3）牵引索

牵引索采用3轮4线，采用 $\phi32$ 的钢丝绳，公称抗拉强度为1 870 MPa，牵引卷扬机设置在两岸的引桥尾部，每一岸每一组承重索对应2台18 t牵引卷扬机。

4）索鞍（图8.7.1）

每组索鞍由两个分离式索鞍组成，每个索鞍由辊轴、滑轮、纵向钢板、横向隔板组成，索鞍的辊轴和滑轮采用铸钢构件，其他的采用钢板焊接，索鞍安装在塔顶的型钢支架上。

图8.7.1　索鞍

5）起重吊架

起重吊架采用型钢进行焊接桁框架形式，框架的吊点通过吊带和横担直接吊在横梁的节点上，设计净吊重176 t。由于跨中节段和其他节段的长度不一样，中跨节段的吊点在纵向为16 m，其他为8 m，因此吊架按照16 m进行加工。中节段吊装完成后，直接截掉多余部分，用于中节段以外节段的吊装。

6）跑车（图8.7.2、图8.7.3）

由于单侧的主承重索为14线，因此跑车为14门跑车，由两个7门跑车组成，两列跑车受同一牵引索牵引，所以两列跑车的前进速度一致。由于每一列跑车对应的主承重索为单独的循环系统，承重索的垂度会存在一定的差异，但通过定滑轮下分配梁调节后，两列跑车受力均匀。

图8.7.2　跑车安装　　　　　　　图8.7.3　跑车

7）锚墩（图8.7.4）

主承重索的锚块直接安放在主缆锚碇的顶面，长5 m、高1.5 m的钢筋混凝土结构，在竖向用钢筋和锚碇相连，在锚固位置沿长度方向用预埋钢管形成孔道，将锚固连接装置直接用预应力钢绞线锚固在锚块的前锚面，再灌浆封闭孔道，主承重索的钢丝绳通过平衡轮与锚固装置连接。起重索和牵引索的卷扬机直接锚固在桥台位置预埋的锚环上，能够满足牵引和起重的需要。

图 8.7.4　锚墩

8）支索器

每组主缆上分别布置支索器，间距为 30 m，以支承起重索和牵引索，支索器之间采用 $\phi 11$ 的钢丝绳连接。

2. 缆索吊装系统的安装

由于主承重索单侧就有 14 线，跨度为（215+660+268）m，采用 $\phi 52$ 的钢丝绳。虽然采用循环主索，但为便于安装和运输，根据计算的长度将单侧的 14 根主承重索分解成 14 根独立的钢丝绳。主承重索运至工地后，利用架设猫道的先导索进行跨江架设，首先将一根主承重索的端头锚固在 X 岸锚墩的锚固装置上，通过先导索牵引跨过主塔顶上的索鞍至 J 岸锚块处，绕过转向平衡滑轮，再接长另外一根主承重索，将接长部分采用同样的办法牵引至 X 岸，绕过转向平衡滑轮，再接长主承重索牵引至 J 岸，如此循环，接长 7 根主承重索后锚固在 X 岸的锚墩上，这 7 根主承重索就形成一个循环索；对于单侧的 14 线主承重索由两个 7 线的循环索组成。当主承重索架设完成后，在塔底完成跑车与动滑轮之间的穿索连接，用塔吊将天车提起挂在主承重索上，将起重索通过塔顶索鞍的转向滑轮，牵引至起重卷扬机绕绳，另外一端的通过先导索牵引至另外一岸的卷扬机上绕绳，这样起重索架设完成。将跑车用先导索牵引靠近主塔横梁位置，将牵引 1 台牵引卷扬机的绳头通过索鞍位置的转向滑轮再绕过 1 台跑车（单侧由两个独立跑车组成）后的滑轮，返回穿过索鞍位置转向滑轮，继续牵引，绕过牵引卷扬机处的转向滑轮再返回到另外 1 台跑车尾部，再穿过这台跑车尾部的转向滑轮后回到另外的一台牵引卷扬机上绕绳，这时一岸单侧的牵引系统完成，同样的方法完成另外一侧。

用先导索牵引跑车，同时牵引卷扬机放绳，将跑车牵引至对岸，以同样的办法完成牵引索的安装。支索器和支索器连接钢丝绳的安装，在牵引系统的牵引下，跑车两岸往返一个来回后，就可安装完成，即跑车边移动边安装。缆索吊装系统如图 8.7.5 所示。

图 8.7.5　缆索吊装系统

3. 施工安全注意事项

（1）按时进入岗位，未经同意不得擅自离开工作岗位。

（2）施工操作人员在上班前不得饮酒。

（3）一切行动听指挥，严格遵守操作规程。

（4）指挥人员站位适当，发出的信号要明确、及时、无误。

（5）施工人员上班必须戴安全帽，不准穿硬底鞋，高空作业必须系安全带、安全绳。

（6）施工机具、螺栓及螺帽等应妥善放置，防止滑落伤人，严禁向下抛掷物体，严禁坠物伤人。

（7）停止作业时，所有吊装机具、设备应加强保护，起重绳、牵引绳等都应卡死固定，并去掉电源保险，恢复上班前进行全面检查。

（8）自然条件（如大雨、大风、大雾）的影响或夜间停止作业。

（9）指挥联络设施失灵或缺乏可靠的安全防护措施，发现吊装设备工作不正常等原因影响吊装作业，现场指挥应及时采取措施或暂停吊装作业，不得冒险施工。

（10）起重卷扬机位置搭设临时房屋，对卷扬机进行遮盖，防止因雨水造成漏电，危及人和设备安全。

【知识应用】

分组讨论悬索桥缆索吊装施工工艺，并进行阐述，评分标准见表 8.7.2。

表 8.7.2　评分标准

序号	实训内容	配分	评分标准	扣分	得分
1	点名，作业人数	10	小组点名，根据考勤情况打分。若缺勤，则得分为零		
2	分组讨论并阐述观点	90	观点阐述无误，得分为观点正确率×90分基础分，计算结果保留至小数点后两位		
		合计			

【综合评价】

综合评价见表 8.7.3。

表 8.7.3　综合评价

任务名称		班级	
课次		组别	

模块	评价内容	配分	得分
知识	悬索桥缆索吊装施工工艺	10	
	悬索桥缆索吊装施工安全管理要点	10	
技能	准备工作	15	
	现场管理	15	
	管理文件编制	10	
素质	数据分析能力	5	
	信息检索能力	5	
	综合分析能力	5	
	学习态度	5	
	专注力	5	
	动手能力	5	
	团队合作参与度	5	
	职业素养	5	

本任务综合评分	
前任务综合评分	
同比增长幅度/%	
备注	

任务八 钢桁梁安装

【任务认知】

任务描述

主梁采用钢桁加劲梁，由主桁、横梁、桥面板和上下平面纵向联系等组成。加劲梁通过吊索与主缆相连，吊索标准间距为 8 m，吊索锚于主桁上弦节点锚箱上。主梁桁高 5.5 m，桁宽 28.0 m。

钢桁梁有 3 个吊装节段，吊装节段长度分别为 14.66 m、16.00 m、22.08 m，全桥共 41 个吊装节段、最大吊装质量为 180 t。

由于工地场地限制，钢桁梁都是由各种节点板和杆件通过高强螺栓连接，各种杆件和节点板通过汽车运输至锚碇后的路基上临时集中堆放，拼装时用汽车进行二次转运至拼装场进行拼装。

钢桁梁的吊装方式采用缆索吊装。

课时计划

本任务课时分配见表 8.8.1。

表 8.8.1 课时分配

任务内容	参考课时		教学重点
	理论	合计	
钢桁梁安装	3	3	钢桁梁安装

【理论知识】

1. 场地布置

（1）拼装场。

两岸拼装场（图 8.8.1）均设置 4 个标准节段拼装台座，单个台座的平面面积为 15 m×30 m，占用路基长度为 120 m。场地平整完成后，经过场地碾压，根据杆件和节点板的位置，浇筑 30 cm 混凝土台座，减小拼装过程中台座的沉降。场内除了布置台座外，还设置了汽车运输通道，钢桁梁的杆件从堆放场到拼装场的运输均通过该通道进行。在拼装场内，单个拼装场安装 2 台 80 t 龙门吊和 2 台 5 t 龙门吊，跨径为 21 m，大门吊的净空高度为 15 m，小门吊的净空高度为 10 m。大门吊除了提升整个桁架节段移动外，还兼顾一个台座拼装过程中的杆件提升，小龙门吊只负责该台座杆件在拼装过程中的提升。

（2）杆件堆放场。

场地平整后用浆砌片石砌存放台座，支垫枕木将杆件架空。在场内设置运输通道，用 20 t 的汽车吊作为杆件存放工具。钢桁的构件根据构件编号分别堆放。为防止场内雨水淤积，场内设置排水沟，将雨水直接引至路基边沟内。

图 8.8.1　拼装场

2. 钢桁梁构件的检验

项目部派遣专业人士对钢桁梁的制造进行全过程监督，合格后方能运输至工地现场，在安装前，再次对构件的几何尺寸进行抽样复核。根据图纸提供的杆件和节点板的详细尺寸，根据《钢结构工程施工质量验收标准》(GB 50205—2020)，进行5%抽样检查。

3. 钢桁梁的拼装

1）拼装工具

施工工具主要包括手动扭矩扳手、电动扭矩扳手、普通扳手、门吊等。全桥准备采用8把电动扭力扳手和16把手动扭力扳手，普通扳手若干。普通扳手作为螺栓初拧工具，电动扭力扳手和手动扭力扳手作为螺栓的终拧工具。

2）拼装工具的标定

为了保证螺栓连接的精度，在进行螺栓的施工时，须对采用的设备进行标定，以满足设计要求。

3）高强螺栓

高强螺栓不同于普通螺栓，它是一种具备强大紧固能力的紧固件，其运输和保管的要求也比较高，根据其紧固原理，要求在出厂后至安装前的各个环节必须保持高强螺栓连接副的出厂状态，也即保持同批高强螺栓连接副的扭矩系数和标准偏差不变。

4）高强螺栓的连接

对于每一个连接接头，先用临时螺栓或冲钉定位，为防止损伤螺纹引起扭矩系数的变化，严禁把高强螺栓作为临时螺栓使用。对于一个接头来说，临时螺栓或冲钉的数量原则上应根据该接头可能承担的荷载计算确定。

高强螺栓的穿入，应在结构中心位置调整后进行，其穿入方向以施工方便为准，力求一致。安装时注意垫圈的正反面。连接用的高强螺栓不得兼作临时螺栓，以防止螺纹损伤和连接副表面状态改变，引起扭矩系数变化。安装高强螺栓时，构件的摩擦面应保持干燥，不得在雨中作业。

高强螺栓安装应能自由穿入孔，严禁强行穿入，如不能自由穿入，该孔应用铰刀进行修整，修整后孔的最大直径应小于 1.2 倍螺栓直径。修孔时，为防止铁屑落入板叠缝中，铰孔前应将四周螺栓孔全部拧紧，使板密贴后再进行，严禁气割扩孔。

采用扭矩法进行螺栓的施工连接。对于螺栓的连接，需要经过初拧和终拧两个阶段；对于螺栓多的大接头，在初拧完成后还需要进行复拧（复拧扭矩等于初拧扭矩），初拧的目的是使连接接触面密贴，螺栓"吃上劲"。对于部分桥采用的 M24 的高强螺栓，螺栓的轴力在 10 ~ 50 kN 即可。在实际操作中，让操作工使用普通扳手手动拧紧即可。

初拧（见图 8.8.2）、复拧及终拧的次序，一般都是从中间向两边或四周对称进行。初拧和终拧的螺栓都应作不同的标记，避免漏拧、超拧等不安全隐患，同时也便于检查人员检查紧固质量。初拧、复拧、终拧应在 24 h 内完成。

高强螺栓终拧完成后，采用"小锤敲击法"对螺栓（螺母处）逐个敲检，且对扭矩进行随机抽验。

图 8.8.2　高强螺栓初拧

5）钢桁梁的拼装

钢桁梁构件（或配件）由制造承包人运至工地临时堆放场进行堆放，经检验合格后，进行桁架拼装。用吊车将各种杆件、节点板按照拼装节段的需要进行分类装车，通过台座外侧的运输通道运到台座位置，用小龙门吊或者大门吊上的电动葫芦进行杆件的提升和安装。由于各种杆件都是采用钢板组拼的焊接构件，在运输过程中容易造成构件的变形，因此在运输过程中，需对构件进行临时绑扎和支垫，特别是构件端部的形状和尺寸，直接影响桁梁的拼装。

拼装的顺序为：下弦杆及下平联→腹杆→上弦杆及横梁→上平联。拼装时按照拼装台座上的标线将下弦节点板安放在指定的位置，调整到位后，两侧用螺栓固定，保持其平面位置，安装下弦杆件，下弦杆件拼装完成后拼装横梁的下弦，横梁下弦拼装后拼装主桁的下平联，这时桁架的底部框架形成稳定的平面桁架结构。在主桁的下弦和底平联拼装完成后，可以多点拼装主桁、横梁的斜杆和竖杆，再拼装主桁的上弦和横梁的上弦，最后拼装主桁的上平联。整个桁架拼装完成后，检查整个桁架外形及几何尺寸进行检验。钢桁架拼装场如图 8.8.3 所示。

图 8.8.3　钢桁架拼装场

4. 钢桁梁的吊装

由于缆索吊装系统的主承重索的间距不足 28 m，而钢桁梁在引道上进行拼装，为了顺利将已拼装好的钢桁梁节段运至主塔位置的悬吊工作平台上，因此钢桁梁按拼装方向旋转 90°进行拼装。用龙门吊将已拼装好的节段吊上运梁平车，通过轨道运输，经过锚碇进入引桥，在距主塔 30 m 位置，通过运梁平车上的液压旋转装置将钢桁梁节段旋转 90°至安装方向，再次启动运梁平车进入悬吊工作平台，进入吊装工作阶段。由于中节段长度为 19.08 m，比标准节段 14.0 m 长 5.08 m，即使旋转 90°，拼装后运输也无法通过吊装系统的主承重索的边跨索。因此，中节段在西岸主塔前面进行拼装，直接进行起吊安装。中节段钢桁梁塔前起吊如图 8.8.4 所示，中节段钢桁梁运输如图 8.8.5 所示。

图 8.8.4　中节段钢桁梁塔前起吊　　　　　图 8.8.5　中节段钢桁梁运输

吊装时先吊装跨中节段，再对称吊装两边的标准节段，当安装完标准节段后，拆除起吊平台，最后再安装端节段。根据节段的安装顺序来安排两岸拼装台座的拼装顺序。吊装时，将跑车移动到起吊平台的上方，缓缓放下吊架，将吊架的四个吊点扣在横梁节段的两根横梁沿桥轴线两侧的对称节点上，将扣点和主桁横梁的节点牢固地连接在一起，然后启动提升卷扬机。将钢桁梁提升到一定高度后，启动牵引卷扬机，将钢桁梁吊移到指定位置。到达安装位置后，利用冲钉将已安装节段上弦拼接板固定（可在后安装节段吊装前完成），然后将吊杆的锚头对准钢桁梁的锚箱，旋紧球形螺母，慢慢下放吊架，将钢桁梁所有的荷载交由吊杆承担。最后安装上平联，上下平联合龙处的杆件在两岸拼装成"十"字架，在钢桁梁节段吊装的间隙，堆放在已吊装完成的节段顶面的平台上，缩短上下平联安装时间。该节段吊装完成后，进行下一节段的吊装，吊装完后，安装竖向拉压盆式橡胶支座横向抗风支座，安装端节段，再安装阻尼器。中节段钢桁梁连接吊杆如图 8.8.6 所示。钢桁梁节段安装如图 8.8.7 所示。

主桁的下弦检查走道和钢桁梁节段安装同步进行。在主桁梁节段拼装时按照走道的位置将走道与主桁的下平联连接，吊装时和主桁节段一并吊装。

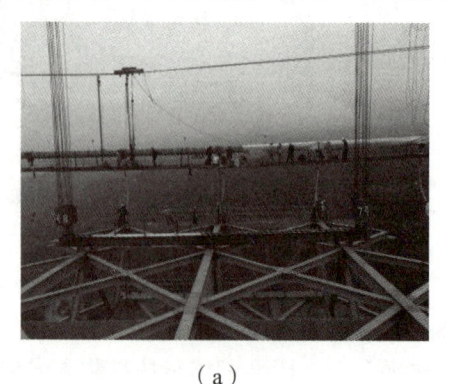

（a）　　　　　　　　　　　　　　（b）

图 8.8.6　中节段钢桁梁连接吊杆

5. 桥面板的吊装

由于桥面板是由单独的承包人进行焊接组装（图8.8.8），应根据吊装系统和运梁平车的特点，为其提供技术参数。承包人根据提供的资料和设计要求，进行分块焊接和吊点的布置，然后用缆索吊机将该桥面板吊运至相应的位置进行安装。

图 8.8.7　钢桁梁安装　　　　　图 8.8.8　桥面板焊接组装

根据施工设计图的要求，在钢桁梁拼装完成后，桥面板分别从1/4跨和3/4处分别向主塔和跨中进行安装。桥面板的运输、起吊、调位如图8.8.9～图8.8.11所示。桥面板安装完成后，按照二期恒载进行预压，根据预压的结果进行桥面的线形调整和钢桁梁节段拼装连接位置的下弦杆的安装。

图 8.8.9　桥面板运输　　　　　图 8.8.10　桥面板起吊

图 8.8.11　桥面板调位

283

6. 支座安装

全桥共设 4 个加劲梁纵向活动拉压支座，设于主桁架端竖杆正下方的索塔下横梁顶面。8 个抗风支座设置在 M3 桁架端节段的上下弦和Ⅱ类横梁的铰结位置，在主桁上、下弦杆的外侧各设一个横向抗风支座。全桥正交异性钢桥面板的纵梁下设 455 个盆式橡胶支座，盆式橡胶支座放置在主横桁架上横梁的上翼缘板上并与之固定。

支座安装的注意事项：

① 支座安装前，须对产品的规格尺寸、数量、外观进行认真检验，符合图纸要求后，方可按图纸要求的安装精度进行安装。

② 支座在运输、贮存、安装过程中须小心保护，以免有部件受到永久性损伤和缺失，不得任意拆卸。

③ 严禁与酸、碱、油类及有机溶剂等接触。

④ 安装支座时应保证其位置和高程准确，支座底基面平整清洁，保证支座安装后整个受压面上压力均匀。

⑤ 支座安装须在制造厂家的技术指导下进行。

⑥ 支座安装前用全站仪将支座安装的中心线和边缘线放出，并用墨线弹出，用水平仪测出各点高程，安装时根据测量数据精确安装，并符合设计及规范要求。

⑦ 钢桁梁的纵向活动拉压球形支座安装下盘锚固螺栓时，用环氧砂浆进行灌注，保证螺栓的锚固性能，底盘安装时，将底面清洗干净并干燥后，铺垫薄层环氧砂浆，下盘安装后，多余的环氧砂浆从周边挤出，保证支座底板与混凝土的紧密接触。

⑧ 抗风支座总成安装前，检查加劲梁上支座的安装位置与固定承力滑动面之间的距离是否符合图纸要求；如不符合，可通过改变底板的厚度来进行调整。

【知识应用】

分组讨论主梁吊装施工工艺，并进行阐述，评分标准见表 8.8.2。

表 8.8.2 评分标准

序号	实训内容	配分	评分标准	扣分	得分
1	点名，作业人数	10	小组点名，根据考勤情况打分。若缺勤，则得分为零		
2	分组讨论并阐述观点	90	观点阐述无误，得分为观点正确率×90 分基础分，计算结果保留至小数点后两位		
			合计		

【综合评价】

综合评价见表 8.8.3。

表 8.8.3　综合评价

任务名称		班级	
课次		组别	

模块	评价内容	配分	得分
知识	主梁的拼装	10	
	主梁的吊装	10	
技能	准备工作	15	
	现场管理	15	
	管理文件编制	10	
素质	数据分析能力	5	
	信息检索能力	5	
	综合分析能力	5	
	学习态度	5	
	专注力	5	
	动手能力	5	
	团队合作参与度	5	
	职业素养	5	

本任务综合评分	
前任务综合评分	
同比增长幅度/%	
备注	

【知识拓展】

1. 悬索桥钢加劲梁梁段制作

1）基本要求

（1）钢梁（梁段）采用的钢材和焊接材料的品种规格、化学成分及力学性能必须符合设计和相关技术规范的要求，具有完整的出厂质量合格证明，并经制作厂家和监理工程师复检合格后方可使用。

（2）钢梁（梁段）元件、临时吊点和养护车轨道吊点等的加工尺寸和钢梁（梁段）预拼装精度应符合设计和相关技术规范的要求,并经监理工程师分阶段检查验收签字认可后,方可进行下一道工序。

(3)钢梁(梁段)制作前必须进行焊接工艺评定试验,评定结果应符合技术规范的要求并经监理工程师签字认可,制定实施性焊接施工工艺。施焊人员必须具有相应的焊接资格证和上岗证。

(4)同一部位的焊缝返修不能超过两次,返修后的焊缝应按原质量标准进行复验,并且合格。

(5)高强螺栓连接摩擦面的抗滑移系数应进行检验,检验结果须符合设计要求。

(6)钢梁梁段必须进行试组装,并按设计和有关技术规范要求进行验收。工地安装施工人员应参加试组装及验收。验收合格后填发梁段产品合格证,方可出厂安装。

(7)钢梁(梁段)元件和钢梁(梁段)的存放,应防止变形、碰撞损伤和损坏漆面,不得采用变形元件。

(8)排水设施、灯座、护栏、路缘石、栏杆柱预埋件和剪力键等均应按设计图纸安装完成,无遗漏且位置准确。

2)实测项目

钢桁节船制作实测项目见表8.8.4。

表8.8.4 钢桁节船制作实测项目

项次	检查项目		规定值或允许偏差	检查方法和频率	权值
1	节段长度/mm		±5	尺量,每节段检查4~6处	2
2	节段高度/mm		±2	尺量,每节段检查4处	2
3	节段宽度/mm		±3	尺量,每节段检查4处	2
4	节间长度/mm		±2	尺量,检查每个节间	1
	对角线长度/mm		±3		
5	桁片平面度/mm		3	拉线测量,每节段检查1处	1
6	拱度/mm		±3	拉线测量,每节段检查1处	1
7	连接	焊缝尺寸	符合设计要求	量规,检查全部	2
		焊缝探伤		超声,检查全部;射线,按设计规定,设计无规定时按10%抽查	3
		高强螺栓扭矩	±100%	测力扳手,检查5%,且不少于2个	

3)外观鉴定

(1)钢箱梁内外表面不得有凹陷、划痕、焊疤、电弧擦伤等缺陷,外露边缘应无毛刺。不符合要求时,每处扣0.5~1分,并应修整。

(2)焊缝均应平滑,无裂纹、未溶合、夹渣、未填满弧坑、焊瘤等外观缺陷,预焊件的装焊符合设计要求。发现不合格时,每处扣0.5~2分,并须处理。

2. 悬索桥钢加劲梁安装

1）基本要求

（1）所使用的焊接材料和紧固件必须符合设计和技术规范的要求。

（2）应按设计规定的程序进行安装。

（3）工地安装焊缝应事先进行焊接工艺评定试验，施焊应按监理工程师批准的焊接工艺方案进行。施焊人员必须具有相应的焊接资格证和上岗证。

（4）按设计和相关技术规范要求进行焊缝探伤检验，检验结果应合格。同一部位的焊缝返修不能超过两次，返修后的焊缝应按原质量标准进行复验，并且合格。

（5）高强螺栓连接摩擦面的抗滑移系数应对随梁发送的试板进行检验，检验结果须符合设计要求。

（6）钢梁运输、吊装过程中应采取可靠措施防止构件变形、碰撞或损坏漆面，严禁在工地安装具有变形构件的钢梁。

并须按设计规定的阶段，将主索鞍顶推至规定位置。

2）实测项目

钢加劲梁安装实测项目见表 8.8.5。

表 8.8.5　钢加劲梁安装实测项目

项次	检查项目		规定值或允许偏差	检查方法和频率	权值
1	吊点偏位/mm		20	全站仪，检查每吊点	1
2	同一梁段两侧对称吊点处梁顶高差/mm		20	水准仪，检查每吊点处	1
3	相邻节段匹配高差/mm		2	尺量，每段	2
4	连接	焊缝尺寸	符合设计要求	量规，检查全部	2
		焊缝探伤		超声，检查全部；射线，按设计规定，设计无规定时按10%抽查	3
		高强螺栓扭矩	±10%	测力扳手，检查5%，且不少于2个	

3）外观鉴定

（1）线形平顺，无明显折变，不符合要求时扣 1~3 分。

（2）焊缝均应平滑，无裂纹、未溶合、夹渣、未填满弧坑、焊瘤等外观缺陷。发现不合格时，每处扣 0.5~2 分，并须处理。

3. 斜拉桥、悬索桥的支座安装

1）基本要求

（1）支座的材料、规格和质量必须满足设计和相关技术规范的要求，支座垫石应检验合格。

（2）支座成品必须有产品合格证。

（3）支座成品必须按设计和相关技术规范的规定进行试验和检测，其结果必须满足要求。

（4）支座底板调平砂浆性能应符合设计要求，灌注密实，不得留有空洞。

（5）当安装时温度与设计要求不同时，应通过计算设置支座顺桥向预偏量。

（6）支座不得发生偏歪、不均匀受力和脱空现象。滑动面上的四氟滑板和不锈钢板不得刮伤，安装前必须涂上硅脂油。

2）实测项目

斜拉桥、悬索桥的支座安装实测项目见表8.8.6。

表8.8.6 斜拉桥、悬索桥的支座安装实测项目

项次	检查项目	规定值或允许偏差	检查方法和频率	权值
1	竖向支座的纵、横向偏位/mm	5	经纬仪，每支座测量	3
2	支座标高/mm	±10	水准仪，每支座测量	3
3	竖向支座垫石钢板水平度/mm	2	水平仪、钢尺，每支座测量	2
4	竖向支座滑板中线与桥轴线平行度	1/1 000	全站仪或经纬仪，每支座测量	2
5	横向抗风支座支挡垂直度/mm	≤1	水平仪、钢尺，每支座测量	2
6	横向抗风支座支挡表面平行度/mm	≤1	水平仪、钢尺，每支座测量	2
7	支挡表面与横向抗风支座表面间距/mm		卡尺，每支座测量	2

3）外观鉴定

（1）支座安装后应及时清理杂物，去除污物。不符合要求时扣3~5分。

（2）做好防护，防止灰尘和有害物质等进入。不符合要求时扣1~3分。

（3）漆膜如有损伤，应进行处理，并扣1~3分。

桥梁见证历史

泸定桥（图8.8.12）位于中国四川省甘孜藏族自治州泸定县泸桥镇境内，是一座跨越大渡河的铁索桥。泸定桥始建于清康熙四十四年（1705年），于清康熙四十五年（1706年）四月建成。泸定桥净跨100 m，净宽2.8 m，有13根锁链，是全国重点文物保护单位。因1935年中国工农红军长征途中英勇夺取此桥强渡大渡河而闻名。

泸定桥的修建和保留下来的历史意义，不仅在于它是一座重要的交通设施，更在于它见证了中国历史上的重要时刻，承载了中国工农红军长征的重要记忆。

图 8.8.12　泸定桥

项目九　BIM 技术应用

> **学习导航**

BIM 建模是将桥梁模型在计算机里实体化。BIM 的应用必定在桥梁施工中发挥越来越重要的作用。

> **知识目标**

（1）掌握桩基 BIM 建模基本方法。
（2）掌握承台 BIM 建模基本方法。
（3）掌握桥墩 BIM 建模基本方法。
（4）掌握箱梁 BIM 建模基本方法。

> **能力目标**

能够熟练地识读梁式桥各构件的结构图与钢筋图纸，并对各构件进行 BIM 建模。

> **素养目标**

（1）培养学生对 BIM 建模的学习兴趣。
（2）培养学生的团结协作精神，可以互相帮助、共同学习、共同达成目标。
（3）培养学生的吃苦耐劳精神，以及勇于开拓、积极进取的精神。

任务一　桩基 BIM 建模

【任务认知】

任务描述

桩基建模的软件和方法有很多种，本次采用 Autodesk Revit 建一个参数化族的方式来建模。

课时计划

本任务课时分配见表 9.1.1。

桩基识图与 BIM 建模

表 9.1.1　课时分配

任务内容	参考课时 理论	参考课时 实践	参考课时 合计	教学重点
桩基 BIM 建模	1	1	2	族参数设置

【理论知识】

当用 Autodesk Revit 进行路桥方向 BIM 建模时，通常需要将各个构件创建为族，最后将各个族载入项目文件中进行组装。下面就以"公制常规模型"族的下部结构为例进行 BIM 建模演示。

首先进入 Autodesk Revit 软件，选择新建族，如图 9.1.1 所示。

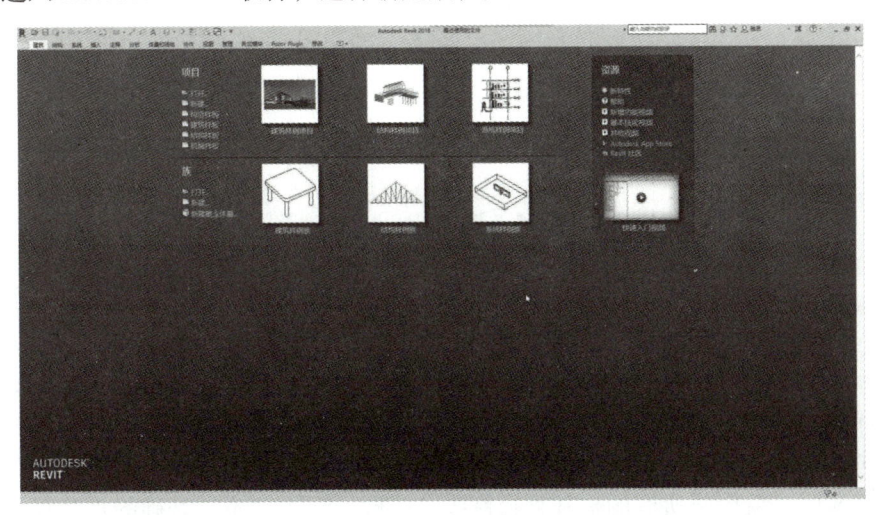

图 9.1.1　Autodesk Revit 初始界面

进入"新族-选择样本文件"界面，选择创建"公制常规模型"，如图 9.1.2 所示。

图 9.1.2　"新族-选择样本文件"界面

在选择好族样板之后，就可以进行模型（桩基）的创建。在整个桥梁中，由于不同基础的桩长和桩径都会发生变化，为了提高工作效率通常会通过参数化建模的思想进行建模，即通过参数的变化来控制结构尺寸的变化。参数化建模的重要思想就是通过对参照平面进行参数化约束，再将需要的图元锁定在参照平面上，通过参照平面的变化来驱动图元的变化。下面通过简单的桩基参数化建模进行初步的学习。

（1）根据桩基轮廓形状在参照标高上创建一个任意直径大小的圆形参照线。参照线的创建可以通过操作窗口上方的选项卡，依次点击"创建"和"参照线"。创建好参照平面之后进行尺寸标注，标注出该参照平面的直径，如图 9.1.3 所示。

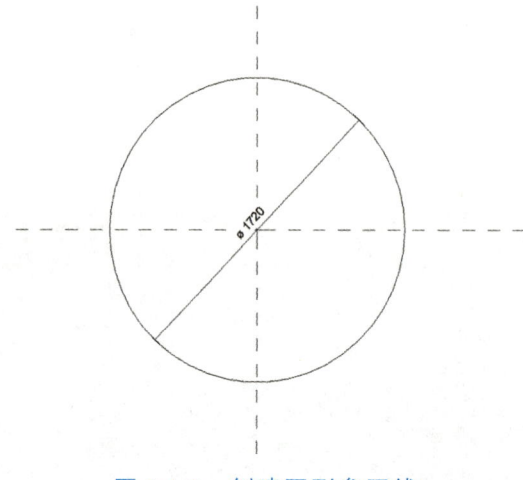

图 9.1.3　创建圆形参照线

（2）标注尺寸，创建一个实例参数，并将该参数命名为"桩径"，如图 9.1.4 所示。类型参数是对同类型下个体之间共同的所有东西进行定义，实例参数是对实例与实例之间所有不同的东西进行定义。举个例子：如果将桩径定义为类型参数，那将这个族载入项目中对这个参数进行修改时，就会将所有的桩基直径修改。一般情况下，不同基础的桩基直径是不一样的，因此就需要将参数定义为实例参数。这样，在修改参数之后，只会对目前编辑的这一个桩基进行修改而不会影响其他的桩基参数。

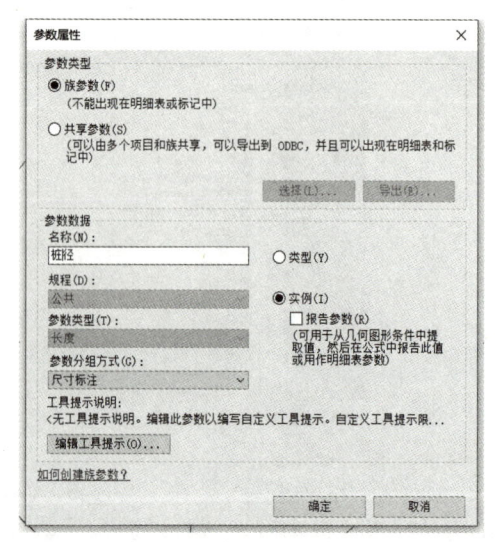

图 9.1.4　创建参数

（3）将图元锁定在参照线上，也就是将桩基轮廓锁定在参照线上。首先创建一个"拉伸"，拉伸的轮廓为一个圆形。然后将此轮廓通过对齐命令锁定在第一步创建的参照线上。如图9.1.5、图9.1.6所示。最后在属性选项卡里面定义拉伸的起终点，也就是桩长。此处先定义桩长为6 000 mm，之后再进行桩长参数的定义，如图9.1.7所示。

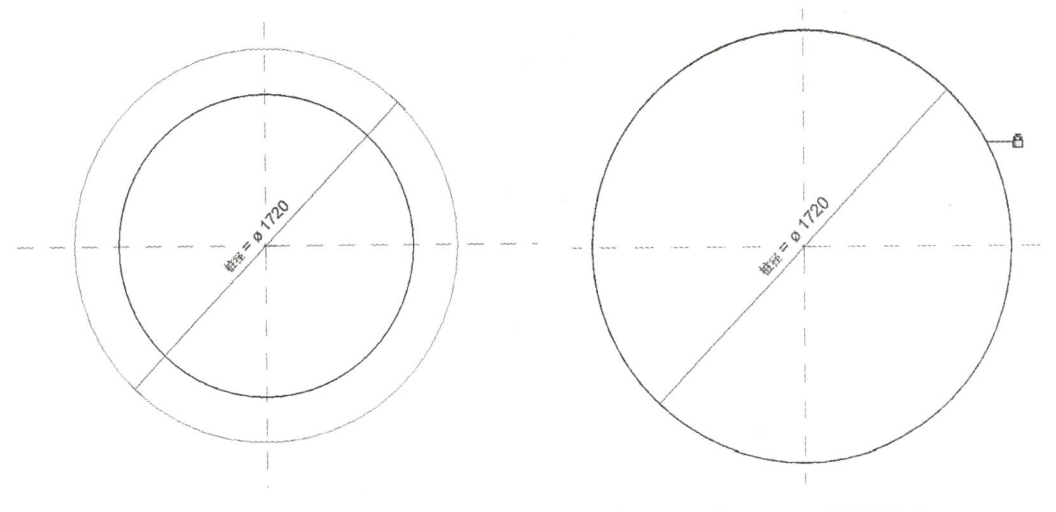

图 9.1.5　创建拉伸轮廓　　　　　　　图 9.1.6　图元锁定

图 9.1.7　定义拉伸起终点

（4）在项目浏览器中，将视图切换到前立面，创建一个参照平面，并按照第一步的方法创建一个名为"桩长"的实例参数，并将创建的拉伸锁定在参照平面上。此时创建的桩基如图 9.1.8 所示。

（5）在属性选项卡里面选择族类型，就可以看到创建的"桩径"与"桩长"两个参数，此时修改参数的值就可以任意更改此桩基的尺寸，如图 9.1.9 所示。

图 9.1.8　桩基模型

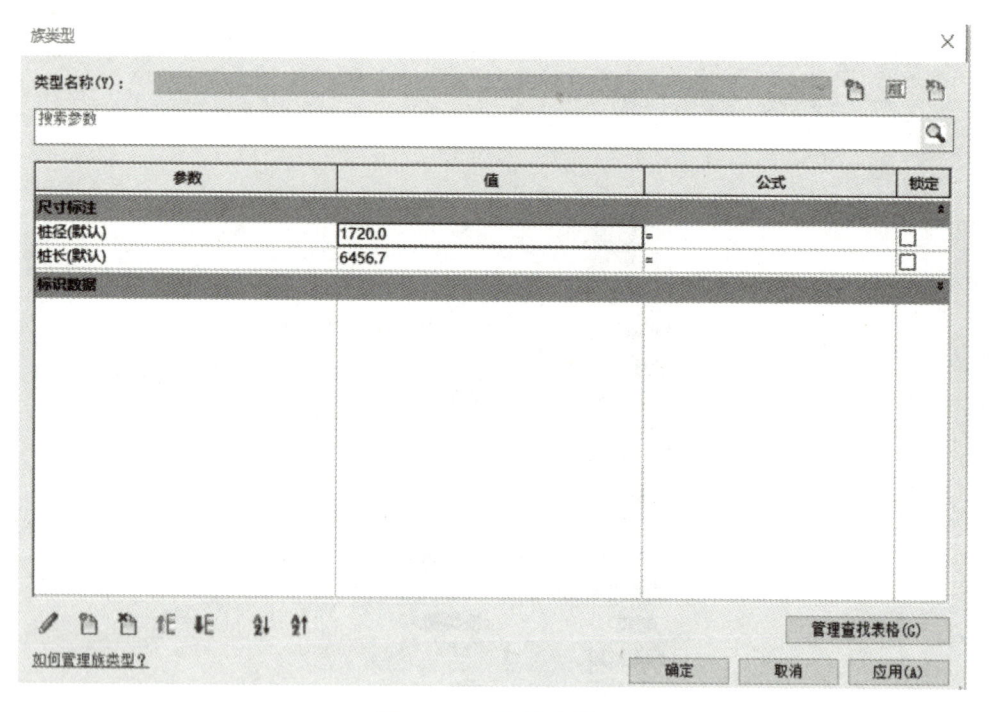

图 9.1.9　桩基参数

【知识应用】

分组选择不同的桩基的图纸进行建模，并进行阐述，评分标准见表 9.1.2。

【综合评价】

综合评价见表 9.1.3。

表 9.1.2　评分标准

序号	实训内容	配分	评分标准	扣分	得分
1	点名，作业人数	10	小组点名，根据考勤情况打分。若缺勤，则得分为零		
2	建模	90	能说出建模技术路线		
			合计		

表 9.1.3　综合评价

任务名称		班级	
课次		组别	

模块	评价内容	配分	得分
知识	族的概念	10	
	建参数化族的方法	10	
技能	准备工作	15	
	能建参数化族	15	
	能根据设计图纸输入族参数	10	
素质	数据分析能力	5	
	信息检索能力	5	
	综合分析能力	5	
	学习态度	5	
	专注力	5	
	动手能力	5	
	团队合作参与度	5	
	职业素养	5	

本任务综合评分	
前任务综合评分	
同比增长幅度/%	
备注	

【知识拓展】

在 Autodesk Revit 中，"族"是一个核心概念，它是构成项目模型的基本构建块。族是一种定义了某些特定类型建筑构件的模板，这些构件可以是三维的（如门、窗、家具等），也可以是二维的（如标记符号、注释元素等）。族文件包含了构成该类型构件的所有图形表示和相关的参数信息，允许用户通过调整参数来创建该族的不同变体，即族类型，而无须重新建模。

Autodesk Revit 中的族大致可以分为三种类型：

（1）系统族：这些族是 Autodesk Revit 软件预定义好的，直接嵌入到项目环境中的，不能作为外部文件单独存在。用户可以在项目中创建和修改系统族的实例，但不能将它们保存到硬盘上作为独立文件再次载入。常见的系统族包括墙、楼板、屋顶、楼梯等。

（2）可载入族：这类族是可以独立创建、编辑并在多个项目之间共享的外部文件（通常为.rfa 格式）。用户可以根据需要设计可载入族，包含详细的参数和几何形状，然后将其载入到项目中使用。可载入族灵活性高，广泛应用于门、窗、家具、设备等各种建筑元素。

（3）内建族：内建族是在项目中直接创建和使用的族，主要用于一次性或特定位置的定制构件，不需要重复使用或在其他项目中共享。它们不像可载入族那样可以保存为外部文件，但提供了现场快速创建独特元素的能力，如特殊的装饰品或构造细节。

族的参数化特性是 Autodesk Revit 的强大之处，它允许通过修改参数来驱动模型的变化，从而高效地适应设计需求的变化，同时保持设计的一致性和准确性。设计者可以利用族编辑器来创建和定制族，为建筑、结构和 MEP（机械、电气、管道）设计提供丰富的元素库。

任务二　承台 BIM 建模

【任务认知】

任务描述

承台建模的软件和方法有很多种，本次利用 Autodesk Revit 建一个参数化族的方式来建模。

课时计划

本任务课时分配见表 9.2.1。

表 9.2.1　课时分配

任务内容	参考课时			教学重点
	理论	实践	合计	
承台 BIM 建模	1	1	2	族参数设置

【理论知识】

新建一个公制常规模型的族样板，之后的建模步骤与桩基建模步骤基本相同。

（1）创建根据承台的截面尺寸创建参照平面，并进行两个方向上的尺寸标注以及 EQ 对称标注。之后便将两个方向的尺寸分别定义为"顺桥向承台宽度"与"横桥向承台长度"两个实例参数，如图 9.2.1 所示。

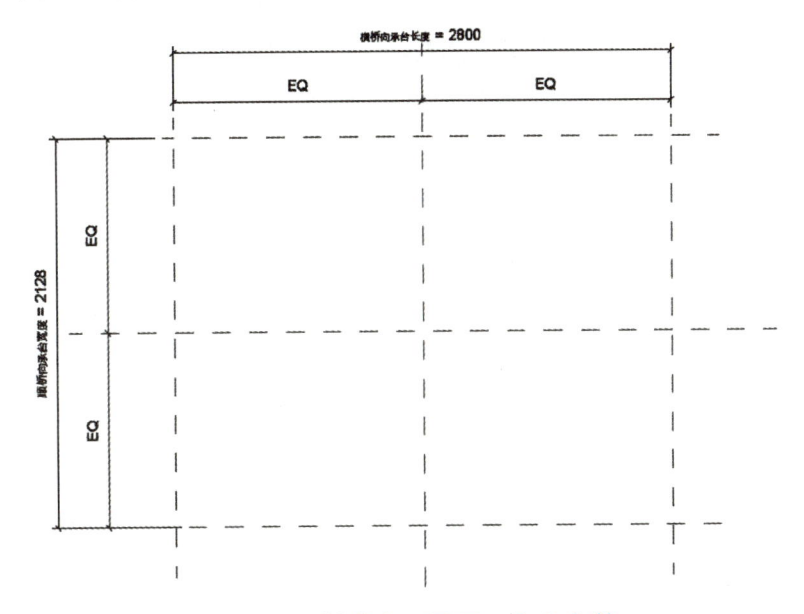

图 9.2.1　创建参照平面及定义参数

（2）创建一个拉伸，并将图元锁定在参照平面上。首先创建一个矩形截面的拉伸轮廓，并将矩形的四条边全部锁定在参照平面上，如图 9.2.2 所示。

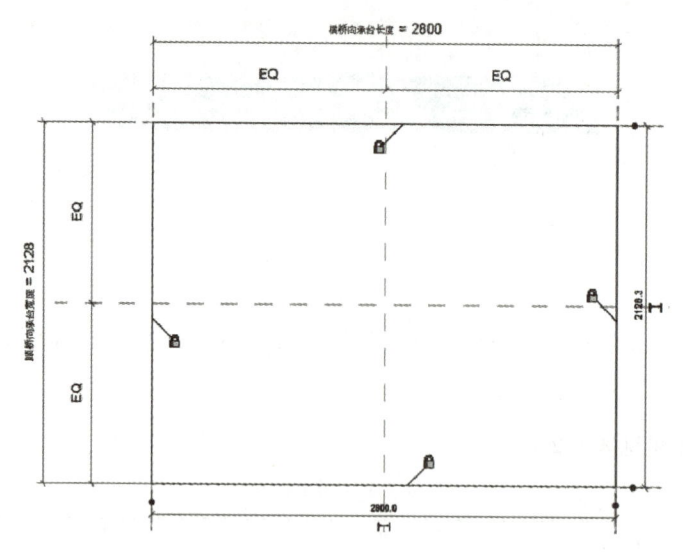

图 9.2.2　锁定图元

（3）图元锁定之后定义拉伸的起终点，最后在项目浏览器中进行到前里面，创建一个参照平面，并按照第一步的方法创建一个名为"承台高度"的实例参数，并将创建的拉伸锁定在参照平面上。此时，创建的承台如图 9.2.3 所示。同样地，在属性选项卡里面选择族类型，就可以看到创建的"承台高度""横桥向承台长度""顺桥向承台宽度"三个参数，此时修改参数的值就可以任意更改此承台的尺寸，如图 9.2.4 所示。

图 9.2.3　承台

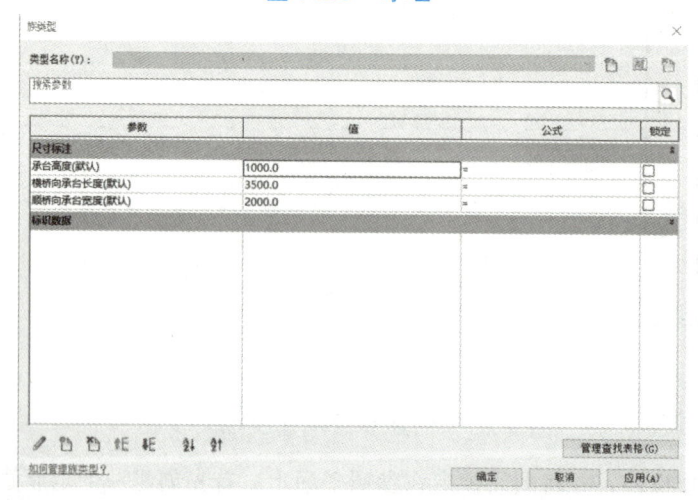

图 9.2.4　承台参数

298

【知识应用】

分组选择不同的承台的图纸进行建模，并进行阐述，评分标准见表9.2.2。

表9.2.2　评分标准

序号	实训内容	配分	评分标准	扣分	得分
1	点名，作业人数	10	小组点名，根据考勤情况打分。若缺勤，则得分为零		
2	建模	90	能说出建模技术路线		
		合计			

【综合评价】

综合评价见表9.2.3。

表9.2.3　综合评价

任务名称		班级	
课次		组别	

模块	评价内容	配分	得分
知识	创建参照平面	10	
	拉伸命令的使用	10	
技能	准备工作	15	
	能建参数化族	15	
	能根据设计图纸输入族参数	10	
素质	数据分析能力	5	
	信息检索能力	5	
	综合分析能力	5	
	学习态度	5	
	专注力	5	
	动手能力	5	
	团队合作参与度	5	
	职业素养	5	

本任务综合评分	
前任务综合评分	
同比增长幅度/%	
备注	

【知识拓展】

在 Autodesk Revit 中,"拉伸"和"放样"是两种基本的三维建模工具,它们在创建模型元素时有着不同的应用和特点。

1. 拉伸

(1)定义:拉伸是最基本的三维建模命令之一,它通过沿一个方向(通常是垂直于草图平面的方向)拉伸一个二维轮廓(或称为截面)来创建三维实体。这个轮廓可以是任何闭合的二维形状。

(2)特点:拉伸操作简单直观,适用于创建如墙体、柱子、梁等直边的、简单的三维对象。用户可以指定拉伸的高度或深度,也可以设置为直到下一个图元为止。

(3)参数:主要参数包括拉伸的方向和距离,以及是否创建实心形状。

2. 放样

(1)定义:放样是将一个二维轮廓(称为截面)沿着一个路径(Path)移动,生成复杂的三维形状。这个路径可以是直线、曲线或多段线,而且轮廓可以随着路径的变化而变化,增加了形状的多样性。

(2)特点:相较于拉伸,放样能够创建更多样化的形状,适用于制作如管道、栏杆、异形柱等具有复杂轮廓变化的元素。放样中的截面可以在路径上保持不变,也可以沿路径变化(使用多个轮廓或轮廓的变形控制)。

(3)参数:关键参数包括截面轮廓和放样路径,以及两者之间的关联方式(如是否保持垂直、平行等)。还可以控制轮廓是否随路径变形。

(4)放样融合:虽然原始查询没有直接提到"放样融合",但根据之前的信息,放样融合是对放样命令的一个特定应用或变体,它允许用户通过融合两个或多个截面沿同一或不同路径放样来创建更复杂的形状。这种操作可能要求路径为单一连续的线条,而不是多段线。

任务三　桥墩 BIM 建模

【任务认知】

任务描述

桥墩建模的软件和方法有很多种，本次采用 Autodesk Revit 建一个参数化族的方式来建模。

课时计划

本任务课时分配见表 9.3.1。

表 9.3.1　课时分配

任务内容	参考课时			教学重点
	理论	实践	合计	
桥墩 BIM 建模	1	1	2	族参数设置

【理论知识】

本任务以某桥墩为例（图 9.3.1），进行 BIM 建模演示。该桥墩为空心墩，可以将该桥墩划分为 3 个节段进行建模，即底部实心段、中部薄壁空心段、顶部实心段。建模自下而上，首先对底部空心段进行建模。

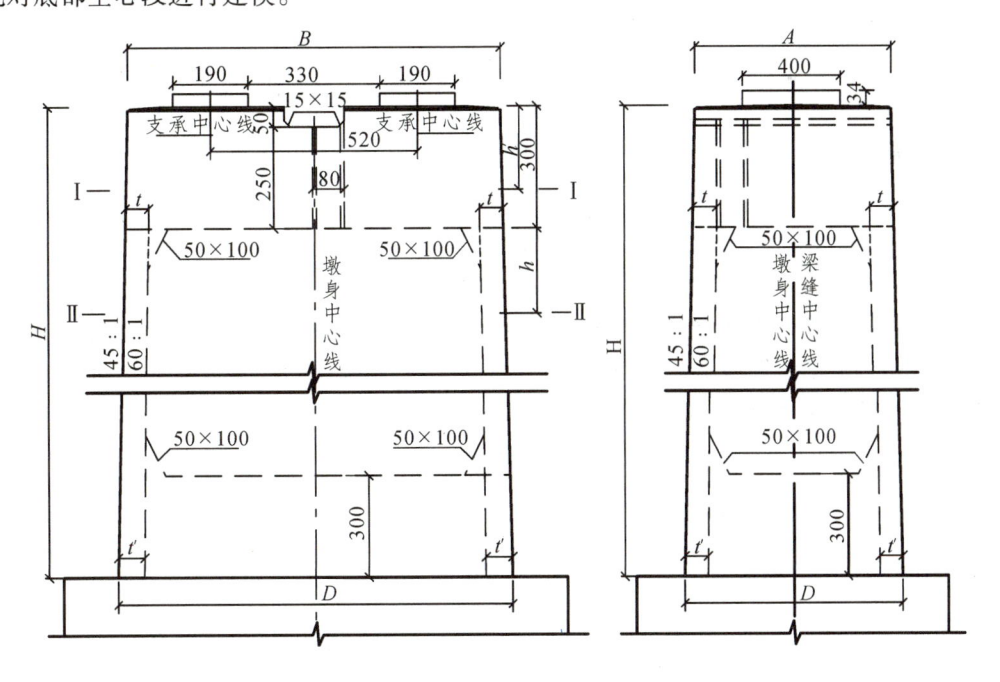

（a）正面　　　　（b）侧面

图 9.3.1　空心墩总体构造

新建好公制常规模型族样板之后，首先创建一个"放样融合"，在前立面中绘制一个长度为 400 cm 的放样融合路径，如图 9.3.2 所示。

图 9.3.2　绘制放样融合路径

之后依次在参照平面中绘制底部实心段底部轮廓与顶部轮廓，底部轮廓尺寸为 H=75 m、A=680 cm、B=1 120 cm、t=70 cm、t'=108.3 cm、C=1 013.3 cm、D=1 453.3 cm。顶部轮廓截面尺寸见图 9.3.1。其中，h=7 500-300-400 cm，顺桥向宽度为 $A+(h+300)/22.5$=995.6 cm，横桥向宽度为 $B+(H+300)/22.5$=1 448.9 cm。底部轮廓与顶部轮廓如图 9.3.3、图 9.3.4 所示。

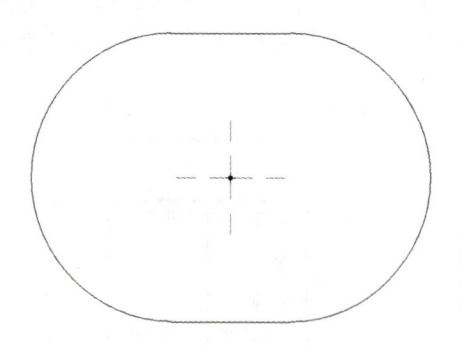

图 9.3.3　实心段底部轮廓　　　　　　图 9.3.4　实心段顶部轮廓

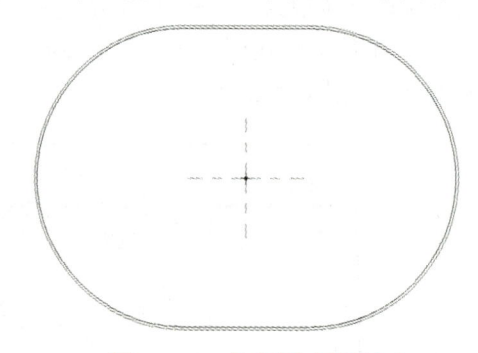

由于该节段顶部有 100 cm 高度是空心段的承托，因此需要在顶部 100 cm 范围内创建空心放样。首先点击创建选项卡，在空心形状中选择空心放样融合，然后在前立面绘制空心放样的路径，路径长度为 100 cm，如图 9.3.5 所示。

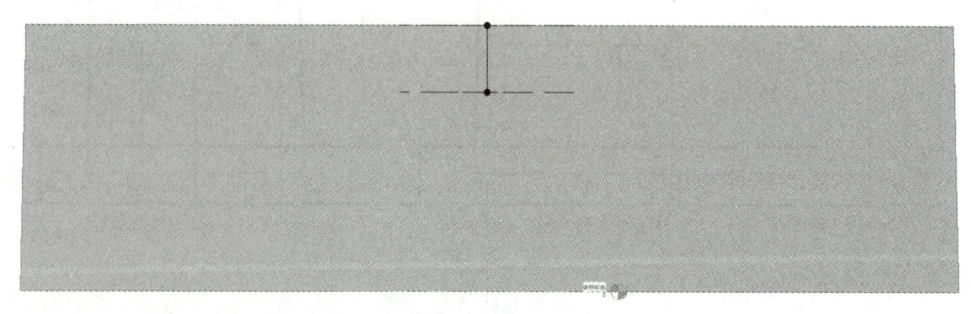

9.3.5　空心放样融合路径

之后再参照标高平面，根据图 9.3.1 所示的尺寸绘制空心放样融合的上下两个截面轮廓，如图 9.3.6 所示。

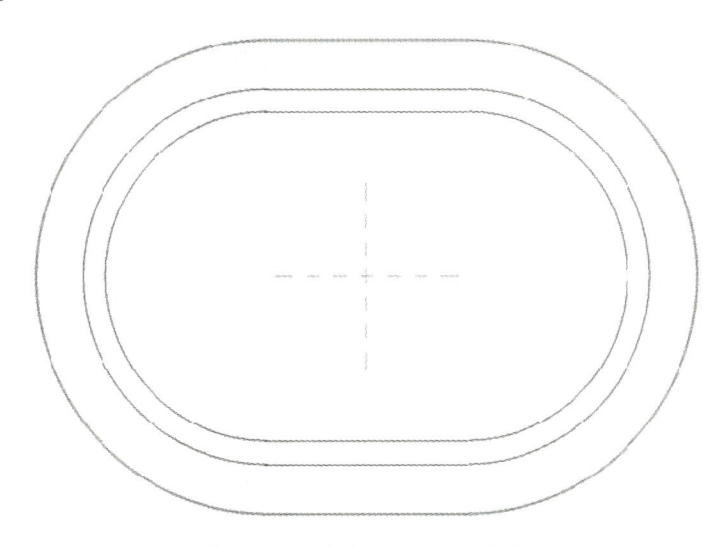

图 9.3.6　空心放样融合截面

创建完空心放样融合之后，便得到如图 9.3.7 所示的底部实心段模型。

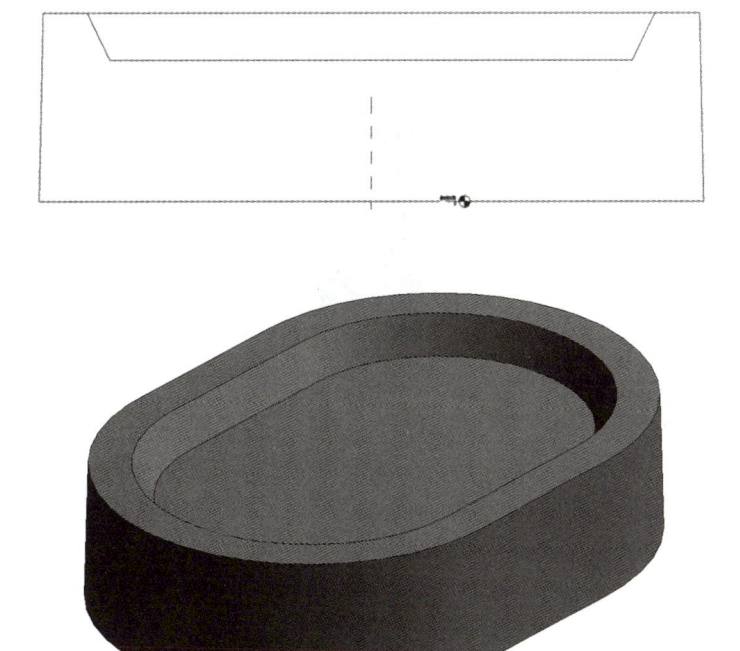

图 9.3.7　底部实心段模型

接下来进行中部薄壁空心段的建模，这一节段的建模只需要根据前述尺寸准确地创建一个放样融合形状即可，具体操作步骤不再赘述，中部薄壁空心段模型如图 9.3.8 所示。

图 9.3.8　中部空心薄壁段模型

最后采用和底部实心段一样的建模方法创建顶部实心段模型，通过简单的拉伸操作创建墩顶支座垫石即完成了该桥墩的整体 BIM 模型，桥墩 BIM 模型如图 9.3.9 所示。

图 9.3.9　桥墩整体 BIM 模型

【知识应用】

分组选择不同的桥墩的图纸进行建模，并进行阐述，评分标准见表9.3.2。

表 9.3.2 评分标准

序号	实训内容	配分	评分标准	扣分	得分
1	点名，作业人数	10	小组点名，根据考勤情况打分。若缺勤，则得分为零		
2	建模	90	能说出建模技术路线		
		合计			

【综合评价】

综合评价见表9.3.3。

表 9.3.3 综合评价

任务名称			班级	
课次			组别	

模块	评价内容	配分	得分
知识	轮廓绘制	10	
	桥墩整体BIM模型	10	
技能	准备工作	15	
	能建参数化族	15	
	能根据设计图纸输入族参数	10	
素质	数据分析能力	5	
	信息检索能力	5	
	综合分析能力	5	
	学习态度	5	
	专注力	5	
	动手能力	5	
	团队合作参与度	5	
	职业素养	5	

本任务综合评分	
前任务综合评分	
同比增长幅度/%	
备注	

【知识拓展】

　　Autodesk Revit 中的"嵌套族"是一种高级建模技术，它允许用户在一个族内部包含另一个或多个族的实例。这意味着可以将已经创建好的族（例如门窗、家具、构造组件等）作为组件添加到另一个族中，形成更复杂的设计对象。嵌套族的优势在于它能够提高模型的组织性和复用性，使得设计过程更加高效且易于管理。以下是关于 Revit 嵌套族的一些关键点：

　　（1）简化复杂设计：通过将复杂模型分解为多个较小、更易管理的部分（即各个族），设计者可以更容易地控制和修改设计细节。每个组件都可作为一个独立单元进行参数化设计，整体组合时则形成一个完整的复杂系统或构件。

　　（2）参数关联：嵌套族中的各个族实例可以保留其原有的参数属性，并且这些参数可以与主族的参数相关联，实现跨族的参数驱动。例如，一个门族中嵌套的门把手族，其位置或尺寸可以根据门的大小自动调整。

　　（3）可见性控制：嵌套族可以通过主族中的可见性设置进行控制，允许用户根据需要显示或隐藏嵌套族的某些部分。这有助于在不同的设计阶段或视图中展示必要的细节。

　　（4）材质应用：嵌套族可以继承主族的材质设置，或者单独为每个嵌套族指定材质，提供了高度的灵活性和真实性。

　　（5）提高工作效率：利用嵌套族，设计者可以创建标准化的组件库，重复使用于不同的项目中，减少重复工作，提高工作效率。

　　（6）应用场景：嵌套族在建筑、结构和 MEP（机械、电气、管道）设计中广泛应用，特别是在设计复杂的机电设备、预制构件、特殊构造节点等场景下尤为重要。

任务四 箱梁 BIM 建模

【任务认知】

任务描述

箱梁在纵向断面上变化比较多，本书采用多个公制轮廓进行放样或放样融合的方式来建模。

课时计划

本任务课时分配见表 9.4.1。

表 9.4.1 课时分配

任务内容	参考课时			教学重点
	理论	实践	合计	
箱梁 BIM 建模	2	2	4	公制轮廓

【理论知识】

本任务以某 64 m 简支梁为例，进行上部结构箱梁的 BIM 建模，该箱梁有 3 个不同的截面（图 9.4.1～图 9.4.3），由于该箱梁存在不同截面的过渡，因此箱梁的建模需要分为不同的节段进行。为方便后续建模，首先根据图纸创建不同截面的箱梁轮廓。

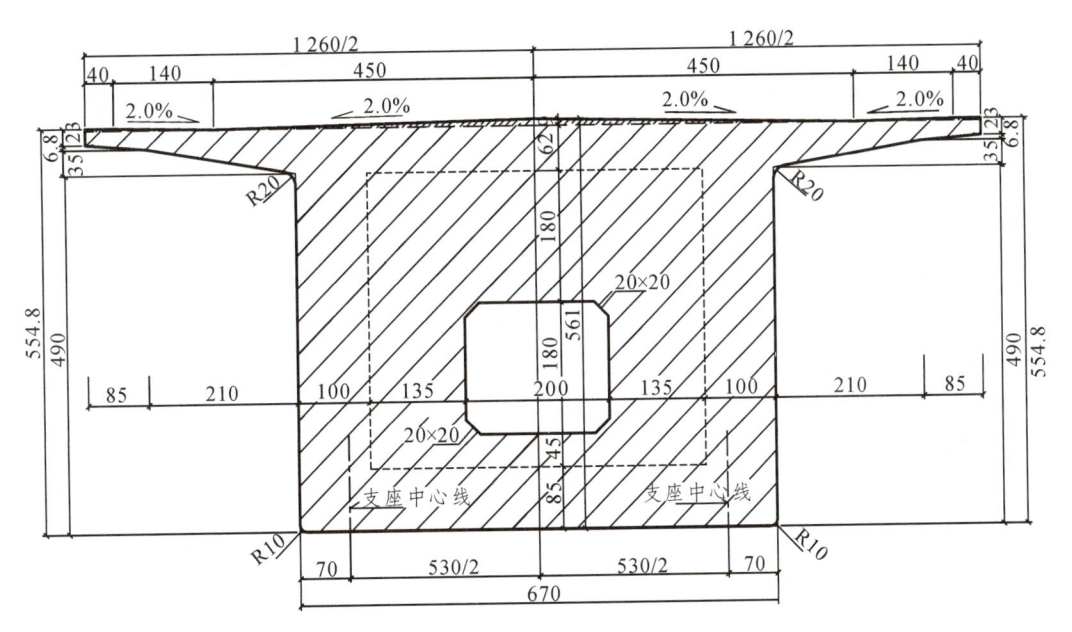

图 9.4.1 1—1 截面

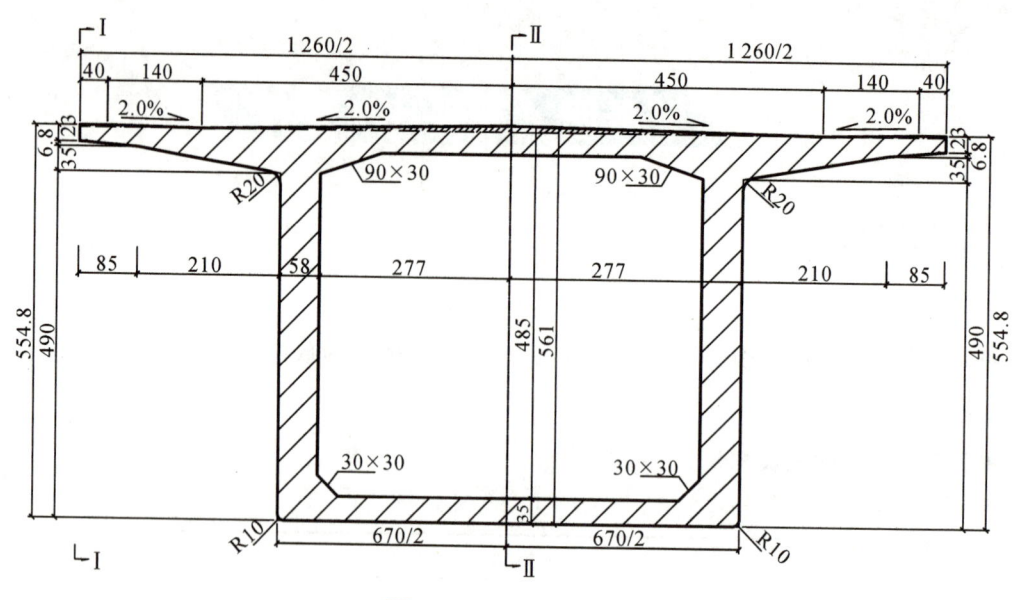

图 9.4.2　2—2 截面

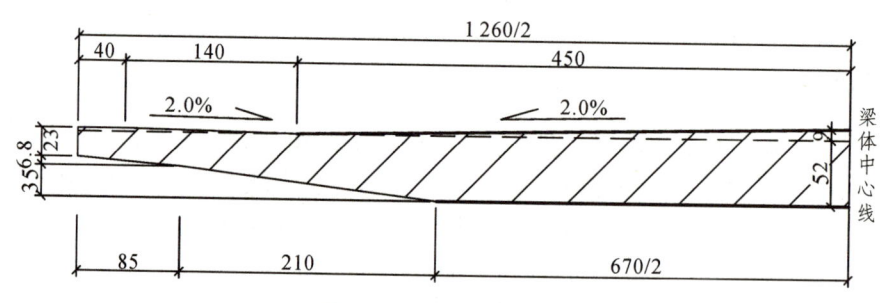

图 9.4.3　3—3 截面

新建一个"公制轮廓"族样板，如图 9.4.4 所示。

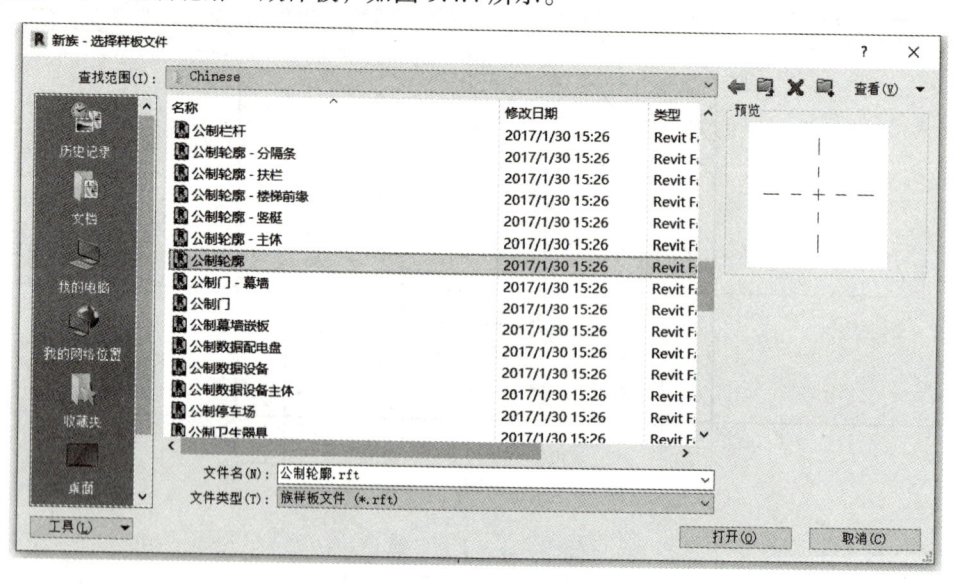

图 9.4.4　新建"公制轮廓"族

根据图 9.4.1 所示的尺寸绘制 1—1 截面外轮廓图与内轮廓图，在创建选项卡中点击"线"，按照图 9.4.2、图 9.4.3 所给尺寸依次绘制 2—2、3—3 截面轮廓，绘制结果如图 9.4.5～图 9.4.7 所示。创建好各截面的轮廓族之后，便依次载入一个新建的"公制常规模型"族样板中，如图 9.4.8 所示，载入的轮廓族会显示在项目浏览器中。

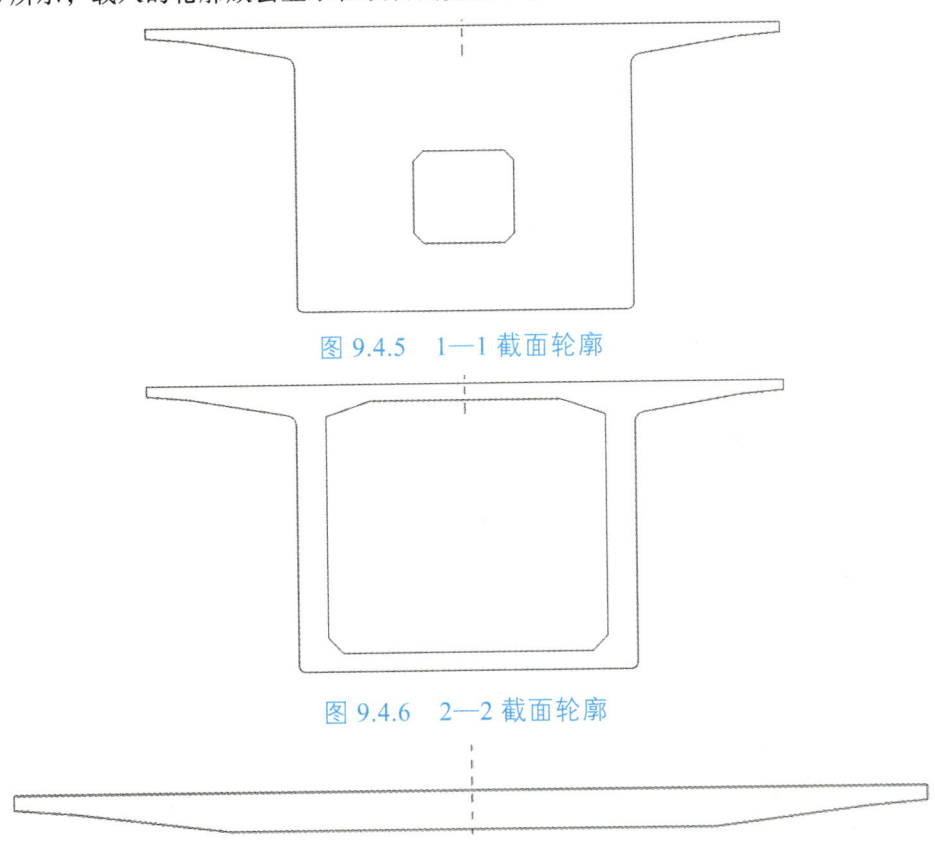

图 9.4.5　1—1 截面轮廓

图 9.4.6　2—2 截面轮廓

图 9.4.7　3—3 截面轮廓

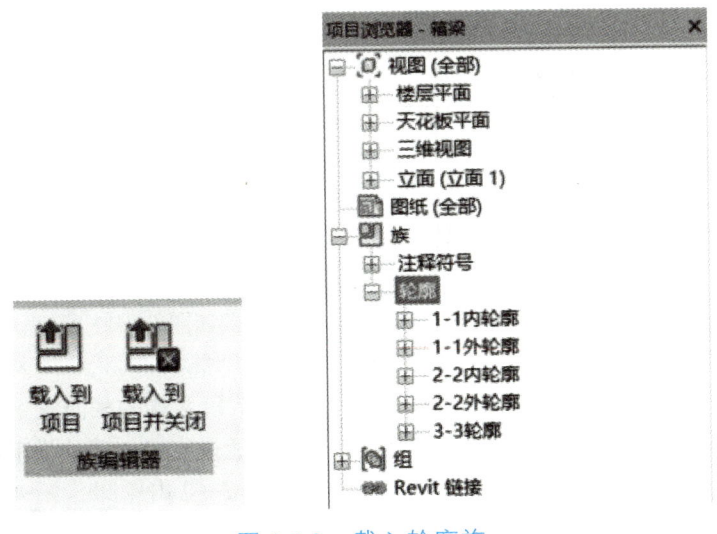

图 9.4.8　载入轮廓族

接下来就是根据箱梁立面图（图 9.4.9）进行上部结构箱梁 BIM 模型的创建。根据截面形状，可以将该箱梁分为 4 个建模节段，节段划分如图 9.4.10 所示。

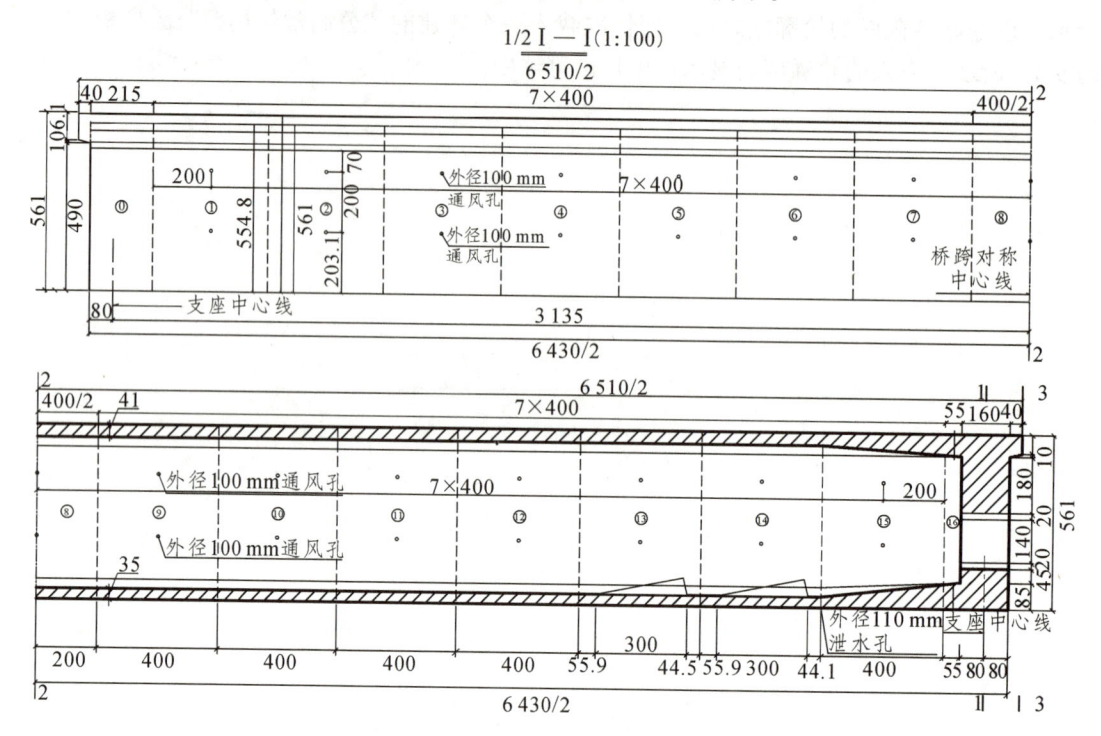

图 9.4.9　箱梁立面

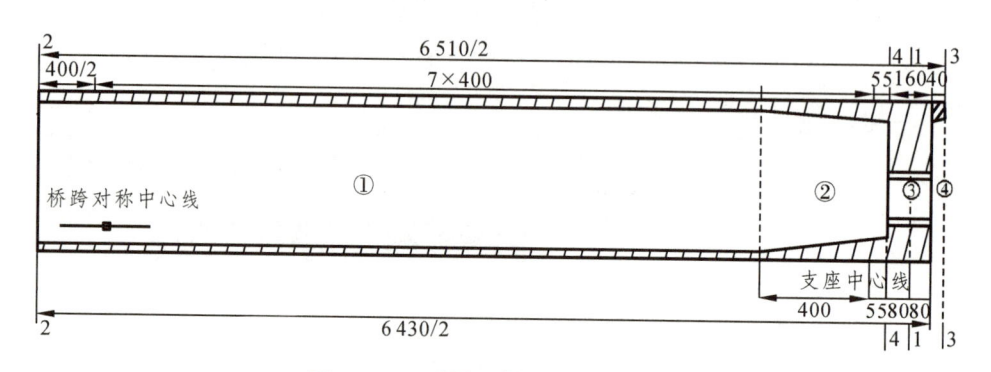

图 9.4.10　箱梁建模节段划分图

先根据 2—2 截面创建①号节段模型，观察图 9.4.10 可以发现在整个①号节段中都是等截面梁，因此根据立面尺寸创建放样即可。首先创建放样，随后进入参照标高平面绘制长度为 6 000 cm 的放样路径，然后选择提前载入好的 2—2 轮廓，如图 9.4.11 所示。选择好轮廓之后即完成放样，①号节段模型效果如图 9.4.12 所示。

接下来创建②号节段模型，观察图纸可以发现②号节段两端的截面发生了变化，该节段由 1—1 截面与 2—2 截面组成，因此②号节段模型无法通过直接创建放样来进行建立。创建②号节段模型需要新增三个轮廓族，分别为箱梁外轮廓、2—2 内轮廓、4—4 截面内轮廓，这三个轮廓族如图 9.4.13～图 9.4.15 所示。

图 9.4.11　选择放样轮廓

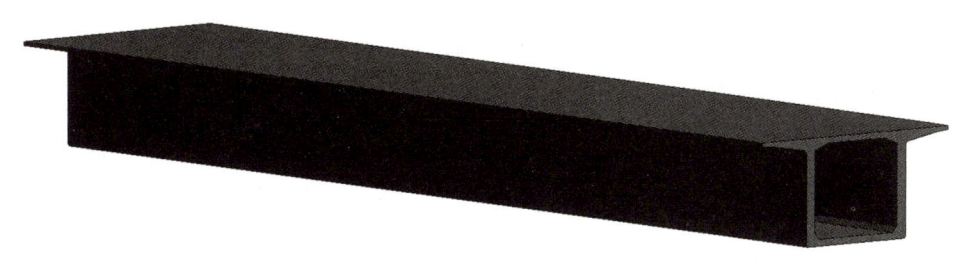

图 9.4.12　①号节段模型

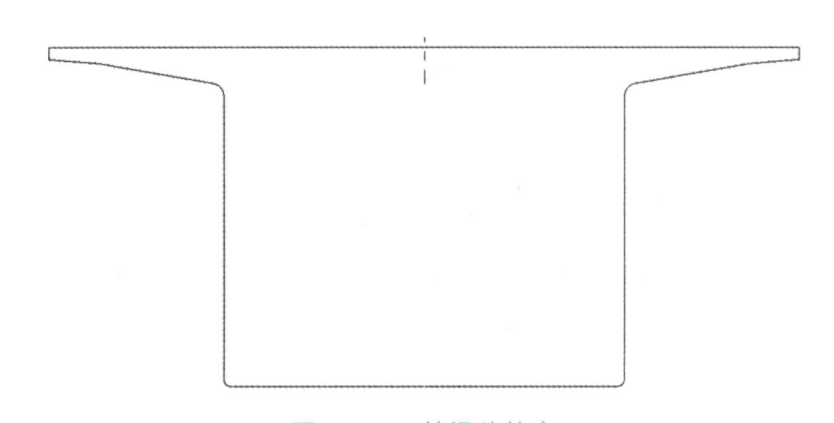

图 9.4.13　箱梁外轮廓

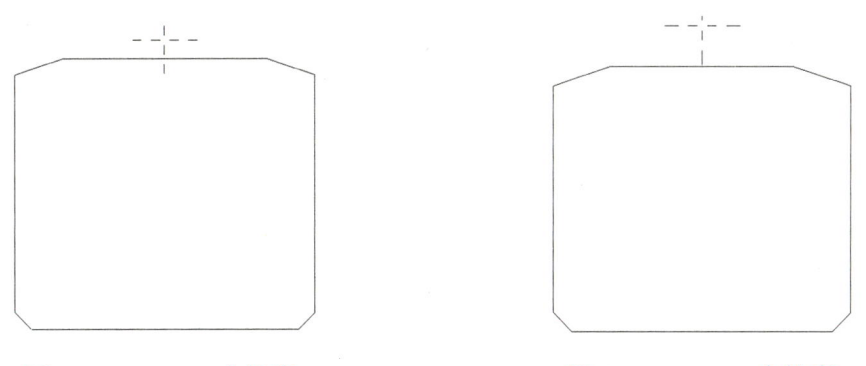

图 9.4.14　2—2 内轮廓　　　　　　　　图 9.4.15　4—4 内轮廓

创建好上述轮廓之后，先通过箱梁外轮廓创建放样形状，建立出②号节段外轮廓模型，如图 9.4.16 所示。

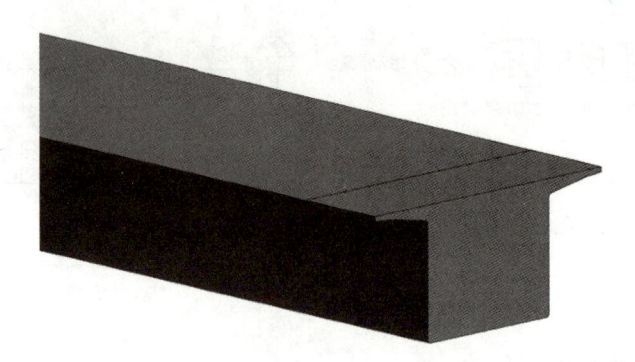

图 9.4.16　②号节段外轮廓模型

之后通过空心放样融合创建内轮廓模型，具体步骤如下：

（1）创建一个空心放样融合形状，进入参照平面标高绘制②号节段放样融合路径，如图9.4.17所示。

图 9.4.17　②号节段空心放样融合路径

（2）依次选择轮廓1为2—2内轮廓，轮廓2为4—4内轮廓，如图9.4.18所示。

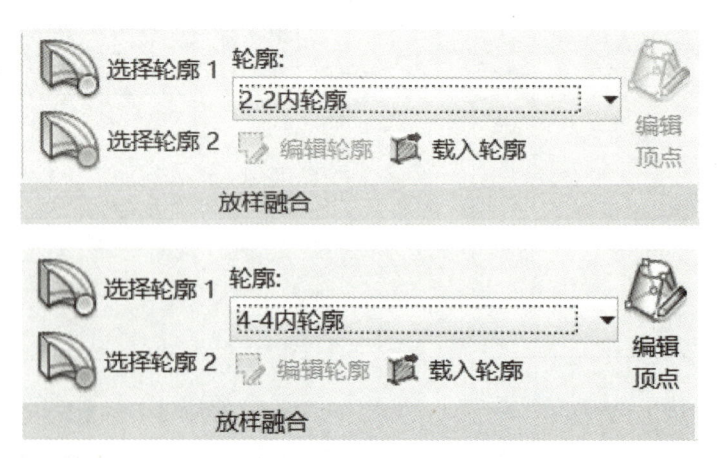

图 9.7.18　选择空心放样融合轮廓

（3）完成空心放样融合建立，②号节段模型如图9.4.19、图9.4.20所示。

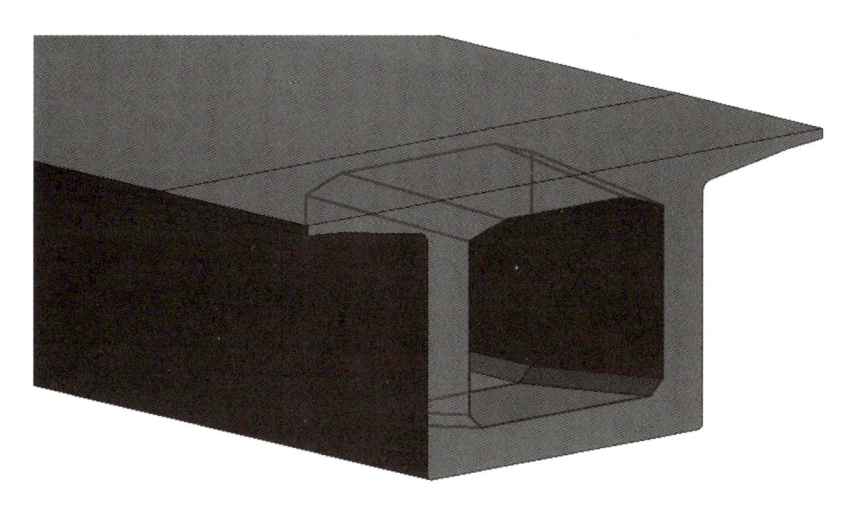

图 9.4.19　②号节段三维模型

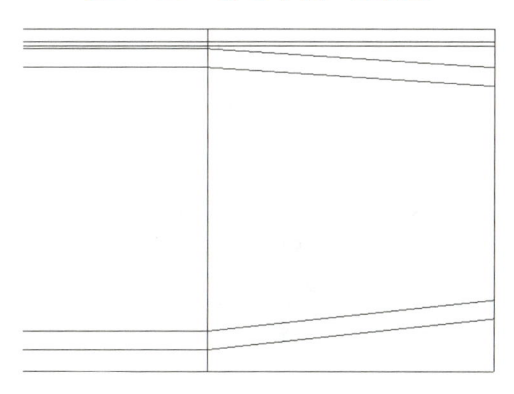

图 9.4.20　②号节段立面模型

接下来创建③号节段模型与④号节段模型，创建方法与①号节段相同。其中③号节段模型采用 1—1 轮廓进行放样，④号节段模型采用 3—3 截面放样。③号节段模型与④号节段模型效果如图 9.4.21～图 9.4.23 所示。

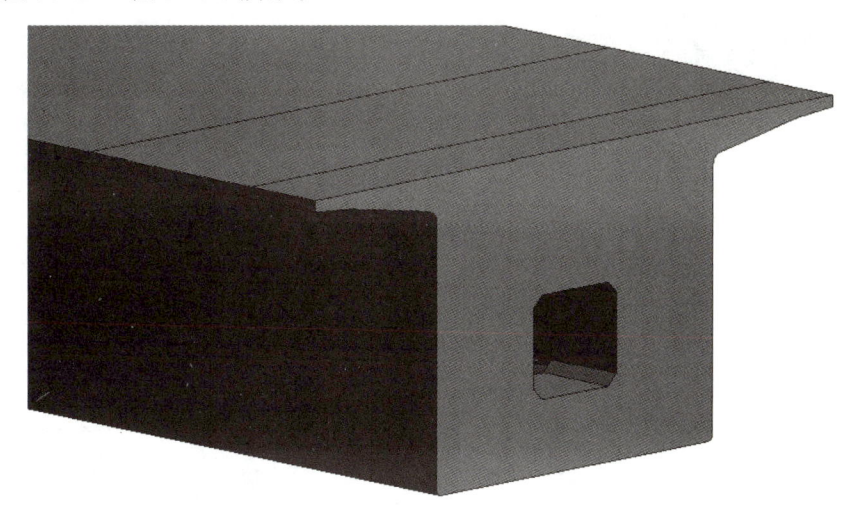

图 9.4.21　③号节段三维模型

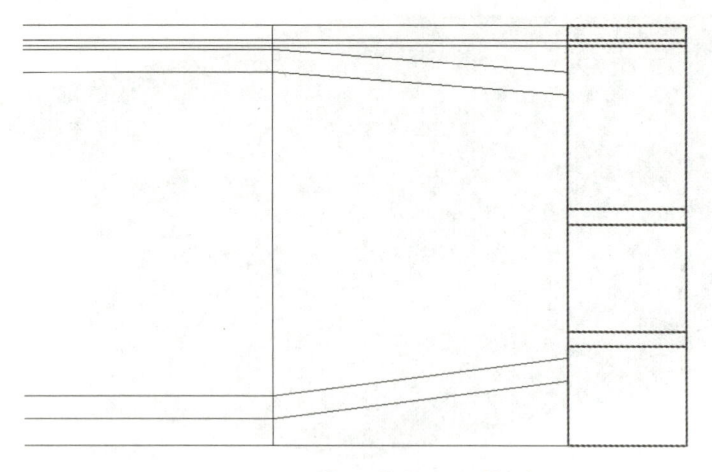

图 9.4.22　③号节段立面模型

图 9.4.23　④号节段立面模型

最后将③号节段模型与④号节段模型对称，便得到整个梁段的 BIM 模型。自此 64 m 简支箱梁 BIM 模型创建完毕，如图 9.4.24 所示。

图 9.4.24　64 m 简支箱梁 BIM 模型

按照图纸将各个构件的族创建完毕之后，再创建一个项目文件，依次将各个构件载入项目文件中，按照图纸进行组装便可以得到全桥的 BIM 三维模型，如图 9.4.25 所示。

图 9.4.25　全桥 BIM 三维模型

【知识应用】

分组选择不同位置的箱梁的图纸进行建模，并进行阐述，评分标准见表 9.4.2。

表 9.4.2　评分标准

序号	实训内容	配分	评分标准	扣分	得分
1	点名，作业人数	10	小组点名，根据考勤情况打分。若缺勤，则得分为零		
2	建模	90	能说出建模技术路线		
			合计		

【综合评价】

综合评价见表 9.4.3。

表 9.4.3　综合评价

任务名称		班级	
课次		组别	

模块	评价内容	配分	得分
知识	公制轮廓的概念	10	
	放样融合的使用方法	10	
技能	准备工作	15	
	能制作公制轮廓族	15	
	能根据设计图纸采用不同的轮廓进	10	
素质	数据分析能力	5	
	信息检索能力	5	
	综合分析能力	5	
	学习态度	5	
	专注力	5	
	动手能力	5	
	团队合作参与度	5	
	职业素养	5	

本任务综合评分	
前任务综合评分	
同比增长幅度/%	
备注	

【知识拓展】

在 Autodesk Revit 中，公制轮廓是指按照国际单位制（SI 单位，如米、厘米）设计和使用的轮廓族。轮廓族是一种特殊的族类型，主要用于定义二维的、可放样的几何形状，这些形状可以作为其他模型元素（如楼板边缘、墙饰条、屋顶封檐带等）的基础轮廓。

公制轮廓的具体用途包括但不限于以下几方面：

（1）楼板边缘：用于创建具有特定边缘形状的楼板，比如斜边或特殊造型的边缘。

（2）墙饰条：添加到墙面上的装饰性或功能性线条，如檐口线条、分隔线等。

（3）屋顶封檐带和檐槽：定义屋顶边缘的复杂轮廓，以实现特定的排水或外观效果。

（4）创建自定义形状的构件：通过放样操作，可以将轮廓线与其他路径结合，生成复杂的三维模型，如定制的栏杆、异形柱等。

创建公制轮廓的步骤通常涉及以下几方面：

（1）选择族样板：在 Autodesk Revit 中，首先选择或创建一个基于公制轮廓的族样板（.rft 文件），该样板已预先设置好适合轮廓设计的参数和工作平面。

（2）绘制轮廓线：在族编辑器中绘制所需的二维轮廓，确保轮廓是闭合的，并定义好放样的插入点。

（3）设定参数：为了增强灵活性，可以为轮廓添加参数，使用户在项目中放置该轮廓时能调整其尺寸和形状。

（4）测试和载入：在族编辑器中测试轮廓的放样行为，确认无误后将其载入项目中使用。

使用公制轮廓，设计者能够精确控制模型的细节，同时保持项目的单位一致性，这对于国际合作项目或遵循特定标准和规范的设计尤其重要。

参考文献

[1] 中国交通建设股份有限公司，中交第四公路工程局有限公司. 公路工程施工安全技术规范：JTG F9—2015[S]. 北京：人民交通出版社，2015.

[2] 交通运输部公路科学研究院. 公路工程质量检验评定标准 第一册 土建工程：JTG F 80/1—2017[S]. 北京：人民交通出版社，2017.

[3] 魏洋，董峰辉，郑开启，等. 桥梁施工技术[M]. 北京：人民交通出版社.2021.

[4] 陈伟，李明. 桥梁施工临时结构设计[M]. 北京：中国铁道出版社，2002.

[5] 中交一公局集团有限公司. 公路桥涵施工技术规范：JTG/T 3650—2020[S]. 北京：人民交通出版社，2020.

[6] 中建三局第一建设工程有限责任公司. 桥梁工程施工工艺标准：GY-1-2—2018[S]. 北京：建筑工业出版社，2019.